D1666925

Sprache neu entdecken 1

Ulla Ewald-Spiller
Heike Frauenknecht
Martina Geiger
Günter Graf
Frauke Mühle-Bohlen
Hans Stammel

Schroedel

Sprache neu entdecken 1

Sprachbuch für das Gymnasium
5. Jahrgangsstufe

Herausgegeben von
Günter Graf und Hans Stammel

Erarbeitet von
Ulla Ewald-Spiller, Heike Frauenknecht, Martina Geiger,
Günter Graf, Frauke Mühle-Bohlen, Hans Stammel

Mit Beiträgen von Hiltrud Koch und Meike Luster

Druck A [1] / Jahr 2004
Alle Drucke der Serie A sind im Unterricht parallel verwendbar.

Redaktion: Manfred Zmy
Herstellung: Barbara Frankhuizen
Illustrationen: Karsten Henke, Klaus Meinhardt, Margit Pawle
Typografie und Satz: Farnschläder & Mahlstedt Typografie, Hamburg
Umschlaggestaltung: Fernkopie, Berlin/Amsterdam
Druck und Bindung: Stürtz AG, Würzburg

ISBN 3-507-40565-2

Liebe Schülerinnen und Schüler,

in eurem Sprachbuch könnt ihr euch schnell und leicht zurechtfinden. **6 Abschnitte**, die auch farblich voneinander unterschieden sind, **gliedern das Buch**. Hier könnt ihr euch vieles ganz selbstständig erarbeiten.

Am oberen Rand eures Sprachbuchs findet ihr jeweils Überschriften (**Kolumnentitel**), die euch anzeigen, was ihr erarbeiten und erkennen sollt.

108 **Wie Adjektive gebraucht werden**

Die wichtigsten Ergebnisse eurer Arbeit sind in den kleinen **Info-Boxen** unter den einzelnen Abschnitten zusammengefasst.

Auf den Teil **Nachschlagen** wird jeweils am Beginn und am Ende eines Abschnittes hingewiesen. Hier könnt ihr immer nachschlagen, wenn ihr über die knapp formulierten Regeln, Erkenntnisse oder Ergebnisse der Info-Boxen mehr wissen wollt. Ausführlichere Erklärungen bieten euch hier weitere Hilfen an.

Nachschlagen → S. 214

Auf den Seiten **Extra: Üben** findet ihr weiteres Übungsmaterial zu einzelnen Seiten aus der **Werkstatt: Rechtschreiben** und **Werkstatt: Grammatik**.

EXTRA: Üben → S. 163

Ein **Methodenlexikon** findet ihr auf den Seiten 231/232, in dem angewandte Methoden genauer erläutert werden.
Ein **Sachregister** folgt auf den Seiten 233/234 in alphabetischer Reihenfolge, das euch sagt, auf welcher Seite ein Stichwort zu finden ist.

Inhaltsverzeichnis

Werkstatt: Rechtschreiben

Rechtschreibung und Zeichensetzung

Werkstatt: Grammatik

Wortarten

Magazin: Sprache

Miteinander sprechen

Texte lesen, bearbeiten, vorstellen

Umgang mit Medien: Harry Potter

Szenische Verfahren

Nachschlagen

METHODEN LERNEN

Das Lernen lernen

Bei mir sitzt der Hase auf dem Schreibtisch.

Ich habe meine Tipps an die Wand gepinnt, und du?

Hast du heute Nachmittag Zeit?

Mir schwirrt der Kopf.

Ich weiß gar nicht, wann ich meine Hausaufgaben machen soll.

Mein Arbeitsplatz zu Hause

Viele haben einen eigenen Arbeitsplatz zu Hause, aber nicht alle arbeiten tatsächlich dort.

1. Schau dir das Foto an: Was entdeckst du?
2. Sammelt Ideen, wie euer Arbeitsplatz eingerichtet sein sollte.
3. Wähle aus der folgenden Liste die Dinge aus, die du für wichtig hältst:

Lampe – Schere – Pinnwand – Kleber – Locher – Fernseher – großer Terminkalender – Turnbeutel – Spitzer – Buntstifte – Hamsterfutter – Schreibblock – Zirkel – Schmierpapier – Stundenplan – Tennisschläger – Papierkorb – CDs – ganz warmer Raum – Kassettenrekorder – Butterbrote – Schreibtischstuhl – kleine Notizzettel – Lesezeichen – Ball – Rechtschreibwörterbuch – Musik – Tintenpatronen – Regal – Kuscheltiere – frische Luft – Fremdsprachenwörterbuch – Bonbons – Hocker – Postkartensammlung …

4. Nicht alle Kinder haben ein eigenes Zimmer und einen eigenen Schreibtisch. Tauscht euch aus, wie und wo ihr am liebsten arbeitet.

Den Kopf frei machen

Bloß keinen Fehler machen! Ich kann eben keine Rechtschreibung! Ich schaffe das nicht! Das wird bestimmt wieder eine 5! Was soll nur aus dir werden! Ist das langweilig!

Wenn ich es mir vornehme, schaffe ich es! Ich habe schon viel Schwierigeres geschafft! Übung macht den Meister! Ich bin gut vorbereitet! Aus Fehlern kann ich auch etwas lernen.

1. Welche Miesmachersprüche kennst du?
2. Spielt folgendes Spiel: Ihr setzt euch zu zweit gegenüber: Der eine ist der Miesmacher, der andere der Mutmacher. Wer gewinnt?
   Beispiel:

A: Ich habe vor der Arbeit solche Angst! Ich kann mir einfach nichts merken.

B: Das letzte Diktat hast du doch auch geschafft! Versuche es doch mal mit kleinen Textausschnitten.

3. Schreibe dir die fünf besten Mutmacher-Sprüche auf Kärtchen und bewahre sie gut auf. Verschenke einen Spruch, wenn du merkst, dass jemand in der Klasse ihn braucht.

TIPP
Hänge deine persönlichen Mutmacher-Sprüche an deinem Arbeitsplatz auf! Lege dir einen Mutmachspruch ins Federmäppchen oder dahin, wo du ihn oft siehst.

Endlich anfangen! *Schülertext*

„Jetzt ist es so weit, ich kann die Arbeit nicht mehr hinausschieben. Anfangen! Jetzt! Ich muss noch zum Training und vorher noch ein Heft kaufen. Einen Aufsatz schreiben, Matheaufgaben, für Erdkunde etwas im Atlas suchen und Vokabeln lernen, alles jetzt, sonst schaffe ich es nicht mehr. Was zuerst? Ich hole mir erst mal was zu trinken. Ich muss auch dringend noch mit Malte telefonieren. Ob er schon fertig ist? So ein Berg Hausaufgaben! Anfangen! Erst mal telefonieren …"

4. Unterhaltet euch über den Text und sprecht darüber, wie ihr anfangt: Gebt euch gegenseitig Tipps.

Ich fange gleich an, damit ich bald raus kann.

Ich lege mir alles auf dem Tisch zurecht, was zu tun ist.

Ich ruhe mich erst einmal aus.

Ich fange mit dem an, was mir am meisten Spaß macht.

Ich fange mit dem Leichtesten an.

Sich in Arbeitslaune versetzen

Ich belohne mich hinterher selbst, wenn ich gut gearbeitet habe.

Ich setze mir eine feste Zeit, zu der ich spätestens fertig sein möchte.

Ich male mir aus, wie froh ich bin, wenn ich bald alles erledigt habe.

5. Welcher Tipp bringt dich in Arbeitsstimmung? Überlege weitere Tipps und schreibe sie auf Kärtchen.
6. Klebt die Kärtchen mit den besten Ideen auf ein **Plakat** und hängt es im Klassenzimmer auf.

Lernplakat → S. 231

Verschiedene Lernwege nutzen

Wir behalten

A

so viel von dem,
was wir lesen.

B

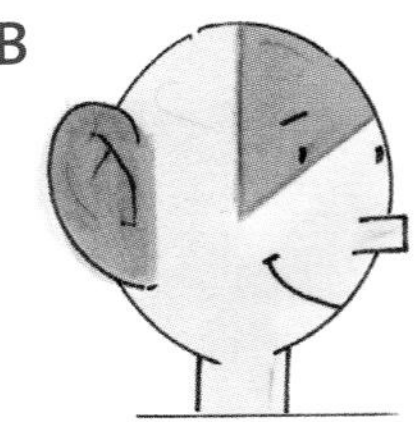

so viel von dem,
was wir hören.

C

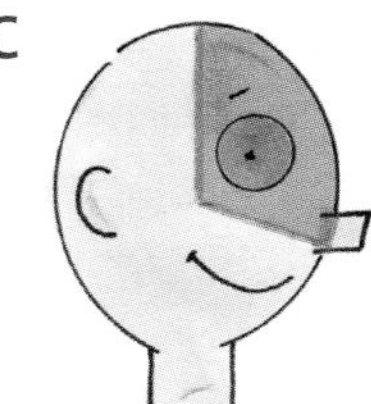

so viel von dem,
was wir sehen.

D

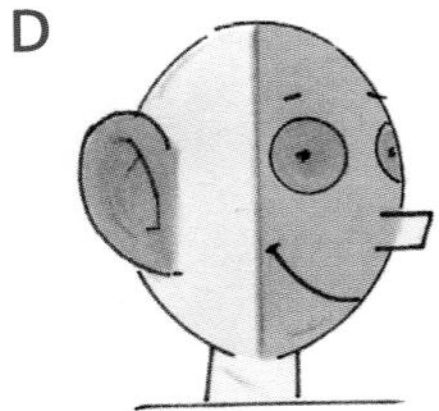

so viel von dem, was
wir hören und sehen.

E

so viel von dem,
was wir selbst sagen.

F

so viel von dem,
was wir selbst tun.

Beispiele für verschiedene Lernwege

1 Die Lehrerin erzählt etwas zum Thema.
2 Beim Lernen gehe ich mit dem Buch im Zimmer herum und lese dabei laut.
3 Ich sehe mir eine Zeichnung an.
4 Die schwierigen Wörter schreibe ich mir auf.
5 Ich lege mir eine Tabelle zu dem Text an.
6 Der Text wird in der Klasse laut vorgelesen.
7 Vor meinem inneren Auge sehe ich die richtige Schreibweise eines Wortes.
8 Ich schreibe mir einen Spickzettel.
9 Das Gedicht spreche ich auf eine Kassette. Ich höre sie so oft ab, bis ich es auswendig kann.
10 In der Bücherei sammele ich Material zum Thema.
11 Der Lehrer legt eine Folie auf.
12 Ich erkläre anderen die Sache.
13 Ich lese mir den Text durch.
14 Ich sehe mir eine Ausstellung an.

1. Ordne die Sätze den Köpfen zu.
2. Welche weiteren Lernwege kennst du noch?
   Denke auch an verschiedene Unterrichtsfächer.
3. Welche Lernwege hast du bisher vor allem benutzt?
   Welche könntest du auch noch ausprobieren?

Nichts vergessen!

Hier findest du Vorschläge von Schülerinnen und Schülern, wie sie sich etwas merken können, was sie auf keinen Fall vergessen wollen.

Ich stelle mir ein Bild vor: Mein Zahnarzt fährt mit dem Fahrrad und einem Buch auf dem Kopf und einem Brot unterm Arm über den Marktplatz: D. h., nach dem Zahnarzttermin muss ich meine Bücher in der Bücherei abgeben und bei der Bäckerei am Markt Brot kaufen.

Ich packe meine Schulsachen für den nächsten Tag immer gleich, sobald ich meine Hausaufgaben erledigt habe! Dabei gucke ich auf den Stundenplan.

Ich habe einen Terminkalender, in den ich Wichtiges eintrage.

Ich lege mir immer eine **Checkliste** an, hänge sie an meiner Pinnwand am Schreibplatz auf und kontrolliere damit Schritt für Schritt.

Checkliste → S. 231

4. Mit welchem Erinnerungstrick hast du gute Erfahrungen gemacht?
5. Verratet euch gegenseitig weitere Tricks. Ihr könnt sie auch zeichnen.
6. Suche dir den Trick aus, den du in der nächsten Zeit ausprobieren willst.

Wichtiges auf einer „Merkhand“ notieren

7. Male die Umrisse deiner Hand auf ein Blatt. Schreibe in jeden Finger deiner Hand hinein, was du nicht vergessen willst.

TIPP
Eine „Merkhand“ kannst du dir für alles anlegen, was du dir merken willst. Gut geht das auch für „Faustregeln“.

TIPP
Oft fällt dir das Wichtige schon ohne Blick auf das Blatt ein, wenn du auf deine Hand guckst.

Zeit für Hausaufgaben

Das folgende Schaubild zeigt, wie sich bei den meisten die Leistungsfähigkeit über Tag und Nacht hin verändert.

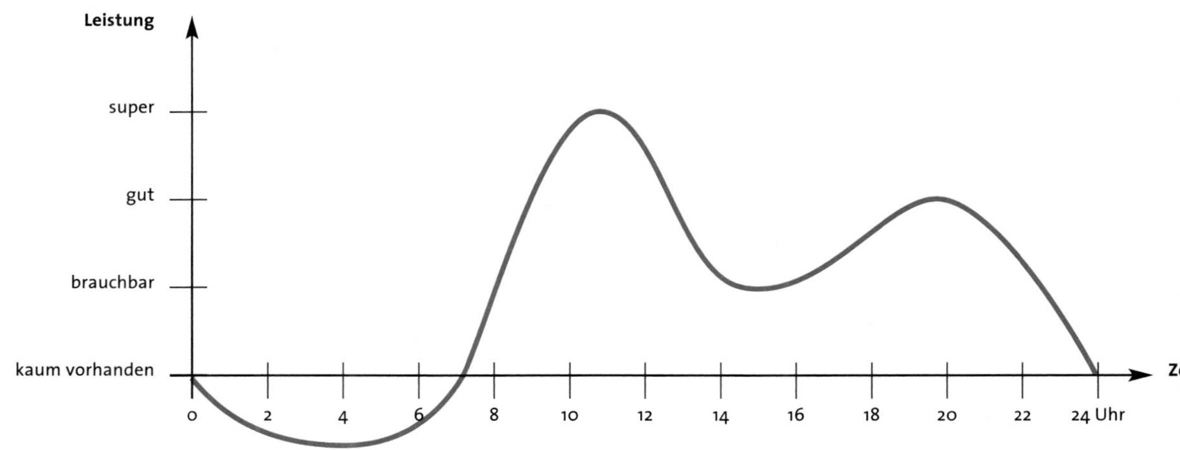

1. Betrachte das Schaubild. Was erkennst du?
2. Zeichne die Tabelle in dein Heft und trage ein, was du heute zu welchem Zeitpunkt alles machst.
3. Vergleicht eure Tageskurven. Sprecht darüber.
4. Zu welcher Zeit kannst du am günstigsten Hausaufgaben machen? Welche Zeiten sind besonders ungünstig?

Zeit für alles finden

Zeit	Montag	Dienstag	Mittwoch	Donnerstag	Freitag
$14.^{00}$					
$15.^{00}$					
$16.^{00}$					

5. Entwirf einen Wochenplan für dich, in dem du notierst, wann du normalerweise an den Wochentagen Hausaufgaben machst und wann du Zeit für anderes hast.

So viel zu tun!

Manchmal hat man das Gefühl, dass ein Nachmittag für die ganzen Hausaufgaben nicht ausreicht. Um zu überprüfen, ob das Gefühl zutrifft, kannst du einen Zeitplaner ausprobieren.

Aufgabe	Geschätzte Zeit	Tatsächliche Dauer	Grund für die Abweichung?
Gedicht auswendig lernen	1 Stunde	15 Minuten	Zu zweit gelernt

6. Fertige dir selber einen Zeitplaner an, in den du die geschätzte Zeit und die tatsächlich benötigte Zeit für die heutigen Hausaufgaben einträgst.
7. Probiere den Zeitplaner eine Woche lang aus. Besprecht eure Erfahrungen.

Lernen mit Pausen: ein Experiment

In einem Experiment könnt ihr ausprobieren, wie kurze Pausen wirken. Jeder in der Klasse hat die gleiche Aufgabe, für sich allein innerhalb von 10 Minuten alle kleinen e-, f- und r-Buchstaben gesondert im Buch von S. 46 bis S. 49 zu zählen. Teilt die Klasse in drei Zufallsgruppen, die ihre Pausen unterschiedlich machen.

Gruppe A	Gruppe B	Gruppe C
Alle arbeiten 10 Minuten ohne Pause durch.	Alle legen zwischendurch zwei Minuten Pause ein.	Alle machen dabei zwei Mal eine Minute Pause.

Ermittelt dann ein Gruppenergebnis für alle aus der gleichen Gruppe und vergleicht es mit den Ergebnissen der anderen. Welche Gruppe ist am weitesten gekommen?

8. Führt das Experiment in der Klasse durch.
Welche Schlüsse könnt ihr daraus für eure Arbeit ziehen?

Hausaufgabentipps der 5 a

Die Klasse 5 a hat eine Wandzeitung erarbeitet, auf der sie die folgenden Tipps für die Hausaufgaben zusammengestellt hat:

A immer am gleichen Platz arbeiten

B in kleinen Portionen

C Überblick verschaffen, was zu tun ist

D Aufgaben in überschaubare Portionen einteilen

E mit etwas Leichtem beginnen

F mündliche und schriftliche, leichte und schwierige Aufgaben abwechseln

G alles Material zurechtlegen

H Hausaufgaben auf kleinen Zetteln notieren, nach der Reihenfolge sortieren und nach und nach die Zettel wegwerfen

I Hausaufgaben möglichst noch am gleichen Tag erledigen

J Aufgaben auf verschiedene Tage verteilen

K sich selbst belohnen

L Hausaufgabenheft benutzen

M Erholungspause machen

N feste Gewohnheiten schaffen

O von der Wichtigkeit der Aufgabe überzeugt sein

P Zeit für Wiederholungen einplanen

Q geeigneten Zeitpunkt festlegen

1. Welche Hausaufgabentipps wählst du für dich aus? Sage den anderen warum.
2. Kennst du weitere Tipps?
3. Welche Tipps möchtest du in der nächsten Zeit ausprobieren? Schreibe sie dir auf eine „Merkhand“ (s. S. 13).

Helfer bei den Hausaufgaben

Terminchaos
Heute hast du es eilig. Du konntest deine Musikstunde nicht verlegen, deine Freundin feiert ihren Geburtstag und du hast so viel Hausaufgaben auf. Ob Mama hilft?

Vergessen
Die Stunde fängt an! Jetzt fällt es dir ein: Du hast deine Hausaufgaben, einen Aufsatz, vergessen, einfach vergessen. Was tun?

Fragen kostet nichts
„Was ist denn ein Adjektiv?“ „Ist das so richtig?“ „Wie geht denn das hier?“ Langsam wir deine Mutter unruhig durch deine Fragerei: „Ich bin doch kein Auskunftsbüro!“

Schlamperei
„Das kann doch kein Mensch lesen!“ Der Vater schüttelt den Kopf, als er dir über die Schulter guckt. „Das musst du wohl noch einmal abschreiben. Zeig doch mal das Heft. Ich glaube, da muss ich wohl häufiger hineinsehen, was?“

Nicht verstanden
Du hast deine Hausaufgaben in Deutsch, eine Grammatikübung, nicht gemacht, weil du den Stoff noch nicht verstanden hast. Die Stunde rückt näher …

Das ist zu viel
Herr Neumann gibt immer so viel auf! Das finden alle in der Klasse! Heute will er wieder einen ganzen Aufsatz für morgen schreiben lassen. Was tun?

Darf's ein bisschen mehr sein?
„Das nächste Diktat muss besser werden“, findet dein Vater. „Das wäre doch gelacht, wenn wir das nicht schaffen, was? Lass uns mal zusammen üben. Hier, ich habe da gerade einen netten Text in der Zeitung gefunden.“ …

4. Sucht euch Situationen, die ihr gut kennt, für **Rollenspiele** heraus. Ihr könnt euch auch eigene ausdenken.
5. Spielt die Situationen mehrfach durch, um verschiedene Lösungen zu erproben. Welche Vor- und Nachteile haben eure Lösungen?
6. Wo findest du Hilfen, wenn du mal mit den Hausaufgaben nicht weiterkommst?

Rollenspiel → S. 232

WERKSTATT: SCHREIBEN

Informieren

Kinder und Jugendliche lernen und spielen gerne am Computer und an Video-Konsolen. Ist das bei euch in der Klasse auch so? Wenn ja:

- Wie informiert ihr euch über die Qualität der Spiele?
- Berichtet über eure Erfahrungen mit Computer- und Videospielen.
- Beschreibt euer Lieblingsspiel.

Sich und andere informieren

Nachschlagen → S. 214

Die neue Schülerin stellt sich vor

A Das ist Nicole. Sie ist 11 Jahre alt. Nicole ist während des Schuljahres neu in die Klasse gekommen. Sie musste wegen beruflicher Veränderungen ihres Vaters umziehen. Frau Weber, die Deutschlehrerin, bittet sie, sich vorzustellen.

1. Was muss Nicole zunächst über sich sagen?
   Was gehört nicht hierher?
   Erprobt in einem Rollenspiel die Situation:
   „Die Neue in der Klasse stellt sich vor".

B Nach Nicoles ersten Auskünften ergibt sich ein Gespräch zwischen der Klasse und ihr.

2. Setzt das Rollenspiel als Gespräch fort.
   Welche Fragen könnt ihr Nicole stellen?
3. Notiert euch in knapper Form Nicoles Auskünfte, die wichtigen Fragen der Klasse und die passenden Antworten dazu.

C In der Pause haben einige Schülerinnen und Schüler noch weitere Fragen an Nicole, und sie wird darauf anders als im Unterricht antworten.

4. Entwerft Fragen und Antworten für ein solches Gespräch in der Pause.
   Gestaltet eure Vorschläge ebenfalls als Rollenspiel.
5. Vergleicht die Aussagen im Klassengespräch und im Pausengespräch.
   Welche Informationen werden gegeben? Findet ihr eine Erklärung für die Unterschiede?

Durchführung einer Schulrallye – ein Projekt

Was ist eine Schulrallye?
Eine Schulrallye ist die systematische Erkundung eurer Schule. Ihr müsst euch Dinge genau anschauen, vielleicht sogar Personen befragen, um so Informationen zu erhalten.

Wer hilft euch bei dem Projekt?
Euer erster Ansprechpartner ist sicherlich der Klassenlehrer. Er kennt sich in der Schule aus und kann euch helfen, Aufgaben für den Fragebogen zu erstellen.

Aber auch andere Lehrer helfen euch gerne. Und nicht zuletzt gibt es die SMV, also die Schülervertretung für eure Interessen, die für eure Fragen ein offenes Ohr hat.

Eine große Hilfe kann auch der **Themenkatalog** auf der nächsten Seite sein. Ihr könnt euch daran orientieren, wenn ihr einen Fragebogen erstellt.

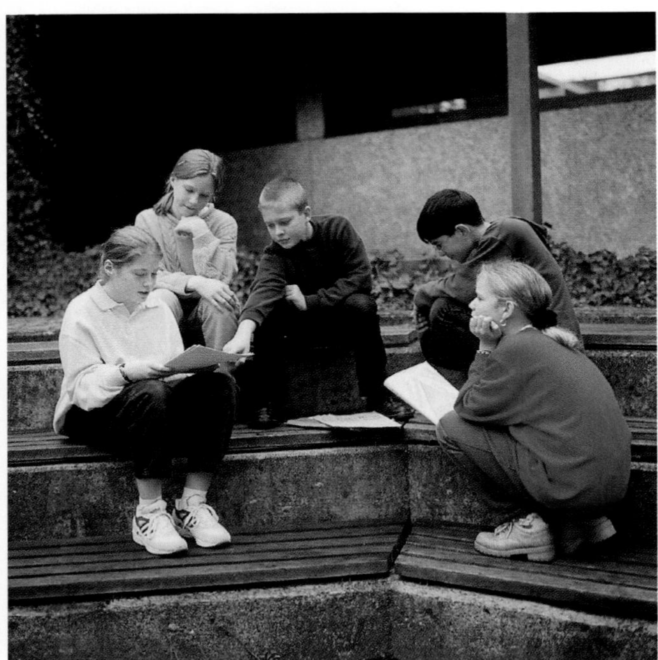

Warum eine Schulrallye?
Die Schule ist neu für euch. Ihr fühlt euch gleich wohler, wenn ihr euch dort auskennt. Vielleicht seid ihr in den ersten Tagen durch die Schule geführt worden. Das reicht aber nicht, um die Schule genau zu kennen. Eine Schulrallye kann euch helfen, zu Experten zu werden.

Wie könnt ihr das Projekt durchführen?
Eine Schulrallye muss gut vorbereitet werden. Dazu müsst ihr einen Fragebogen erstellen, mit dem die neuen Schüler durch das Schulgebäude gehen, und ihn dabei ausfüllen.

Vielleicht gibt es einen solchen Fragebogen bereits in eurer Schule. Dann müsst ihr für das Projekt nichts anderes tun, als ihn auszufüllen. Ihr könnt dann eure Ergebnisse auswerten und den Fragebogen vielleicht sogar verbessern.

Wenn es einen solchen Fragebogen nicht gibt, könnt ihr ihn in diesem Projekt selbst erstellen. Die Fünftklässler des nächsten Jahres werden euch dankbar sein. Eurer Klassenlehrer stellt euch dafür sicherlich Stunden zu Verfügung.

Themenkatalog für einen Fragebogen

Schuldaten
- Name der Schule
- Anschrift
- Telefonnummer
- Homepage
- Fax-Nummer
- E-mail-Adresse

Personen
- Schulleiter/in + Stellvertreter/in
- Sekretär/in
- Verbindungslehrer/in
- Hausmeister/in
- Schülervertreter/innen
- Anzahl der Lehrerinnen und Lehrer
- Gesamtzahl der Schüler

Besonderheiten
- Bauweise der Schule
- Lateinische Inschriften
- Büsten und Skulpturen
- Verzierungen

Hauptgebäude
- Anzahl der Stockwerke
- Anzahl der Klassenzimmer
- Anzahl der Treppen und Treppenstufen
- Anordnung der Klassenzimmer
- Farbe der Schule und der Stockwerke
- Lage des Sekretariats, des Schulhofs, der Toiletten, der Cafeteria oder der Bücherei
- Abstellplatz für Fahrräder
- Aufenthaltsraum für Schüler

Fachräume
- Anzahl der Fachräume
- Bezeichnung der Fachräume
- Lage der Fachräume
- Raumnummern der Fachräume
- Ausstattung der Fachräume

Sporthalle
- Größe der Sporthalle
- Lage der Sporthalle
- Anzahl der Umkleidekabinen

Die besondere Note: der Fragebogen als Quiz

Ein Fragebogen für die Schulrallye lässt sich einfach herstellen: Ihr stellt Fragen und die Antwort muss daneben geschrieben werden. Interessanter wird der Fragebogen, wenn ihr manche Aufgabe als Quiz gestaltet. Hier zwei Beispiele:
- Ihr könnt die Fragen als Rechenaufgaben gestalten.
  So fragt ihr nicht, wie etwa die Zimmernummer der Klasse 5 a lautet.
  Ihr fragt vielmehr nach der Quersumme.
- Ihr könnt auch Personen zeichnen, und es muss erraten werden, um wen es sich dabei handelt.

INFO

- **Informationen** werden stets zu einem bestimmten Zweck erfragt oder gegeben: Wer soll worüber und zu welchem Zweck informiert werden? Entsprechend gezielt musst du fragen oder antworten.

Nachschlagen → S. 214

Nachschlagen → S. 214

Berichten

Unsere letzte Klassenfahrt

Viele 5. Klassen werden zu Beginn des Schuljahres neu zusammengesetzt und haben noch keine gemeinsame Klassenfahrt unternommen. Aber jeder kann sich an Ausflüge aus den vorhergehenden Schuljahren erinnern und davon berichten. Auf diese Weise erhaltet ihr auch Anregungen für neue Planungen.

1. Erinnert euch und berichtet, welche Klassenfahrt / welchen Ausflug ihr im vergangenen Jahr durchgeführt habt. Beachtet folgende Schritte:
   - Wie habt ihr geplant?
   - Wie lief der Ausflug ab?
   - Welche Erfahrungen habt ihr gesammelt?
2. Wertet eure Erfahrungen aus und formuliert eine Empfehlung für dieses Jahr.

Gespräch auf dem Pausenhof

Lena Erinnerst du dich noch an das schlechte Wetter, als wir letztes Jahr im Salzbergwerk waren?

Simone Ja, unsere Lehrerin wollte ja erst nicht, aber dann waren doch alle froh, dass wir uns nicht für das Grillen am See entschieden hatten …

Lena Sven und Alexander waren glatt verloren gegangen. Als alle wieder oben waren, fehlten die beiden. Mensch, war die Frau Lenert damals aufgeregt. Wo waren die beiden eigentlich abgeblieben? Ich weiß nur noch, dass …

Simone … Jedenfalls haben wir ganz schön lange warten müssen. – Und was könnten wir dieses Jahr machen? …

Lena Interessant finde ich deinen Vorschlag schon. Eigentlich bin ich gar nicht dagegen. Aber müssen wir immer lehrreiche Ausflüge machen? Wenn ich daran denke, vergeht mir schon die Lust.

3. Fülle die Lücken im Dialog aus und schreibe das vollständige Gespräch in dein Heft.
4. Forme das Gespräch um in einen *Bericht über den Ausflug ins Salzbergwerk*. Wie musst du dich ausdrücken?

Biikebrennen

Wie jedes Jahr wurde am 21. Februar in vielen Orten Nordfrieslands das Biikebrennen[1] veranstaltet. Jung und Alt beging das Fest mit dem Biikefeuer, Ansprachen und wärmenden Getränken an einem nochmals winterkalten Februarabend. Seit Weihnachten hatte die Jugend alles Brennbare gesammelt und zu einer möglichst hohen Biike um einen Pfahl mit einer Teertonne herum aufgetürmt. Um zu verhinden, dass jemand mutwillig die Biike vorzeitig entzündet, wurden in den letzten Nächten Wachen aufgestellt, sodass sich am Festabend den vielen Zuschauern auch der erhoffte Anblick einer mächtigen Feuer- und Rauchsäule bieten konnte. Das Biikebrennen geht auf ein altes heidnisches Fest zu Ehren Wotans zurück. Man feierte den Sieg des Lichts über die Finsternis und erbat zugleich göttlichen Beistand. In christlicher Zeit wurde der Petritag (22. Februar) Volksversammlungstag und Festtag zum Abschied der auslaufenden Walfangschiffe. Mit Ende des Walfangs ab ca. 1850 änderte der Tag erneut seine Bedeutung zum Heimatfest und Symbol für die Liebe zur Heimat.

1 **Biike**: aufgeschichteter Haufen

Mehrere Ansprachen umkreisten auch in diesem Jahr wieder den zentralen Gedanken. Der offizielle Teil des Abends klang mit gemeinsamen Liedern aus.

Die jungen Leute vergnügten sich danach noch lange damit, mit Stangen über das Feuer zu springen. Die älteren suchten einen Gasthof zum Grünkohlessen mit Speck und Kochwurst auf. Am nächsten Tag gab es traditionsgemäß schulfrei und weitere verschiedene Feiern für die Schuljugend.

1. Warum wurde dieser Bericht geschrieben?
2. Wie ist der Bericht aufgebaut? Unterscheide die Hauptabschnitte. Mit welchen Angaben beginnt der Bericht, wie kommt er zum Schluss?
3. Überprüfe, welche genaueren Einzelangaben der Bericht macht, wo er allgemeiner zusammenfasst.
4. Fasse deine Ergebnisse zu den Fragen schriftlich so zusammen, dass du allgemeine Kennzeichen des Berichts erhältst.
5. Erkundige dich nach besonderen Sitten und Gebräuchen aus deiner Heimat und berichte der Klasse über ein Beispiel.

Unfall in der Schule

Am 13. Mai hat sich im Schiller-Gymnasium ein Unfall ereignet:

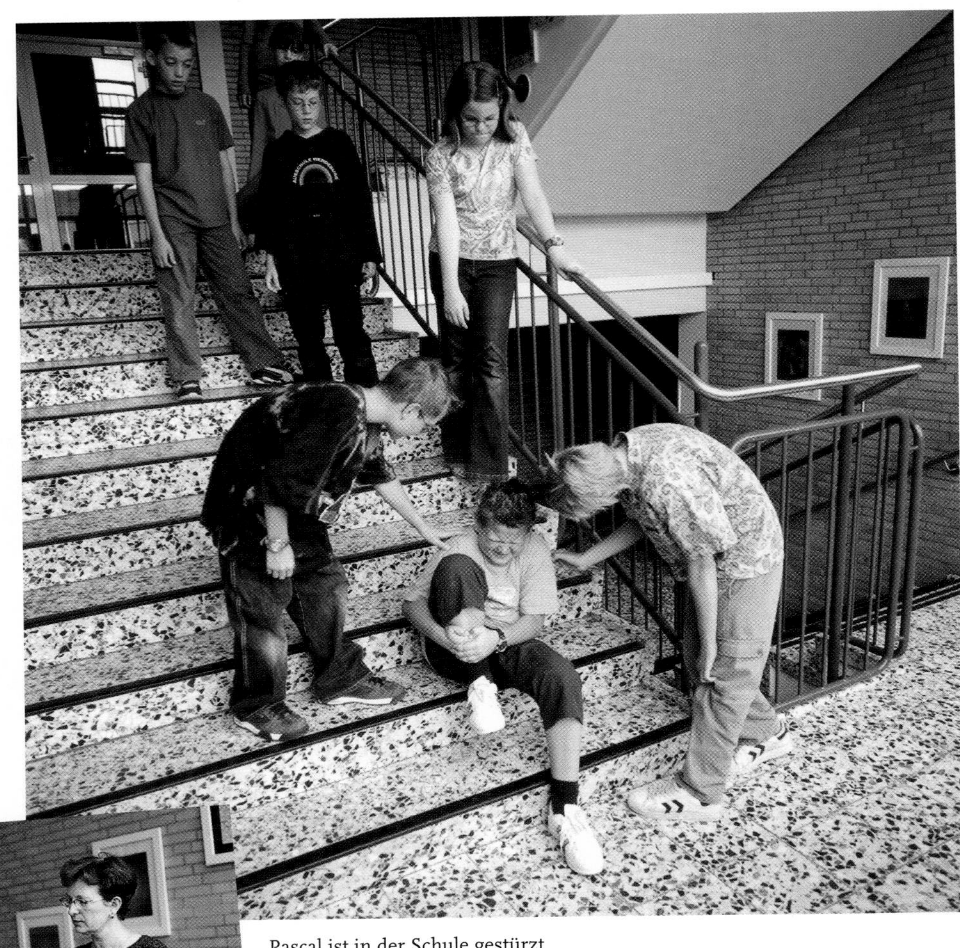

Pascal ist in der Schule gestürzt

Die Schulleiterin befragt die Schüler Patrick und Dirk

1. Was könnte passiert sein? Äußert eure Vermutungen.
2. Welche Fragen habt ihr, wenn ihr zu diesem Unfall hinzukommt?

Personen geben Auskünfte

An dem Unfall waren mehrere Personen beteiligt, und einzelne Personen wollen Auskünfte:

1 Telefonat mit der Mutter des verunglückten Schülers

Die Schulleiterin Frau Dr. Droste informiert telefonisch die Mutter des verletzten Schülers:

Dr. Droste	Guten Tag, Frau Hofmann. Ihr Sohn Pascal hatte heute in der Schule einen Unfall. Nach Beendigung der 2. Stunde rannten er und zwei Mitschüler …
Frau Hofmann	Entschuldigen Sie bitte, wenn ich Sie unterbreche. Was ist mit meinem Sohn?
Dr. Droste	Ihr Sohn klagte über starke Schmerzen im rechten Fußgelenk. Zwei Kollegen brachten ihn dann zu dem Orthopäden Dr. Ladwig in der Uhlandstraße, schräg gegenüber unserer Schule. Ein schriftlicher Befund liegt natürlich noch nicht vor. Dr. Ladwig teilte mir aber telefonisch mit, dass es sich um eine starke Bänderdehnung handelt.
Frau Hofmann	Wo ist mein Sohn im Augenblick?
Dr. Droste	Er ist noch in der Arztpraxis. Ein Kollege betreut ihn.
Frau Hofmann	Ich werde ihn gleich abholen.

2 Bericht des Biologielehrers

Die Schulleiterin fordert den Biologielehrer Ruf auf, sofort einen Bericht zu verfassen. Studienrat Ruf hat die Klasse unmittelbar vor dem Unfall unterrichtet:

Meine Stunde habe ich in der Klasse 5a pünktlich um 9.20 mit dem Läuten beendet. Drei Schüler rannten sofort aus dem Klassenraum. Sie verließen das Klassenzimmer erst nach dem Läuten. Auf meine Ermahnung, nicht zu rennen, reagierten sie nicht mehr. Ein paar Sekunden später hörte ich Schmerzensschreie.

Ich rannte aus dem Klassenraum zur Treppe, die zum Hauptausgang führt, und sah den Schüler Pascal Hofmann am unteren Treppenrand sitzen. Er hielt sich das rechte Fußgelenk und hatte offensichtlich starke Schmerzen. Die beiden Schüler Patrick Leutelt und Dirk Köster standen daneben. Studienrat Heis eilte ebenfalls zur Unfallstelle. Wir trugen den verletzten Schüler in die Praxis von Dr. Ladwig. Studienrat Heis hält sich noch dort auf.

❸ Befragung der Schüler

Die Schulleiterin Dr. Droste ruft die Schüler Patrick Leutelt und Dirk Köster zu sich und befragt sie:

Dr. Droste Warum seid ihr gerannt? Ihr wisst doch, dass dies laut Haus- und Pausenordnung verboten ist?

Patrick Wir haben keine Schuld. Wir wollten nur schnell am Hauptausgang sein.

Dirk Wir haben nicht daran gedacht. Es war Pascals Idee. Die Großen kaufen uns immer die besten Kuchen weg.

Dr. Droste Wenn ich euch recht verstehe: Ihr wolltet als Erste beim Kuchenverkauf der 8 c sein?

Dirk Deshalb sind wir gerannt.

Dr. Droste Wie ist dann der Unfall passiert?

Patrick Ich war als Erster an der Treppe. Ich glaube, das hat Pascal nicht gefallen. Er ist ja schneller als ich. Ich bin aber schneller aus dem Klassenzimmer herausgekommen.

Dirk Ich war hinter den beiden.

Patrick Ich war schon fast unten. Immer noch Erster. Da springt Pascal die letzten drei Stufen hinunter. Der wollte sicherlich vor mir unten sein.

Dirk Ich habe es gesehen. Er ist gesprungen. Dann ist er mit dem rechten Bein ausgerutscht. Er hat ja einen großen Satz gemacht. Dann hat er geschrien: „Mein Bein ist gebrochen."

❹ Bericht in der Schülerzeitung

Eine Woche später erscheint die Schülerzeitung „Claro". Auch darin ist ein kurzer Bericht über den Unfall enthalten:

Unsere Schule – ein gefährlicher Ort?

Es scheint, dass Schüler gefährlich leben. Erst letzte Woche passierte wieder ein Unfall. Ein Schüler rannte die Treppen hinunter. Mit einem Sprung wollte er die letzten Stufen bewältigen und stürzte dabei. Er hatte Glück im Unglück. Es ist nichts Schlimmes passiert.

Wie kommt es zu solchen Unfällen? Wie hätte man diesen speziellen Unfall verhindern können? Man kann eine Schule nicht unfallsicher bauen. Vielleicht liegt es an uns. An unserem Leichtsinn. Vielleicht können wir am meisten dafür tun. Die Schulordnung verbietet ja das Rennen in den Gängen und auf den Treppen. Vielleicht lernen wir aus solchen Vorfällen, dass eine Schulordnung durchaus sinnvoll ist – aber nur, wenn man sich daran hält.

1. Wie unterscheiden sich die vier Berichte und Gespräche? Welche Fragen stehen jeweils im Vordergrund? Warum ist das so?
2. Dirk und Patrick müssen über den Unfall schriftlich berichten. Schreibe diesen Bericht. Wie unterscheidet sich dieser Bericht von den mündlichen Äußerungen?
3. In welchem Tempus wird berichtet? Welche Funktion haben die anderen Tempora?

Ein Bericht für die Versicherung

Die Schulleiterin muss einen Bericht für die Unfallversicherung schreiben. Dazu muss sie das folgende Formular ausfüllen:

An

Württembergische Unfallkasse

70329 Stuttgart, Augsburger Str. 700

Unfall-Nr.

Unfallanzeige für Kinder in Kindergärten, Schüler, Studierende — Erläuterungen umseitig ①

Freihalten für den Träger der Unfallversicherung

Name und Anschrift der Einrichtung (Kindergarten, Schule, Hochschule):

Art der Einrichtung: ☐☐ ② | Träger der Einrichtung: ②

Familienname und Vorname des Verletzten: geboren am: | Geschlecht ☐ männl. ☐ weibl. | Staatsangeh.

Anschrift des Verletzten (Postleitzahl, Wohnort, Wohnung): | ledig ☐ Ja ☐ Nein | Kinder ☐ Ja ☐ Nein

Name und Anschrift des gesetzlichen Vertreters: ③

Krankenkasse des Verletzten: pflicht- ☐ freiwillig- ☐ familien- ☐ privat-versichert ☐

Wochentag Datum Jahr Uhrzeit des Unfalls: ④ | Tätigkeit am Unfalltag: ⑤ Beginn: Uhr Ende: Uhr

Verletzte Körperteile: ⑥

Art der Verletzungen: ⑦

Zuerst behandelnder Arzt: ⑧ | Jetzt behandelnder Arzt oder Zahnarzt: ⑧

Krankenhaus, in das der Verletzte aufgenommen wurde:

Unfallstelle (bei Wegunfällen genaue Ortsangabe):

Unfallhergang: ⑨

(wenn erforderlich, auf gesondertem Blatt fortfahren)

Zeugen des Unfalls: ⑩

Hat der Verletzte wegen des Unfalls den Besuch der o. a. Einrichtung unterbrochen?
Wenn ja, seit wann? bis wann?

4. Schreibe diesen Bericht. Welche Fragen müssen dazu beantwortet werden?

INFO

- Beim **Berichten** wird in der Regel ein Sachverhalt sachlich und genau dargestellt.
- Beim Berichten werden **W-Fragen** (Wer? Was? Wo? Wann? Wie? Warum? Welche Folgen? Wozu?) beantwortet, die davon abhängig sind, was ein Adressat wissen will.

Nachschlagen → S. 214

Nachschlagen → S. 214

Beschreiben

Ein Besuch im Zirkus

Wer erinnert sich nicht an einen besonders eindrucksvollen Programmpunkt aus dem Zirkus? Wie ging es da ganz genau zu?

Tipps:

- Ordne die Einzelheiten so an, dass eine Gesamtvorstellung beim Leser / Hörer entstehen kann.
- Halte dich nicht bei Nebensächlichkeiten auf und rücke deinen „wichtigsten Augenblick“ auch in den Mittelpunkt.

1. Wähle dir einen Programmpunkt aus und zeichne zunächst ein genaues Bild vom wichtigsten Augenblick dieses Auftritts.
2. Welche weiteren wichtigen Einzelheiten des Auftritts müssen in einer Beschreibung genannt werden? Notiere sie.
3. Verfasse die ganze Beschreibung.

Die Raubtier-Dressur

Lara hat in einer Zirkusaufführung die Raubtier-Dressur besonders gut gefallen. Sie will sie ihrer Freundin beschreiben und hat dazu folgenden Stichwortzettel angefertigt:

4. Lies den Stichwortzettel. Was könnte Laras Freundin daran besonders interessieren? Was nicht?
5. Fertige mithilfe des Stichwortzettels eine Beschreibung an. Stelle die Punkte, die Laras Freundin interessieren, ausführlicher dar. Achte auf das Tempus.

- Die Gitter werden aufgebaut.
- Das Licht geht aus.
- Ein Lichtschein strahlt in die Manege.
- Es herrscht Stille.
- Löwen und Tiger kommen auf Samtpfoten hereinspaziert.
- Der Feuerreifen wird angezündet.
- Die Nummer beginnt.
- Die Löwen und Tiger springen durch den Reif und zeigen ihre Künste.
- Nach 15 Minuten kommt das Ende der Vorführung.
- Die Löwen und Tiger werden herausgetrieben.

(Lara, 10 Jahre)

Der Jongleur

Vor ungefähr drei Jahren, als ich einmal in einem Zirkus war, gefiel mir die Jongleurnummer sehr. Der Jongleur kam in die Manege gelaufen und wurde vom Direktor vorgestellt. Danach fing er an, zuerst mit zwei Bällen in einer Hand. Nach und nach nahm er immer mehr Bälle dazu, bis er bei fünf Bällen angelangt war. Er jonglierte auf die komischsten Weisen: Hinter dem Rücken, über dem Kopf – alles war dabei. Jetzt schmiss er die Bälle hoch, drehte sich, und die Bälle fielen in die dafür vorgesehenen Behälter am Gürtel. Nun nahm er andere Dinge zum Jonglieren: einen Tennisschläger, einen Teller, einen brennenden Stock, ein Messer und einen Kegel. Er wirbelte sie wild durcheinander. Einmal fing er den brennenden Stock mit dem Mund auf und warf ihn wieder in das Gewirbel. Als er endlich aufhörte, nahm er einfach die Hände weg, und der Kegel stand so, wie Kegel normal stehen. Der Teller lag unversehrt auf dem Boden, das Messer steckte im Manegensand, den Stock mit Feuer hatte er in der einen Hand und den Tennisschläger in der anderen. Nun nahm er sein Zeug und ging aus dem Zirkuszelt.

(Felix, 11 Jahre)

6. Warum kann man sich ein gutes Bild von dieser Zirkusvorführung machen? Achte auf die Reihenfolge der Ereignisse.
7. Wodurch gelingt es Felix, Anschaulichkeit in die Darstellung zu bringen?
8. In welchem Tempus ist diese Beschreibung verfasst?

Die drei Byrons *Erich Kästner*

Aus: Erich Kästner, Emil und die drei Zwillinge

Das sehr erfolgreiche und auch verfilmte Jugendbuch „Emil und die Detektive" bekam bald eine Fortsetzung: „Emil und die drei Zwillinge". In dieser zweiten Emil-Geschichte erzählt Erich Kästner, wie sich ein Teil der Detektiv-Kinder zwei Jahre später an der Ostsee wieder trifft und miteinander die Ferien verlebt. Eines Abends besuchen alle zusammen eine Varieteevorstellung, deren artistischer Höhepunkt der Auftritt der drei Byrons ist. Diesen Auftritt beschreibt Kästner so:

Nach der Pause trat die akrobatische Tänzerin noch einmal auf. Dann zeigte ein Zauberer fantastische Kartenkunststücke. Und dann endlich kam die Glanznummer des Abends, „The three Byrons"! Was Mister Byron mit seinen beiden Zwillingen zu Wege brachte, war geradezu unfassbar. Die Zuschauer saßen steif auf ihren Stühlen und wagten kaum zu atmen. Am großartigsten wurde es, als sich Mister Byron rücklings auf ein Taburett[1] legte und die Arme hochreckte. Jackie Byron, der größere Zwilling, machte in der rechten Handfläche seines Vaters den Kopfstand und Mackie Byron in der linken Hand. Erst hielten sie sich noch mit ihren Händen an Mister Byrons Armen fest. Aber dann ließen sie seine Arme los und legten ihre Hände stramm an die Hosennaht! So standen sie auf dem Kopf, wie kleine umgekehrte Soldaten. Hinterher sprangen sie wieder auf die Füße und lächelten, als sei gar nichts gewesen.

1 **Taburett**: kleiner Hocker

Mister Byron blieb auf seinem Taburett liegen, zog die Knie an den Leib und streckte die Füße hoch. Mackie legte sich bäuchlings auf die väterlichen Fußsohlen. Mister Byron bewegte jetzt die Füße, fast wie ein Radfahrer, und Mackie drehte sich auf den Sohlen seines Vaters um die eigene Längsachse wie eine rasende Spindel. Dann flog er plötzlich in die Luft, wirbelte um sich selber, fiel wieder auf Byrons Füße, wurde wieder hochgeworfen, drehte sich in der Luft um neunzig Grad und fiel – nein, er fiel nicht, sondern stand auf einmal mit seinen Füßen auf den Füßen Mister Byrons!

Klotilde meinte mit zitternder Stimme: „Ich kann gar nicht mehr hinsehen."

Aber Emil, Gustav und der Professor waren hingerissen. [...]

Dann legte sich Jackie Byron, der eine Zwilling, aufs Taburett, streckte die Arme hoch, ergriff die Hände seines Vaters, und dann machte dieser große, schwere Athlet auf Jackies hoch gestreckten Armen einen Handstand!

„Dass dem Jackie nicht die Knochen brechen, ist mir rätselhaft", flüsterte Emil. Gustav nickte. „Dass da nichts passiert, spricht gegen sämtliche physikalischen Gesetze."

Als die drei Byrons mit ihren Künsten zu Ende waren, brach ein unerhörter Beifall los. Die Korlsbüttler Einwohner, die vor dem Hotel standen und durch die Vorhangspalte blickten, klatschten so lange, bis die Fledermäuse aufgeregt umherflatterten. Der Bühnenvorhang musste zwölfmal aufgezogen werden.

9. Inwieweit unterscheidet sich die Beschreibung Kästners von Felix Beschreibung eines Jongleurs (vgl. S. 29)?
10. Notiere in deinem Heft zwei Spalten nebeneinander. Trage in die Spalte *Wortwahl* Wörter ein, die die Beschreibung anschaulich machen. In die nächste Spalte trage Bilder und Vergleiche ein, die die gleiche Wirkung erzeugen sollen.

Wortwahl	Bilder/Vergleiche

INFO

Nachschlagen → S. 214

- **Beschreiben** erfordert genaues Wahrnehmen, damit sich ein **Adressat** den Vorgang genau vorstellen kann.
- Die Beschreibung orientiert sich in der Regel an der zeitlichen Reihenfolge des Vorgangs.
- Die Vorgangsbeschreibung kann im Präsens und im Präterium stehen.
- Die Sprache des Beschreibens sollte anschaulich sein.

Erzählen

Ich hatte heute richtig großes Glück. Ich habe nur drei Lose gezogen. Das erste war eine Niete, das zweite auch, aber das dritte …

In der Geisterbahn war es stockfinster. Auf einmal öffnete sich neben uns eine Klappe und …

Weißt du, was mir heute passiert ist? Ich habe gerade Zuckerwatte gekauft, als plötzlich meine Freundin verschwunden war …

- Du warst sicher schon einmal auf dem Rummelplatz oder in einem Freizeitpark. Erzähle, was du dort erlebt hast.

Zum Erzählen kommen

Nachschlagen → S. 214

Ein Blick durch die Lupe

1. Mit dem Vergrößerungsglas sieht man mehr. Du kannst Auffälliges beobachten. Was ist hier wohl Besonderes passiert? Erzähle.

Beobachtungen festhalten

Jan, ein Schüler der 5 a, hat sich zu seinen Beobachtungen diese Notizen gemacht:

die Ketschupspritze
ich / der Junge / die Frau / Leute
in den Sommerferien
Imbissbude im Freizeitpark / Gedränge
Hunger / Currywurst /Ketschup-Spritzer auf weißer Bluse /
Riesentheater

2. Bringe Fotos von deinen Freizeitaktivitäten in die Klasse mit. Suche mit dem „Vergrößerungsglas“ auf den Bildern nach weiteren Auffälligkeiten, die dich zum Erzählen anregen.
3. Mache dir dazu Notizen.

Tinas Erzählung

Tina erzählt zuerst ihre Geschichte. Allerdings haben einige Zuhörer Fragen und Einwände:

„Also, ihr wollt wissen, wie es im Freizeitpark letzte Woche war. Schon bei der Hinfahrt sind wir in einen wahnsinnigen Stau geraten. Nichts ist mehr gegangen. Mein Vater ist dermaßen nervös geworden, dass er ganz hektisch wurde und andauernd sagte, dass er überhaupt keine Lust mehr auf den Freizeitpark hat. Dann hat er die Lippen zusammengekniffen und war stinksauer. Gesagt hat er auch nichts mehr. Was glaubt ihr, wie froh wir waren, als wir endlich da waren. Am Ende war es doch noch ein richtig schöner Tag."

Das war aber langweilig!
Sven
Und? Was war denn nun eigentlich so schön an dem Tag?
Mark
Ich konnte mir die Situation im Auto sehr gut vorstellen.
Anna
Mareike
Ja, mein Papa ist genauso.
Elise
Eigentlich hatte deine Geschichte einen ganz anderen Inhalt, als man nach dem ersten Satz erwartet hätte.

1. Was meint ihr zu Tinas Geschichte? Was hat sie gut gemacht? Worauf sollte sie noch mehr achten? Bezieht die Reaktionen der anderen mit ein.
2. Welche Fragen würdest du Tina stellen?

Tipps für Erzähler
Der Anfang soll neugierig machen.
Die einzelnen Schritte der Geschichte müssen stimmen.
Die Geschichte sollte glaubwürdig sein.

Tinas Notizzettel

Thema:	Ein nasses Vergnügen
Wer?	Mein Vater / ich / der Rest der Familie
Wann?	Letztes Wochenende
Wo?	Auf der Wasserrutsche im Freizeitpark
Was?	Mein Vater wird pitschnass
Warum?	Beugt sich zu weit über den Rand, und außerdem fängt es an in Strömen zu gießen.

3. Erzähle du jetzt die Geschichte, die Tina eigentlich erzählen wollte.

Ideennetze weben

Denkt euch eine Situation aus und beschreibt sie mit einem Wort, das ihr in die Mitte eines leeren Blattes schreibt. Zieht einen Kreis darum.
Schließt dann die Augen und lasst zu dieser Situation innere Bilder entstehen. Auf ein Zeichen hin öffnet ihr die Augen und schreibt Wörter auf, die euch spontan in den Sinn kommen und die zu der Situation passen. Ein Beispiel:

1. Erstelle ein solches **Ideennetz**.
2. Bilde Sätze, mit denen du die Netzwörter verbinden kannst.
3. Erzähle eine passende Geschichte mit deinem Ideennetz.
4. Erstelle eigene Ideennetze als Grundlage für mögliche Geschichten. Hier einige Wörter als Anregung: *Tierarztpraxis, Baumhütte, Fahrradralley …*
5. Sicherlich hast du auch etwas, was dich an ein besonderes Erlebnis erinnert, z. B. Souvenirs aus deinem letzten Urlaub. Erzähle davon.

Ideennetz → S. 231

INFO

Nachschlagen → S. 214

- Jeder kann von Ereignissen erzählen, die er einmal erlebt hat und die er gerne anderen weitererzählen möchte.
- Geht man mit wachen Augen durch den Tag, kann man Besonderheiten und Auffälligkeiten im Alltag wie mit dem „Vergrößerungsglas" entdecken.
- Man sollte sich einige Notizen machen, bevor man anderen eine Geschichte erzählt. Dazu eignen sich die W-Fragen: Wer? Wann? Wo? Was? Warum?

Wahrnehmen mit allen Sinnen

Fensterblick

Ihr geht zu den Fenstern in eurem Klassenzimmer und verteilt euch so, dass alle gut nach draußen schauen können. Schaut nun drei Minuten lang hinaus, ohne miteinander zu sprechen, und versucht so viel zu beobachten, wie ihr könnt. Nach der gestoppten Zeit setzt ihr euch hin und schreibt auf, was ihr alles gesehen habt.

1. Was stellt ihr fest, wenn ihr eure Beobachtungen vergleicht?

Kamerablick

Du suchst dir einen Ort im Schulgebäude oder auf dem Schulgelände und stellst dich unbeweglich hin. Wie eine Kamera nimmst du nun fünf Minuten lang alle Dinge, Personen, Bewegungen oder Ereignisse wahr, die in dein Blickfeld geraten. Du darfst dabei nur den Kopf bewegen: nach rechts und links und nach oben und unten.

2. Schreibe alles auf, was in dein Blickfeld kommt, und zwar ganz genau, aber ohne eigene Bewertung. Zum Beispiel so: *Ein Junge kommt von links, hebt einen Zettel auf, schlendert quer über den Hof, setzt sich auf die Mauer und liest. Ein Mädchen setzt sich neben ihn …*
3. Welche Einzelheiten kannst du zum Erzählen einer Geschichte verwenden? Warum?

Ganz Ohr!

Ihr setzt euch bequem hin. Es ist ganz still im Klassenzimmer, ein Fenster ist geöffnet. Ihr schließt eure Augen und seid für drei Minuten einmal „ganz Ohr“. Konzentriert euch auch auf die Geräusche, die von außen kommen.

1. Tauscht euch darüber aus, was ihr wahrgenommen habt.

Hörtest

Zu jedem Bild gehören bestimmte Geräusche. Wenn ihr euch ganz ruhig und entspannt hinsetzt und euch innerlich die Bilder vorstellt, könnt ihr die Geräusche dazu hören.

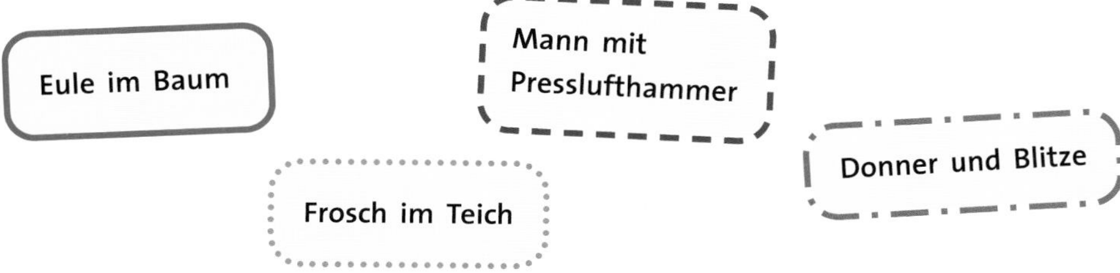

2. Finde weitere „Hörtests“ und probiere sie mit deinem Nachbarn aus.
3. Beschreibe ein Geräusch, das du als besonders unangenehm empfindest, ohne es selbst zu nennen. Die anderen müssen es erraten. Dasselbe kannst du mit besonders angenehmen Geräuschen machen.
4. Gibt es Geräusche, mit denen du ein bestimmtes Erlebnis verbindest? Erzähle.

Stell dir vor …

- du stehst an einem Würstchenstand und bekommst soeben die bestellte Currywurst gereicht
- du stehst neben einer frisch geteerten Straße
- du bist an einer Tankstelle
- du kommst an einem frisch gestrichenen Geländer vorbei
- du gehst über eine frisch gemähte Wiese.

5. Beschreibe die unterschiedlichen Situationen. Erfinde weitere Riechsituationen.
6. Zu welchen Wortarten gehören die Wörter, die du zur Beschreibung der Riechsituationen verwendet hast?

Black Box

In einem Korb befinden sich verschiedene Alltagsgegenstände. Nimm mit geschlossenen Augen einen in beide Hände und betaste ihn behutsam, um ihn mit den „inneren Augen" zu erfassen. Öffne danach die Augen und betrachte ihn.

1. Was hast du richtig „erfasst", was nicht?

Genau beschreiben

Du sitzt Rücken an Rücken mit deinem Nachbarn und hast einen neuen Gegenstand in der Hand, den du wieder bei geschlossenen Augen behutsam ertastest. Beschreibe deinem Nachbarn diesen Gegenstand möglichst genau. Dann macht dieser dasselbe mit seinem Gegenstand. Denke dabei an Material, Größe, Form oder Umriss, Gewicht, sonstige Besonderheiten.

2. Erratet die Gegenstände.
3. Eure Gegenstände führen ein Gespräch miteinander.
4. Dein Gegenstand erzählt seine Geschichte, z. B.:
   Eine Wäscheklammer klagt ihr Leid

Fußwege

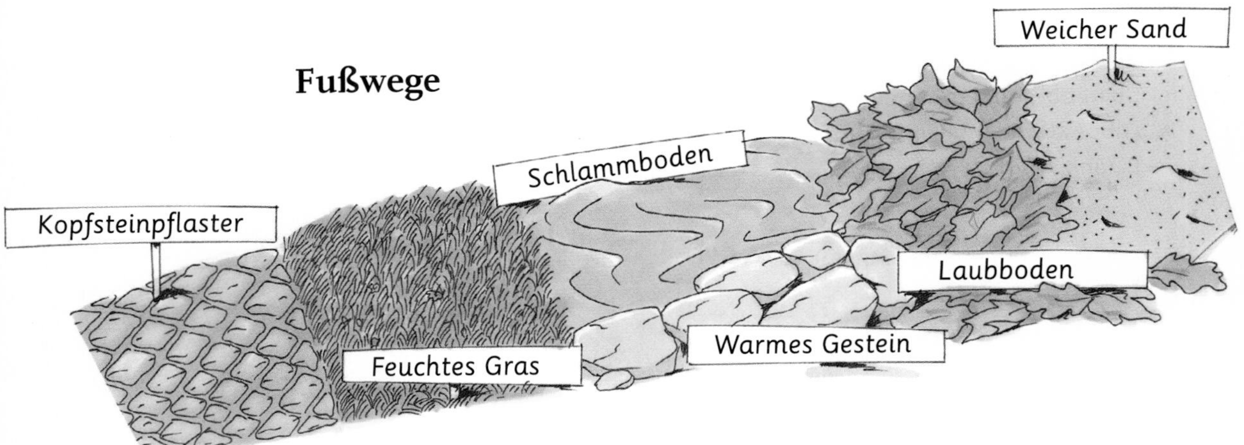

5. Stelle dir vor, du hast solche Bodenformen unter deinen Füßen. Wie fühlt es sich an, wenn du z. B. über einen Weg mit trockenem Laub gehst? Versuche das, was du spürst, zu beschreiben.
6. Wenn du dich konzentrierst, fallen dir sicherlich eigene Orte, Straßen und Wege ein.
   Welches besondere Ereignis kannst du mit den unterschiedlichen Wegen verbinden? Erzähle.

Fantasiereise

Schließe die Augen und stelle dir vor, du sitzt im schönsten Hochsommer auf einem großen Heuhaufen mitten im Feld.
Um dich herum siehst du … hörst du … riechst du …
spürst du … schmeckst du …

1. Beschreibe das einmal. Sammle dazu möglichst viele treffende Ausdrücke.

Bilder erzählen lassen

2. Welche Geschichte kannst du aus dem Bild herauslesen? Erzähle sie. Versuche dabei, alle Sinne einzubeziehen. Überlege dir vorher noch, ob eines der beiden Kinder die Geschichte erzählt oder ob du eine Geschichte über die beiden und den Hund erzählen willst.
3. Mache deine Geschichte anschaulich, indem du ein Gespräch zwischen den beiden Mädchen in direkter Rede ausgestaltest.
4. Legt euch eine Sammlung mit Bildern auf Ansichts- oder Kunstkarten an und lasst euch davon zum Erzählen anregen.

INFO

- Je genauer man mit allen Sinnen wahrnimmt, was um einen herum passiert, desto besser kann man eine Geschichte gestalten.
- Ein guter Erzähler lässt sich Zeit, um Sinneseindrücke auf sich wirken zu lassen.
- Hören, Riechen, Sehen und Tasten kann man trainieren, wenn man sich ganz entspannt nur auf ein Sinnesorgan konzentriert.

Nachschlagen → S. 214

Erzählungen schreiben

Erzählbaukasten

Personen	**Gegenstände**	**Empfindungen/Gefühle**
1. Schülerin	**1.** Teppich	**1.** Schadenfreude
2. Gehbehinderter	**2.** Brille	**2.** Angst
3. Hundebesitzer	**3.** Koffer	**3.** Wut
4. Lehrerin	**4.** Text	**4.** Mitleid
5. Kleiner Junge	**5.** Klavier	**5.** Stolz
6. Pilot	**6.** Surfbrett	**6.** Neid

Das Spiel besteht aus dem Baukastensatz und mehreren Würfeln. Es können alle in der Klasse mitspielen. Jeder Spieler würfelt dreimal.
Beim ersten Wurf wird die Person (z. B. 3: *Hundebesitzer*) ermittelt, beim zweiten ein Gegenstand (z. B. 6: *Surfbrett*), beim dritten ein Gefühl (z. B. 2: *Angst*). Mit der *Person-Gegenstand-Empfindung-Kombination* wird dann eine kleine Geschichte aufgeschrieben.

1. Spielt das Baukastenspiel und vergleicht eure Ergebnisse.

Namen-Geschichten

U – hu
L – aubwald
L – eise
A – ltersheim

In einer Namen-Geschichte werden zu den Buchstaben deines Vornamens Wörter gesucht, mit denen dann eine Geschichte geschrieben wird, z. B. eine Ulla-Geschichte.

Ein Uhu saß in heller sommerlicher Mondnacht hoch im Wipfel eines riesigen Baumes und spähte weit hinüber ins Tal. So konnte er alles wahrnehmen, was sich in dem tiefen Laubwald regte und bewegte. Obwohl sein Hunger auf Beute immer größer wurde, erspähte sein scharfes Auge nichts, was er hätte greifen können. Der Wald wirkte wie ausgestorben. Nicht einmal ein Mäuslein huschte über den trockenen Waldboden. Da hob der Uhu seine Flügel und glitt leise mit leichtem Flügelschlag ins Tal zum Altersheim, wo in den Fenstern noch Licht war. Er setzte sich auf eine hohe Tanne …

2. Setze diese Geschichte fort.
3. Schreibe die Buchstaben deines Vornamens untereinander.
   Ergänze zu jedem ein Wort und schreibe dann eine Geschichte.

Wörter-Stern

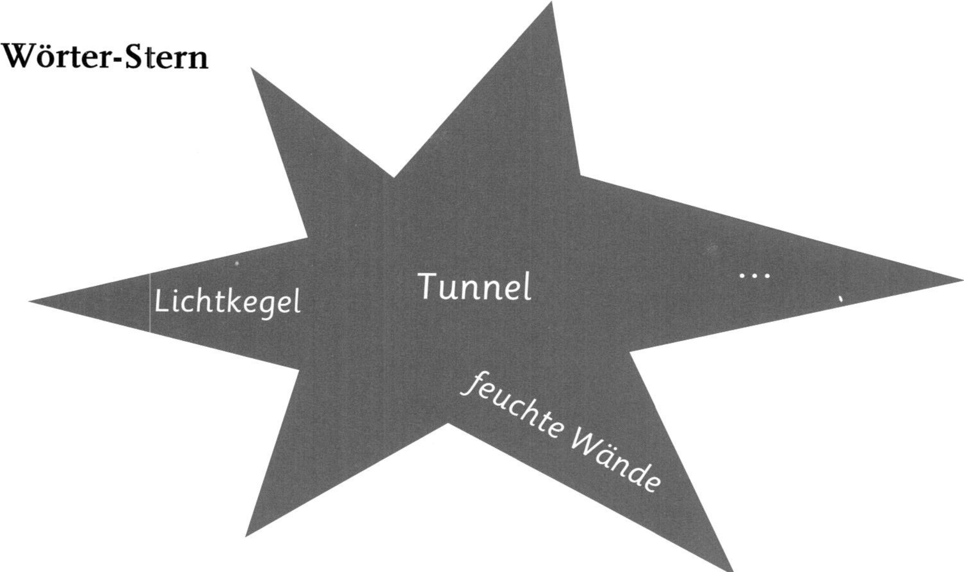

Bildet mehrere Gruppen in der Klasse. Jede setzt sich im Kreis um ein großes Blatt herum, auf das ihr einen Stern mit so vielen Zacken zeichnet, wie Personen im Kreis sitzen. Einer von euch schreibt ein Wort in die Mitte des Sterns. In die Zacken schreibt jeder ein weiteres Wort, das ihm dazu einfällt. Dann wird der Wörter-Stern gedreht, und jeder kann sich von den Wörtern der anderen zu weiteren Wörtern anregen lassen und diese hinzufügen.

4. Bastelt aus den Wörtern gemeinsam eine Geschichte und schreibt sie auf.
5. Lest euch eure Geschichten vor. Wer hat die schönste Geschichte erfunden?

Zeitungswörter

In Zeitungen verstecken sich oft eine Menge Reizwörter zum Erzählen. Bringt zerschnittene Sätze oder einzelne Wörter aus Zeitungen von zu Hause mit und legt sie in eine große Zeitungswörter-Schachtel.
Jeder von euch zieht ein Puzzle-Teil aus der Schachtel. Geht damit, ohne zu sprechen, im Klassenzimmer herum, sodass die anderen euer Wort sehen können, und sucht Partner-Wörter. Wenn ihr ein Wort entdeckt, das zu eurem passt oder das euch nur gefällt, geht ihr zusammen mit dem neuen Partner auf weitere Wörtersuche. Wenn sich genügend interessante Wörter zusammengefunden haben, bastelt ihr aus den Wörtern eine Geschichte.

Schlüsseldienst

Straßenverkehr

Wetterbericht

6. Spielt dieses Spiel und schreibt eure Geschichte auf. Ihr könnt dazu das Ideennetz bei der Verknüpfung der Wörter verwenden.

Der Geschichtenmacher *Uwe Kant*

Jeden Morgen geht der Geschichtenmacher ein bisschen spazieren. So sieht es aus. In Wirklichkeit geht er Geschichten suchen.
Die Leute haben gesagt: Die Geschichten liegen doch auf der Straße.
Der Geschichtenmacher möchte sie finden und einsammeln.
Er nimmt auch immer eine große Tüte mit.
Ach was, sagt der Geschichtenmacher, die Tüte ist für die frischen Brötchen da.
Einmal hat der Geschichtenmacher wahrhaftig ein ganzes Fünfmarkstück gefunden – aber eine ganze Geschichte noch nie.
Einmal haben ihn eine uralte Frau und ein uralter Mann nach dem Weg zum Hochzeits-Büro gefragt.
Er hat gesehen, wie vier Feuerwehrleute einen angefrorenen Schwan vom Fluss geholt haben.
Er hat einen großen starken Mann in guten Sachen auf einer Bank sitzen und weinen sehen.
Zu Haus jedoch waren jedes Mal nur Brötchen in Geschichtenmachers Tüte.
Aber im Kopf hat er überlegt:
Wer hat das Geld verloren?
Was wollten die Uralten auf dem Hochzeits-Büro?
Haben vier Feuerwehrleute nichts Wichtigeres zu tun?
Warum hat der Mann geweint?
Manchmal bekommt er etwas heraus und schreibt es auf. So machen es die Geschichtenmacher schon lange und überall. Deshalb gibt es so viele Geschichten auf der Welt. Und eben – hast du gehört – ist vielleicht eine neue dazugekommen.

1. Wähle eine der Geschichten aus.
   Fertige einen Stichwortzettel an (W-Fragen) oder ein Ideennetz.

Wichtiges und Nebensächliches

Micha hat folgende Zusammenhänge für die Geschichte von dem angefrorenen Schwan herausgefunden:

Nach einem milden Wintertag kam ein plötzlicher Frosteinbruch.

Der Waldsee war mit einer dicken Eisschicht überzogen.

Schwimmen im Teich war verboten.

Ein Schwanenpaar hatte im Sommer ein Junges großgezogen.

Der Wirt des Gasthauses hatte den Schwan auf dem See entdeckt.

Am Abend zuvor hatte es im Gasthaus eine Schlägerei gegeben.

Der Wirt alarmierte die Feuerwehr.

Eine alte Frau fütterte wie immer die schnatternden Enten am Ufer.

Vier Feuerwehrleute rückten an.

Der Schwan blieb ruhig.

Der Wirt säuberte den Vorplatz.

Die Feuerwehrleute legten eine Leiter auf das Eis.

Der Feuerwehrmann näherte sich vorsichtig dem Schwan.

Er goss lauwarmes Wasser auf die Füße des Schwans.

Ein Unfallwagen fuhr auf der Straße vorbei.

Der Schwan ließ sich füttern.

Schwäne sind keine Fleischfresser.

Der Feuerwehrmann konnte den Schwan anfassen und ihn sicher ans Ufer bringen.

2. Welche Einzelheiten kann Micha zum Erzählen einer Geschichte verwenden?
3. Trage deine Beobachtungen in eine Tabelle ein. Unterscheide sie in *wichtig* und *nebensächlich*.
4. Erzähle mit den wichtigen Beobachtungen eine zusammenhängende Geschichte.
5. Welche Nebensächlichkeiten könnten zur Hauptsache für eine neue Geschichte werden? Versuche, die Nebensächlichkeiten auszubauen.

Was für ein Durcheinander

a

b

c

d

e

f

Hans Kossatz: Vater Kaiser und Dackel Willi

1. Bringe die Bilder in die richtige Reihenfolge.
2. Notiere Stichwörter zu jedem Bild.
3. Schreibe davon ausgehend die Erzählung „Wasserspiele“.
   Du kannst dazu die folgenden Verknüpfungswörter benutzen:
   dann, als, während, obwohl, weil, deshalb, aber, denn, außerdem, sondern.

So eine Verwirrung: Der Finderlohn

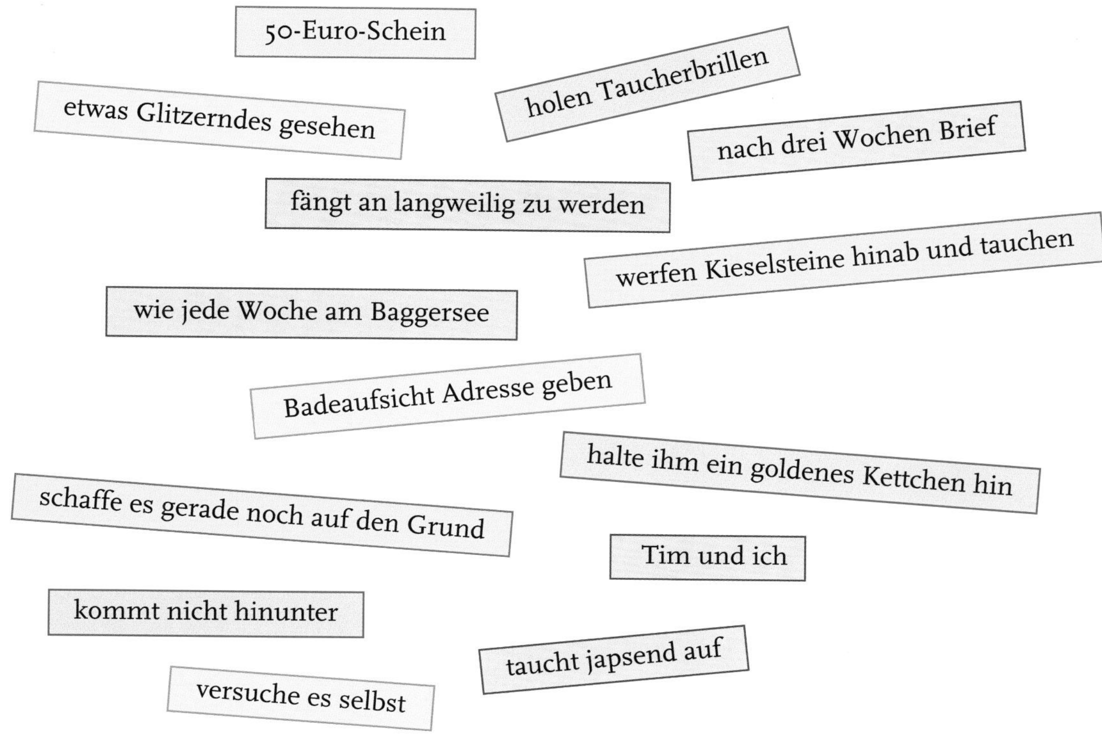

4. Übertrage die Stichwörter auf Zettel und ordne sie in einer sinnvollen Reihenfolge.
5. Erzähle die Geschichte anhand deiner Stichwortliste.
6. Sicherlich hast du auch schon etwas verloren oder gefunden. Lege dir eine Stichwortliste an, um dann zusammenhängend erzählen zu können. Schreibe die Erzählung auf.

INFO

- Damit beim Geschichtenerzählen nichts Wichtiges vergessen wird und das Nebensächliche möglichst aussortiert wird, sollte man sich am besten **Stichwörter** aufschreiben. Dabei helfen **W-Fragen**.
- Eine Geschichte sollte glaubhaft und logisch sein, damit der Leser sich gut in die Ereignisse hineinversetzen kann und ihm die Zusammenhänge klar werden. Die zeitliche **Reihenfolge** sollte stimmen.

Nachschlagen → S. 214

Nachschlagen → S. 214

Erzählanfang – besonderes Ereignis – Erzählende

Konstanzemarie *Irmela Brender*

Tina hatte eine Puppe, die war etwas ganz Besonderes, und darum hieß sie auch besonders: Konstanzemarie. Ihr Körper war weich und richtig zum Kuscheln, sie hatte echtes Haar und wunderschöne lange Wimpern. Ihr Gesicht war nicht eines jener starren, steifen und immer ein bisschen hochmütigen Puppengesichter, sondern es war ein sehr, sehr nettes Gesicht, so wie es beste Freundinnen haben.

Tina nahm Konstanzemarie überall mit hin, natürlich auch zum Kindergeburtstag von Sabine. „Puh, guck mal die“, sagte schon an der Tür ein blonder Junge mit Sommersprossen. „Die spielt noch mit Puppen und bringt sie sogar mit.“

„Es ist doch Konstanzemarie“, sagte Tina, und der Junge grinste. Als die Kinder Kakao tranken und Torte aßen, saß Konstanzemarie auf Tinas Schoß, und als sie dann spielten, hing sie an Tinas Hand.

„Ohne die kannste wohl nicht?“, fragte ein Mädchen, das Ruth hieß. „Puppensuse“, sagte der Junge mit den Sommersprossen.

„Meine Mutti hat gesagt, ich bin jetzt zu alt zum Puppenspielen“, sagte Sabine, die Geburtstag hatte.

„Ich spiele nicht mit Puppen“, sagte Tina, „nur mit Konstanzemarie.“

Sie spielten ‚Armer Kater‘ und ‚Blinde Kuh‘ und ‚Reise nach Jerusalem‘ und ‚Topfschlagen‘ und ‚Ofenanbeten‘ (das machten sie vor der Heizung) und ‚Kalt und Heiß‘, und dann fiel ihnen nichts mehr ein. Sie saßen so herum, und Tina dachte, eigentlich könnte jetzt Sabines Mutter kommen, dann wüsste man, dass es Zeit wäre zum Heimgehen. Aber Sabines Mutter kam nicht.

„Ich weiß was“, sagte der Junge mit den Sommersprossen. „Wir würfeln, und wer drei Sechser hat, kriegt Tinas Puppe.“

„Klasse!“, sagte Ruth.

„Ich weiß nicht, meine Mutti …“, fing Sabine an und hörte wieder auf.

Alle anderen waren begeistert.

„Nicht Konstanzemarie!“, sagte Tina und hielt Konstanzemarie fester.

Aber die anderen würfelten schon. „Zwei-fünf-eins.“ „Eins-eins-drei.“ „Vier-zwei-fünf.“ „Sechs-sechs-sechs!“ Ruth war es.

„Nein“, sagte Tina leise und nahm Konstanzemarie fest in den Arm.

„Gib schon her“, sagte Ruth. Tina schüttelte den Kopf.

„Abgemacht ist abgemacht“, sagte der Blonde, obwohl gar nichts abgemacht gewesen war. Tina schüttelte den Kopf. „Nicht Konstanzemarie.“

„Warum nicht Konstanzemarie?“

„Sie gehört mir.“

„Tine, Tine, Babytrine“, rief Sabine. Alle hatten offene Münder, alle schauten Tina böse an, alle streckten die Hände aus nach Konstanzemarie.

„Nein“, wollte Tina sagen und schrie es vor Angst. „Ihr seid gemein! Das ist Konstanzemarie! Sie gehört mir!“

„Ist doch bloß eine Puppe, du Heulbaby!“ Ruth hatte schon einen Arm von Konstanzemarie in der Hand. „Du Doofe, gib her!“ Der Blonde griff nach dem Kopf. „Hab dich nicht, Zuckerpuppe!“ Die Zöpfige hielt ein Bein.

„Ihr gemeinen Biester!“, schrie Tina. „Ihr Klauer! Ihr Spielverderber.“

Da rissen sie.

Der Blonde schwang den Kopf an den echten Haaren, und das sehr, sehr nette Gesicht von Konstanzemarie drehte sich schaurig. Die Zöpfige warf das Bein einfach in die Ecke, Ruth nahm den Arm in den Mund wie einen Daumen, und Tina hielt den weichen, kuscheligen Körper noch immer fest an sich gedrückt, aber er wurde immer schlaffer, weil das, was in ihm war, herausrann. Tina spürte es und schaute den anderen zu und weinte, aber eigentlich begriff sie nicht richtig, was geschah. Ging es noch um Konstanzemarie?

Da kam Sabines Mutter herein mit einem Tablett voll heißer Würstchen und Teller und Brötchen und Senf. „Na“, rief sie fröhlich, „ihr wart ja so laut? Hattet ihr einen kleinen Streit? Um eine Puppe?“ Sie stellte das Tablett ab und besah sich alles – den Arm, das Bein, den Kopf, den Körper, der nur noch eine Stoffhülle war. „Oh!“, sagte sie. „Jetzt habt ihr das Püppchen kaputt gemacht. Das habt ihr nun davon! Aber weine nicht, Tina, ich werde es zum Puppendoktor bringen, und dann wird alles wieder gut, wie?“

Tina sah sie an wie die Hexe im Märchen. Puppendoktor, dachte sie, du meine Güte. Das war doch Konstanzemarie!

1. Schließt das Buch und erzählt die Geschichte nach.
2. Schau dir die Erzählung einmal genauer an.
   Lege in deinem Heft eine Tabelle an und beantworte folgende Fragen:
   Wie fängt die Geschichte an?
   Was ist das besondere Ereignis?
   Und wie endet die Geschichte?

Erzählanfang	besonderes Ereignis	Erzählende

Textpuzzle: Dschonghi und der Computer *Reinhold Ziegler*

1 Bei einem seiner Spaziergänge stieß Dschonghi auf einen kleinen Computer, der am Wegesrand im Sterben lag. Todkrank blinkerten seine kleinen Leuchtdioden, und sein Bildschirm leuchtete nur noch matt. Den Jungen rührte es zu Tränen, wie der kleine Computer so hilflos dalag, und er sprach ihn an: „Na, Kleiner? Wer hat dich denn hier ausgesetzt?“

2 „Na“, überlegte Dschonghi, „zum Beispiel, warum ich immer so traurig bin, wenn ich nachts durch den Wald laufe, oder warum der Regenbogen auf der anderen Seite der Welt nicht weitergeht. Oder woher meine kleine Schwester gekommen ist, oder ob das Weltall am Anfang ein Stück Stern oder eine Apfelsine war, oder warum meine Mutter beim Staubsaugen immer singen muss, oder wo mein Vater den ganzen Tag lang ist, oder wie der Busfahrer die Tür von außen zumacht, oder warum ich abends nicht einschlafen kann, wenn ich noch keinen Kuss bekommen habe.“

3 „Halt, halt“, rief der Junge, „hör auf. Wer will das wissen? Weißt du nicht etwas Wichtiges?“ „Bitte?“, fragte der kleine Computer, „was zum Beispiel?“

4 Der kleine Computer war längst zu schwach zum Antworten, er schien gar nicht mehr zu verstehen, was er gefragt worden war. Also bückte sich Dschonghi und nahm ihn mit. Zu Hause legte er den Computer auf seinen Tisch und beobachtete ihn eine Weile. […]

5 „Moment“, sagte der kleine Computer, „das ist eine Menge!“ „Das ist noch gar nichts gegen das, was ich noch alles wissen müsste“, sagte Dschonghi, „pass auf…“ „Halt, halt, ich kann dir so was nicht beantworten, ich habe dafür keine Programme, denke ich.“ „Mist“, sagte Dschonghi, „kannst du dann wenigstens mein Zimmer aufräumen, meine Hausaufgaben machen und meiner kleinen Schwester ihren Schnuller wieder reinstecken, wenn sie quengelt?“

6 Da der kleine Computer noch immer nicht antwortete, gab der Junge ihm 220 Volt aus der Steckdose. „Ups“, machte der kleine Rechner, und seine Leuchtdioden fingen heftig an zu blinken. „Besser jetzt?“, fragte Dschonghi. „Gib mir nur ein, zwei Minuten zum Booten, dann bin ich so weit, okay?“, sagte der kleine Computer matt. Dschonghi wartete eine Minute, zwei Minuten. Der kleine Computer bootete vor sich hin, als wollte er nie mehr damit aufhören. Dschonghi überlegte gerade, ob er den Stecker wieder rausziehen sollte, da meldete sich der Kleine mit fester Stimme: „Sieben mal sieben ist neunundvierzig!“ „Schön“, sagte Dschonghi erstaunt, „aber wen interessiert das?“ [...]

7 „Mist“, sagte Dschonghi und zog den Stecker raus. Die Leuchtdioden hörten auf hell zu leuchten, blinkten noch ein bisschen, flackerten, dann gingen sie aus. Dschonghi nahm den kleinen Computer, dann ging er wieder in den Wald. „Mist“, sagte er wieder und warf ihn genau dorthin, wo er ihn gefunden hatte.

8 „Der Mond hat einen Durchmesser von 3476 Kilometern“, sprudelte es jetzt aus dem kleinen Rechner, „Texas hat 16 Millionen 685 Tausend Einwohner. Das spezifische Gewicht von Gold ist 19,3 Gramm pro Kubikzentimeter. [...] Der Dreißigjährige Krieg dauerte genau ...“

9 „Ich denke ... ich weiß nicht ... Ich glaube ...“, fing der Computer an. [...]
„Na?“, fragte Dschonghi, „was denkst du?“ „Sieben mal sieben ist neunundvierzig“, rief der kleine Computer trotzig.

3. In welcher Reihenfolge müssen die einzelnen Puzzleteile stehen?
4. Welches ist der Erzählanfang, welches das besondere Ereignis, welches das Erzählende? Begründet eure Entscheidung.
5. Lies jetzt die Geschichte vor.

„Der Schüler, der immer zu spät kam“

Zu diesem Thema sollten die Schüler eine Erzählung schreiben. Hier sind ein paar Beispiele, wie einige Schülerinnen und Schüler ihren Aufsatz angefangen haben.

Daniels Anfang lautet:
Heute möchte ich von einem Jungen erzählen, der sich vornahm, nie wieder zu spät zu kommen …

Anne hat sich Folgendes einfallen lassen:
„Warum schafft es der Junge eigentlich nie, pünktlich in die Schule zu kommen?“ Diese Frage stellte sich Frau Reuter, seine Klassenlehrerin, schon seit Beginn der 5. Klasse. Und sie beschloss, das Rätsel von Georgs Unpünktlichkeit zu lösen …

Maries Anfang lautet ganz anders:
In Mühlheim, einer Kleinstadt inmitten von Weinbergen, wohnte Felix S. Der Junge war genauso gemütlich wie die Stadt, in der er lebte. An einem trüben Montagmorgen wachte er auf …

Markus fängt so an:
Es war einmal ein Junge, der immer und überall zu spät kam …

1. Vergleicht die Erzählanfänge. Welche Unterschiede stellt ihr fest?
2. Baut die Anfänge zu ganzen Geschichten aus und schreibt sie auf.
3. Vergleicht eure Ergebnisse: Inwiefern hat der Anfang euch beim Weitererzählen gelenkt?

Berühmte Buchanfänge

A In der Nacht, als Ronja geboren wurde, rollte der Donner über die Berge, ja, es war eine Gewitternacht, dass sich selbst alle Unholde, die im Mattiswald hausten, erschrocken in ihre Höhlen und Schlupfwinkel verkrochen …!

B Als Herr Bilbo Beutlin von Beutelsend ankündigte, dass er demnächst zur Feier seines einundelfzigsten Geburtstages ein besonders prächtiges Fest geben wolle, war des Geredes und der Aufregung in Hobbingen kein Ende.

C Euch kann ich's ja ruhig sagen: Die Sache mit Emil kam mir selber unerwartet.

4. Hier ein kleines Quiz: Welche Bücher fangen so an? Kannst du Autor/Autorin und Buchtitel nennen?
5. Warum könnten die Anfänge zum Weiterlesen verführen?
6. Wie fangen eure Lieblingsgeschichten/Lieblingsbücher an? Schreibt die ersten Sätze ins Heft und lasst eure Klassenkameraden raten, wie das Buch heißt.

Erlebnisse im Zeltlager

So endet Saskias Erlebniserzählung:
Wir krochen alle aus dem Zelt heraus, und da sahen wir ihn. – Es war ein Igel.

Hier ist Rolfs Schluss:
Los – du schaffst das! – Dieser Satz, der sich als so verhängnisvoll erwiesen hat, wird mir wohl nie wieder über die Lippen kommen. Das Bild von meinem verletzten Freund lässt mich nicht mehr los. Ich traue mich nicht, ihn im Krankenhaus zu besuchen. Wäre jetzt nur jemand da, der zu mir sagt: „Los, du schaffst das!"

7. Vergleiche die beiden Erzählschlüsse. Was fällt dir auf?
8. Was könnte vorher passiert sein? Erzähle die Erlebnisse.
9. Wie könnten die Geschichten anfangen? Schreibe passende Einleitungssätze.

Schlüsse aus bekannten Kinderbüchern

A Dann hinkte Kassiopeia davon und suchte sich einen stillen und dunklen Winkel. Sie zog ihren Kopf und ihre vielen Glieder ein, und auf ihrem Rücken, für niemand mehr sichtbar als nur für den, der diese Geschichte gelesen hat, erschienen langsam die Buchstaben: Ende.

B Viele Sätze gingen in seinem Kopf durcheinander. Ich habe Anna lieb. Anna geht weg. Ich muss Anna gleich einen Brief schreiben. Anna kann uns ja besuchen. Ich hab Anna wirklich lieb. Er hätte heulen können. Aber er heulte nicht.

10. Woran erkennst du, dass es sich hier um Schlusssätze von Büchern handelt?
11. Wer von euch kennt die beiden Bücher und kann darüber erzählen?

Erzählüberschriften

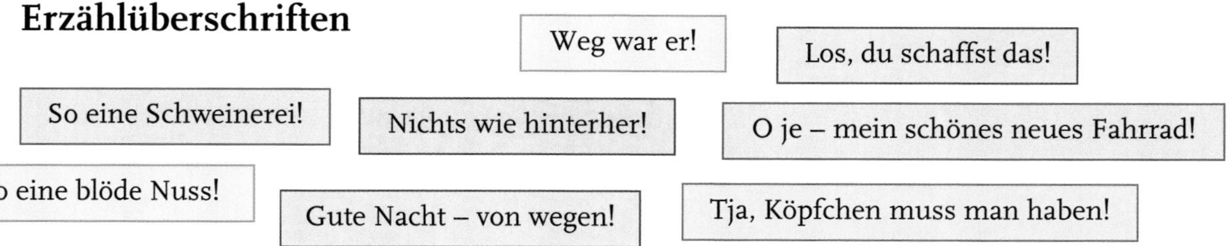

Weg war er!
Los, du schaffst das!
So eine Schweinerei!
Nichts wie hinterher!
O je – mein schönes neues Fahrrad!
So eine blöde Nuss!
Gute Nacht – von wegen!
Tja, Köpfchen muss man haben!

12. Welches besondere Ereignis steckt jeweils in diesen Überschriften? Tauscht euch aus.
13. Suche dir zwei Überschriften aus und schreibe den Anfang und das Ende einer Erzählung.

Aus Meldungen werden Geschichten

„Gänsemarsch“ durch die Innenstadt

Bonn (dpa) Als Transportunternehmen für „Gänsefüßchen“ musste ein Bonner Taxifahrer herhalten. Eine Gänsemutter hatte eine sehr befahrene Straße für einen Ausflug mit ihren fünf Küken ausgewählt und brachte dadurch den gesamten Berufsverkehr zum Erliegen. Der beherzte Taxifahrer griff sich die Tiere, die heftigen Widerstand leisteten, setzte sie kurzerhand auf den Rücksitz seines Taxis und fuhr die Fahrgäste zum Tierrettungsdienst. Dort verfrachtete man die Tiere fachmännisch zum heimatlichen Weiher.

Neunjähriger verteilt Banknoten

Die gesamten Ersparnisse seiner Eltern hat ein neun Jahre alter Junge aus dem oberbayerischen Germering verschenkt. Etwa 5 000 Euro, welche die aus dem früheren Jugoslawien stammenden Eltern für einen Hausbau in ihrer Heimat vorgesehen hatten, fielen kurz vor der Heimreise der Freigiebigkeit des Kindes zum Opfer, teilte die Polizei mit. Der Junge hielt danach Freunde bei Gaststättenbesuchen aus, kaufte sich Spielzeug und verteilte die Banknoten an Bekannte. (dpa)

Fischstäbchen feiern 50. Geburtstag

ZWEI SCHÜLER BERGEN EINEN GOLDSCHATZ

Essen (AP) Zwei neun Jahre alte Schüler haben in Essen nach Angaben der Polizei eine Kiste voller Gold und Silberschmuck gefunden. Bislang konnte noch nicht ermittelt werden, woher der wertvolle Inhalt der Kiste stammt.

1. Baue diese Erzählkerne zu einer Geschichte aus. Was musst du hinzufügen?
2. Lege fest, wer die Geschichte erzählt.
3. Suche weitere Meldungen, die sich zum Ausgestalten einer Erzählung eignen.

Wenn Dinge reden könnten

In der Nacht zum 30. Februar, wenn die Turmuhr 12 schlägt, geschehen merkwürdige Dinge. Die Gegenstände werden für eine Stunde lebendig, beginnen sich zu bewegen und zu sprechen.
Male dir aus, was dann im Kühlschrank los ist. Was in der Mülltonne? Was in deinem Federmäppchen? In deiner Schreibtischschublade?

1. Suche dir ein Thema aus. Mache dir Stichworte:
   Was könnten die Dinge erleben?
   Was passt zu ihnen?
   Was tun sie? Wie sprechen sie?
   Welche Eigenschaften haben sie?
   Wie fühlen sie sich an?
2. Sammle deine Ideen, ehe du deine Geschichte aufschreibst.
3. Schreibe deine Geschichte. Achte dabei auf das besondere Ereignis.

Fantasiegeschichte

Die Klasse 5a der Friedrich-Schule hat mit viel Fantasie ein Geschichtenbuch geschrieben. Hier ein Ausschnitt aus einer Geschichte:

Er nahm sofort den Fallschirm und band ihn sich um. Dann riss er die Tür auf und sprang runter, ohne nach unten zu gucken. Als er in der Luft war, riss er an der Leine. Der Fallschirm öffnete sich. Nun schwebte er hinunter, und obwohl er weinte, guckte er sich nach einem Landeplatz um …

4. Schreibe zu diesem Erzählkern eine ganze Erzählung. Notiere dir dazu wichtige Wörter, die deiner Erzählung eine Richtung geben.

INFO

Nachschlagen → S. 214

Erzählungen schreiben ist gar nicht so schwer, wenn sie gut geplant und einige Regeln beachtet werden:
- Am **Anfang** der Erzählung sollte man nicht zu viel verraten, sondern den Leser neugierig auf die kommende Handlung machen.
- Das **besondere Ereignis** steht im Mittelpunkt der Erzählung und sollte lebendig ausgestaltet werden.
- Das **Erzählende** nennt in wenigen Sätzen den Ausgang.

Nachschlagen → S. 215

An der Sprache feilen

Sophies Erlebnis im Deutschunterricht

Die Deutschstunde begann. Und dann sagte Frau Seltmann, wie man einen Aufsatz schreibt. Und dann schrieb sie das an die Tafel. Aber der Markus hatte ja seinen Hamster mit in die Schule gebracht. In Biologie wollten wir heute nämlich über unsere Haustiere sprechen. Den nahm ich unter der Bank auf meinen Schoß. Markus hatte ein Stückchen Mohrrübe dabei. Das gab ich dem Hamster zu fressen. Er fraß es sofort auf. „Hat der aber Hunger", dachte ich. Ich konnte deswegen natürlich nicht beim Unterricht mitmachen. Ich bekam einen Schubser von Markus. Er wollte mich nämlich warnen. – Leider vergeblich! Frau Seltmann rief mich nämlich auf. Ich bekam einen ziemlichen Schrecken und wurde rot. Blöderweise rutschte mir der Hamster vom Schoß und lief durch die Klasse. In der Klasse war es erst ganz still, dann aber lachten alle vergnügt. Als ich dann aber den Hamster einfangen wollte, sagte Frau Seltmann, dass ihre Tochter auch so einen Hamster hat. Aber dass Aufsatzschreiben jetzt doch wichtiger ist. Ihre Stimme war streng, aber sie guckte nicht böse. Da war ich froh, dass unsere Deutschlehrerin so nett war.

1. Was gefällt dir an Sophies Erzählweise, was gefällt dir nicht so gut? Finde eigene Verbesserungsmöglichkeiten.
   Benutze dazu aussagekräftige Wörter, z. B. statt „*... und lief durch die Klasse*" – „*Der Hamster wuselte blitzschnell durch alle Bänke ...*"
2. An welchen Stellen im Text helfen Satzverknüpfungen?
3. An welchen Stellen würdest du direkte Rede einfügen? Warum?

Schreibkonferenz

In der Schreibkonferenz haben sechs Schülerinnen und Schüler gemeinsam den Aufsatz von Beate gelesen und ihre Anmerkungen an den Rand geschrieben.

War das komisch

Erzählanfang zu lang
Sven

Ich mag Biologie richtig gern. Die Lehrerin ist ein bisschen streng. Aber sie erklärt uns alles ganz geduldig und kann schön an der Tafel zeichnen. Sie macht auch die Schulgarten-AG. Jeden Mittwochnachmittag können wir dahin kommen und im Garten arbeiten. Da ist sie auch nicht so streng. Manchmal bringt sie dann auch Kuchen mit. Es gibt im Biologieunterricht immer viel Abwechslung. Letzte Stunde war es besonders gut, da wollten wir nämlich Haustiere durchsprechen. In der Stunde davor hatte die Lehrerin gefragt, wer in der Nähe wohnt und seinen Hund mitbringen kann. Marie meldete sich. Sie konnte ihren Hund in der großen Pause holen. Biologie war gleich danach.

nebensächlich
Laura

In der Stunde saß der Hund, der noch ganz jung war, friedlich da. Frau Schmidt, unsere Biologielehrerin, gab uns den Auftrag, den Hund genau zu beobachten und alles zu notieren, was wir sehen konnten. Das machten wir auch. Doch dann fing Julian an zu lachen. Ich wusste erst nicht, warum. Die anderen fingen auch an zu lachen. Die ganz hinten saßen, standen auf, um zu sehen, was denn so komisch war. Dann mussten auch sie lachen: Der Hund hatte tatsächlich in die Klasse gepinkelt. Alle mussten wir dann laut loslachen, selbst unsere Lehrerin lachte mit. Der Hund wurde von unserem Lärm so unruhig, dass er kaum noch zu halten war. Marie brachte ihn ganz schnell nach Hause, Julian ging zum Hausmeister und holte einen Lappen, um den See wegzuwischen.

ortwiederholung
Johannes

besser ausgestalten
Philipp

Diese Stunde kriegte Frau Schmidt nicht mehr hin. Immer wieder lachte jemand los. Jedenfalls werde ich diese Biologiestunde nicht so schnell vergessen.

Ende gefällt mir besonders
Mark

Gute Erzählung!
Julia

1. Was hat die **Schreibkonferenz** untersucht? Fasse zusammen.
2. Schreibe eine neue Fassung von Beates Erzählung. Ersetze das Verb *lachen* durch ein anderes aus folgender Liste:

Schreibkonferenz
→ S. 232

feixen – grienen – grinsen – strahlen – lächeln – schmunzeln – kichern – prusten – wiehern – kringeln – herausplatzen

Was nun?

In den dargestellten drei Situationen erfährst du nicht direkt, was die Personen fühlten. Erzählt wird nur die äußere Handlung:

A Zu Hause angekommen, kramte ich in der Schultasche herum. Plötzlich entdeckte ich das Deutsch-Arbeitsheft. Heute in der ersten Stunde hatten wir den Aufsatz geschrieben …

B Björn brütete über seinen Mathe-Aufgaben. Die ersten hatte er schon nicht lösen können. Er schielte zu seinem Freund Stefan hinüber, der eifrig schrieb …

C Sie hielt das Zweieurostück fest in der Hand. Es war schon ganz warm geworden. Keiner hatte sie beobachtet …

1. Versuche, dich in eine der Personen hineinzuversetzen, und schreibe auf, was ihr so alles durch den Kopf geht.
2. Suche dir eine Situation heraus und schreibe die ganze Erzählung.

Stehen gelassen *Hans Manz*

Zum ersten Mal wartete Rita nicht auf ihn. Adam glaubte noch zuversichtlich, es müsse ein Irrtum sein. Ihr Bruder indessen, der Adam ausrichtete, sie sei nicht daheim, zeigte ein Grinsen, das Adam nicht gefiel: ein schadenfrohes. Er setzte sich auf die Treppe vor ihrem Hauseingang. Einmal musste sie zurückkommen. Sie öffnete aber plötzlich die Tür, zischte: „Hau ab, du!", und schmetterte die Türe ins Schloss. Sie jagte ihn fort! Sie hatte den Bruder vorgeschickt, um zu lügen! Sie hatte nicht einmal erklärt, warum sie ihn zum Teufel wünschte. Nichts hatte er ihr angetan. Null und nichts! Er hoffte, der Boden würde sich öffnen und ihn verschlingen. Es lief aber nur ein Käfer aufreizend munter über die Pflastersteine, ohne Mitgefühl für sein Elend. Mit der Schuhspitze stieß er nach ihm. Der Käfer fiel auf den Rücken, zappelte. Adam ging es schließlich nicht besser. Sogar die Sonne verspottete ihn, strahlte feiertäglich. Kälte und Schnee hätten besser zu Ritas Herz gepasst.

3. Wie fühlt sich Adam in dieser Situation? Wie drückt der Erzähler das sprachlich aus?
4. Kannst du dich an eine Situation erinnern, in der du einmal *sehr traurig* oder *sehr glücklich* warst? Bechreibe diese Situation und versuche, das Gefühl, das du damals hattest, mit geeigneten Ausdrücken besonders hervorzuheben.

Bitte nicht wörtlich nehmen!

1
2
3
Mir drehte sich der Magen um vor Ekel …
Da fiel es mir wie Schuppen von den Augen …
Siedend heiß fuhr es mir den Rücken hinunter …
Meine Beine waren schwer wie Blei …
Er schrie wie am Spieß …
Das Lachen blieb mir im Hals stecken …
Hilflos ruderte er mit den Armen …
Ihre Blicke schienen mich zu durchbohren …

1. Welche bildhaften Ausdrücke sind in den Illustrationen 1 – 3 versteckt?
2. Vervollständige die Sätze.
   In welchen Situationen könnten sie vorkommen?
3. Bei einigen bildhaften Ausdrücken und Vergleichen wird das Gefühl so anschaulich, dass du es sogar zeichnen könntest. Versuche, es wie oben in einem Bild zu malen.
4. Schreibe weitere bildhafte Ausdrücke auf, z. B.:
   – *Ein Brett vorm Kopf haben.*
   – *Wie vom Donner gerührt dastehen.*
   – …
5. Suche bildhafte Ausdrücke und Vergleiche für das Gefühl der Traurigkeit.

INFO

- Durch **aussagekräftige Wörter**, **bildhafte Ausdrücke** und **Vergleiche** kann man eine Geschichte anschaulich und lebendig machen.
- Wenn man in der Wortwahl und im Satzbau Wiederholungen vermeidet, wird der Erzählstil abwechslungsreicher.

Nachschlagen → S. 215

Nachschlagen → S. 215

Nacherzählen

Ein Erzählspiel

Spielregeln: *Drei oder vier Freiwillige aus eurer Klasse verlassen das Zimmer. Der erste kommt zurück und hört sich die folgende Geschichte an, die ihm vorgelesen wird. Dann kommt der zweite Mitspieler ins Klassenzimmer und hört sich an, wie der erste ihm die Geschichte erzählt. Mitspieler Nr. 2 erzählt die Geschichte für den dritten und so weiter.*
Die Zuhörer werden in vier Beobachtungsgruppen aufgeteilt. Jede Gruppe achtet auf einen Nacherzähler. Die Beobachtungsgruppen teilen anschließend den vier Erzählern mit, was sie beobachtet oder notiert haben.

Die feindlichen Schrauben *Franz Hohler*

Es waren einmal zwei Schrauben, die waren am Rad eines Güterwagens befestigt. Obwohl beide dieselbe Aufgabe hatten, konnten sie sich nicht leiden und stritten dauernd miteinander.

„Du Sauschraube“, sagte die eine zur anderen, „du blöde, dumme Sauschraube!“

„Was du sagst, das bist du selbst!“, gab die andere zurück, und so ging das den ganzen Tag, wenn sie irgendwo auf einem Bahnhof oder einem Abstellgleise standen und warteten.

Einzig wenn der Zug fuhr, drehten sich die Schrauben mit dem Rad so rasch, dass es ihnen die Sprache verschlug.

Eines Morgens, kurz vor der Abfahrt nach Italien, stritten sie wieder besonders heftig.

„Wenn ich nur deinen einfältigen Kopf nicht mehr sehen müsste!“, sagte die eine Schraube zur andern, und zwar in einem sehr giftigen Ton.

„Gut!“, sagte die andere stolz, „dann gehe ich. Es gibt schließlich noch andere Räder.“

Und als der Zug zu rollen begann, schraubte sie sich mit aller Kraft aus dem Gewinde, fiel auf der Gotthardstrecke in einen Wildbach und ertrank.

Da eine Schraube allein nicht genügte, um das Rad an der Achse zu halten, entgleiste der Güterzug, riss den ganzen Zug mit in den Abgrund, und mit den Waggons wurde auch die Schraube dermaßen zertrümmert, dass man sie später mit den Resten des Zuges einschmolz.

Jetzt war endgültig Schluss mit Streiten.

1. Wie wurde die Geschichte jeweils nacherzählt? Was wurde verändert, ergänzt oder weggelassen? Tauscht euch darüber aus.

„Das müsst ihr unbedingt lesen!“

Kai ist ganz begeistert von dem Buch „Robinson, Mittwoch und Julchen“ von Klaus Kordon. Er erzählt seinen Klassenkameraden ein besonders aufregendes Abenteuer aus diesem Buch.

Ihr kennt doch alle Robinson Crusoe, den Seefahrer, der auf einer einsamen Insel strandet und dann zusammen mit einem Schwarzen, der noch nicht einmal seine Sprache versteht, ums Überleben kämpft. So ähnlich erging es auch Jo, der die Sommerferien mit seinen Eltern an einem österreichischen See verbrachte und sich mit Stane, dem Sohn eines slowenischen Gastarbeiters, angefreundet hatte. Beide verbrachten zunächst ganz glückliche Stunden auf einer kleinen unbewohnten Insel, die sie mit Hilfe von Jos Schlauchboot entdeckt hatten. Sie bauten sich eine Hütte, angelten und fühlten sich ganz prima, bis eines Tages ein Mädchen, Julchen, dort mit ihrem Kajak landete und die beiden Jungen ganz schön durcheinander brachte. Sie wurden so eifersüchtig, dass sie sich schließlich heftig prügelten. Julchen war das zu dumm, sie fuhr mit ihrem Kajak davon, doch ließ sie vorher die Luft aus dem Schlauchboot. Das hätte sie nicht tun sollen. Denn als die beiden Jungen endlich wieder einen klaren Kopf hatten und noch atemlos nebeneinander im Sand saßen, zog ein heftiges Gewitter mit Sturmböen auf. Jetzt waren die Jungen auf der Insel gefangen, denn zum Schwimmen war es zu weit und das Schlauchboot lag platt am Ufer. Frierend und völlig durchnässt suchten sie Schutz in ihrer Hütte. So hockten sie dicht gedrängt da, um sie herum bildete sich eine große Pfütze. Blitze zuckten über den Himmel und es wurde Nacht. Sie konnten nur warten und hoffen, dass jemand sie suchte. Außer Julchen aber wusste niemand von dieser Insel, die doch ihr Geheimnis war.

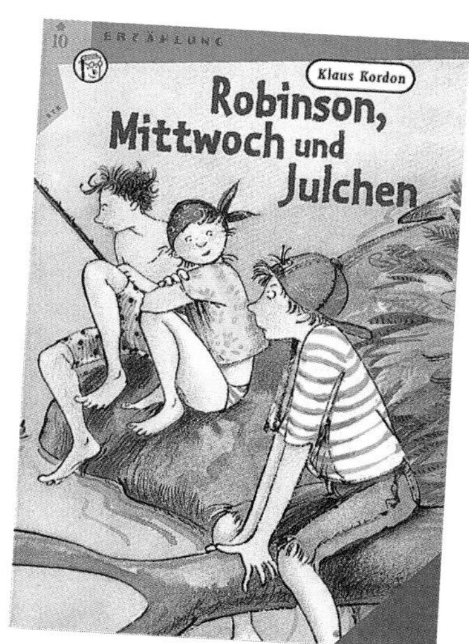

Wie es mit den Dreien weiterging, das will ich euch nicht verraten.

1. Hat Kai diesen Ausschnitt so nacherzählt, dass du Lust bekommst, das Buch zu lesen? Begründe deine Meinung.
2. Stellt euch gegenseitig spannende Bücher vor: Sucht ein Ereignis aus dem Buch heraus und erzählt es so nach, dass die anderen auf das Buch neugierig werden. Ihr könnt euch als Gedächtnisstütze auf einer Karteikarte Stichwörter notieren, aber nicht mehr.

Des Freiherrn von Münchhausens russische Reitergeschichte *Gottfried August Bürger*

Das ganze Land lag unter Schnee; und ich wusste weder Weg noch Steg. Des Reitens müde, stieg ich endlich ab und band mein Pferd an eine Art von spitzem Baumstaken, der über dem Schnee hervorragte. Zur Sicherheit nahm ich meine Pistolen unter den Arm, legte mich nicht weit davon in den Schnee nieder und tat ein so gesundes Schläfchen, dass mir die Augen nicht eher wieder aufgingen, als bis es heller, lichter Tag war. Wie groß war mein Erstaunen, als ich fand, dass ich mitten in einem Dorfe auf dem Kirchhofe lag! Mein Pferd war anfänglich nirgends zu sehen; doch hörte ich's bald darauf irgendwo über mir wiehern. Als ich nun emporsah, so wurde ich gewahr, dass es an den Wetterhahn des Kirchturms gebunden war und von da herunterhing. Nun wusste ich sogleich, wie ich dran war.

Das Dorf war nämlich die Nacht über ganz zugeschneiet gewesen; das Wetter hatte sich auf einmal umgesetzt; ich war im Schlafe nach und nach, so wie der Schnee zusammengeschmolzen war, ganz sanft herabgesunken; und was ich in der Dunkelheit für den Stummel eines Bäumchens, der über dem Schnee hervorragte, gehalten und daran mein Pferd gebunden hatte, das war das Kreuz oder der Wetterhahn des Kirchturmes gewesen.

Ohne mich nun lange zu bedenken, nahm ich eine von meinen Pistolen, schoss nach dem Halfter, kam glücklich auf die Art wieder an mein Pferd und verfolgte meine Reise.

1. Dieser Text wurde so im 18. Jahrhundert von Gottfried August Bürger niedergeschrieben. Manches würdest du heute anders ausdrücken. Gib dafür Beispiele.
2. Schreibe eine Nacherzählung dieser Münchhausen-Geschichte für die jüngeren Geschwister eurer Klasse. Verwende dabei eine Sprache, welche die Kinder verstehen können.

Wie Eulenspiegel in Magdeburg verkündete, vom Rathauserker fliegen zu wollen, und wie er die Zuschauer mit Spottreden zurückwies *Hermann Bote*

Eulenspiegel kam in die Stadt Magdeburg und vollführte dort viele Streiche. Davon wurde sein Name so bekannt, dass man von Eulenspiegel allerhand zu erzählen wusste. Die angesehensten Bürger der Stadt baten ihn, er solle etwas Abenteuerliches und Gauklerisches treiben. Da sagte er, er wolle das tun und auf das Rathaus steigen und vom Erker herabfliegen. Nun erhob sich ein Geschrei in der ganzen Stadt. Jung und Alt versammelten sich auf dem Markt und wollten sehen, wie er flog.

Eulenspiegel stand auf dem Erker des Rathauses, bewegte die Arme und gebärdete sich, als ob er fliegen wolle. Die Leute standen, rissen Augen und Mäuler auf und meinten tatsächlich, dass er fliegen würde. Da begann Eulenspiegel zu lachen und rief: „Ich meinte, es gäbe keinen Toren und Narren in der Welt außer mir. Nun sehe ich aber, dass hier die ganze Stadt voller Toren ist. Und wenn ihr mir alle sagtet, dass ihr fliegen wolltet, ich gaubte es nicht. Aber ihr glaubt mir, einem Toren! Wie sollte ich fliegen können? Ich bin doch weder Gans noch Vogel! Auch habe ich keine Fittiche, und ohne Fittiche oder Federn kann niemand fliegen. Nun seht ihr wohl, dass es erlogen ist."

Damit kehrte er sich um, lief vom Erker und ließ das Volk stehen. Die einen fluchten, die anderen lachten und sagten: „Ist er auch ein Schalksnarr, so hat er dennoch wahr gesprochen!"

3. Was macht Eulenspiegel den Bürgern von Magdeburg deutlich?
4. Ein angesehener Bürger steht neben dem Bürgermeister, schaut zu Eulenspiegel hinauf und sagt: *„Wollen doch einmal sehen, was dran ist an ihm, oder?"* Schreibe das Gespräch zwischen Bürgermeister und Bürger auf.
5. Eine alte Frau möchte gerne von ihrem Enkel, einem 11-jährigen Jungen, wissen, wie das alles abgelaufen ist auf dem Marktplatz. Schreibe seine Nacherzählung.

INFO

Nachschlagen → S. 215

- Für eine gute **Nacherzählung** einer Geschichte ist es wichtig, dass man den Inhalt richtig und zusammenhängend wiedergibt, nichts dazuerfindet und möglichst unterhaltsam erzählt.
- Bei der schriftlichen Nacherzählung einer Geschichte muss man sich genau mit der Textvorlage befassen, die Erzählschritte erkennen und sich in die Erzählabsicht hineinversetzen.

Einen Geschichtenbasar veranstalten

Ein Projekt

Ihr alle wisst, dass im Orient das Erzählen von Geschichten eine gesellige Form der Unterhaltung war, ja sogar – wie es in Tausendundeiner Nacht berichtet wird – der schönen Scheherazade das Leben rettete. Doch die Zeiten sind vorbei, wo man sich noch um Kopf und Kragen erzählen konnte.
Auf dem Basar, den ihr veranstaltet, gibt es die verschiedensten Erzähler und die unterschiedlichsten Geschichten, lustige und traurige, erfundene und nacherzählte oder auch Geschichten, die auf dem Basar erst gemeinsam entstehen. Manche Erzähler haben sich verkleidet, tragen beim Erzählen Gegenstände in der Hand oder begleiten ihre Worte mit Händen und Füßen. Wenn die Geschichte die Zuhörer besonders bewegt, hört man ein Seufzen oder Lachen. So unterhaltsam ist es auf einem Geschichtenbasar.

Hier ein paar Anregungen ...

... zum Erzählen

Wählt gemeinsam die Geschichten aus, die auf eurem Basar erzählt werden sollen. Es können Erzählungen von besonderen Erlebnissen sein, Fantasiegeschichten, Gruselgeschichten oder auch Nacherzählungen von interessanten Geschichten – alles, was ihr euch bisher gegenseitig erzählt oder was ihr aufgeschrieben habt.

... zur Erzählzeit

Im Orient beginnt der Geschichtenerzähler bei Sonnenuntergang zu erzählen. Wann soll euer Erzählbasar beginnen?

... zum Erzählort

Überlegt euch, wie ihr den Klassenraum so gestalten könnt, dass er zum Erzählen verlockt. Ein großer weißer Sonnenschirm, der von oben beleuchtet wird, spendet warmes Licht – ein ausgerollter Teppich kennzeichnet den Platz, auf dem der Erzähler steht oder sitzt – auf einem Tisch stehen Getränke und Kuchen. An den Wänden könnt ihr Bilder, Fotos und Collagen anbringen.

... zur Musik

Trommeln, Flöten, Tamburine können den Basar eröffnen, begleiten, Pausen füllen.

Vorbereitung: Arbeit in Gruppen

Wählt für eure Geschichten Themen aus, die sich für euren Basar besonders gut eignen. Bildet zu jedem Thema eine Gruppe und sammelt Geschichten.

Überlegt, ob ihr auch andere Fächer mit einbeziehen wollt, z. B. Musik oder Kunst. Wie wäre es, wenn ihr einen Büchertisch gestaltet: Was könnte man dort finden?

Wichtig!

- Was müsst ihr noch für das Erzählen üben? Denkt an den Erzähler, der seine Geschichte anschaulich mit Händen und Füßen erzählt, seine Stimme gezielt einsetzt.
- Was muss alles organisiert werden (z. B. Beleuchtung, Bücher, Getränke ...)?
- Wie sieht der Ablauf des Erzählbasars aus? Vielleicht braucht ihr eine Extragruppe, die Regie führt.
- Wie soll die Einladung an eure Eltern aussehen? Wollt ihr vielleicht auch euren Schulleiter und eure Lehrerinnen und Lehrer einladen?
- Was haltet ihr davon, wenn eure Eltern als „Eintrittskarte" eine kleine Geschichte mitbringen?

Und hier noch ein paar Ideen für das gesellige Erzählen

Reizwortgeschichten

Einer nennt drei beliebige Wörter, aus denen eine Geschichte gemacht werden soll. Ihr könnt auch drei Gegenstände zeigen.

Reißverschlussgeschichten

Eine fängt an zu erzählen, bricht mitten im Satz ab, der Nächste fährt fort. Wie wäre es mit diesem Anfang: „Als Markus die Turnschuhe anzog, passierte es ..."

Geschichtenmix

Jeder schreibt auf eine Karteikarte den Namen einer bekannten Figur aus einem Kinderbuch, z. B. Momo, auf eine weitere Karte eine bekannte Märchenfigur. Dann legt ihr die Karten verdeckt in die Mitte des Kreises.
Einer zieht eine Karte und fängt sofort an eine Geschichte zu erzählen, in welcher der gezogene Name vorkommt. Nach einem Klatschzeichen deckt der Nächste eine Karte auf und führt die Erzählung des Vorgängers fort, bringt aber nun seine Figur ins Spiel.
Am Ende habt ihr gemeinsam eine kuriose Geschichte erfunden.

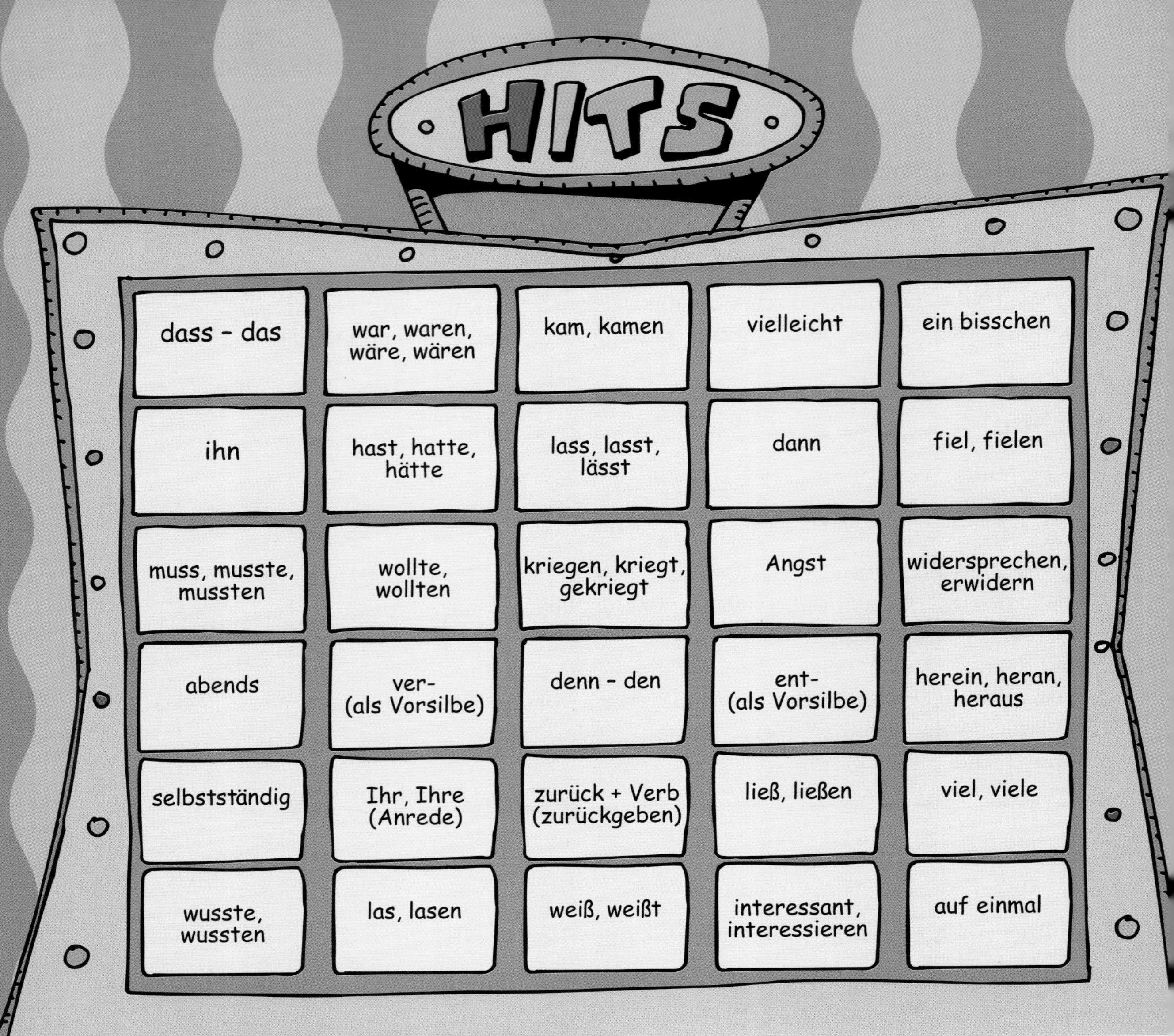

HITS
dass – das
war, waren, wäre, wären
kam, kamen
vielleicht
ein bisschen
ihn
hast, hatte, hätte
lass, lasst, lässt
dann
fiel, fielen
muss, musste, mussten
wollte, wollten
kriegen, kriegt, gekriegt
Angst
widersprechen, erwidern
abends
ver- (als Vorsilbe)
denn – den
ent- (als Vorsilbe)
herein, heran, heraus
selbstständig
Ihr, Ihre (Anrede)
zurück + Verb (zurückgeben)
ließ, ließen
viel, viele
wusste, wussten
las, lasen
weiß, weißt
interessant, interessieren
auf einmal

Rechtschreibung und Zeichensetzung

Hitparade schwieriger Wörter

Wie in der Popmusik gibt es auch in der Rechtschreibung so etwas wie eine Hitparade, und zwar der Wörter, die von Schülern am häufigsten falsch geschrieben werden.

- Warum werden diese 30 Wörter wohl falsch geschrieben?

Rechtschreibschwierigkeiten

Nachschlagen → S. 216

Ein Märchen aus uralten Zeiten

Es war einmal vor langer Zeit ein trauriger Laut [k]. Die deutsche Sprache wurde geschaffen und das [k] hatte sich so sehr gewünscht, den Buchstaben *k* zu bekommen. Immer wenn [k] gesprochen wird, hätte man *k* geschrieben und sonst keinen anderen Buchstaben.
Aber anscheinend wurde in diesen uralten Zeiten niemand nach seinen Wünschen gefragt. Zumindest das [k] hatte dieses Gefühl. Denn was war passiert, als die deutsche Sprache endlich fertig war? Viele Buchstaben konnten plötzlich für den Laut [k] stehen, und der arme, traurige Laut konnte ganz verschieden geschrieben werden: mit *kk* wie in *Mokka*, mit *ck* wie in *Hacke*, mit *x* wie in *Hexe*, mit *q* wie in *Quark*, mit *ch* wie in *Chaos* und mit *c* wie in *Claus*.
Als der arme Laut so traurig dastand und sich benachteiligt fühlte, tauchten plötzlich die Laute [f], [t] und [ts] auf. Sie trösteten das [k] und machten ihm klar, dass nicht nur seine Wünsche unerfüllt blieben. Auch ihre Wünsche wurden nicht erfüllt. Denn sie hatten viele Wörter mitgebracht, in denen sie immer anders geschrieben wurden:

Waffe – **Reiz** – **Stadt** – **Rätsel** – **Fuß** – **Löwchen** – **Katze** – **Vater** – **Theater** – **Physik** – **Matte** – **Tasse** – **Heft** – **Mut**

Der Laut [k] war ein wenig getröstet, als er sah, dass auch andere Laute sein Schicksal teilten. Was war aber mit den Menschen, die all diese Laute schreiben mussten?

1. Welche Buchstaben können für die Laute [f], [t] und [ts] stehen?
   Ordne den Lauten die einzelnen Wörter zu.
2. Du kennst noch andere Laute, die mit verschiedenen Buchstaben geschrieben werden können. Nenne Beispiele.
   Vielleicht kann dir die Musikbox helfen.
3. Beantworte die letzte Frage des Lautes [k]:
   Welche Schwierigkeiten haben die Menschen, wenn sie diese Laute schreiben müssen?

Nachschlagen → S. 216

Vermeidung von Rechtschreibfehlern

Warum wird das so geschrieben?

Es kann schon sein, dass man manchmal nicht weiß, wie ein Wort geschrieben wird. Du findest hier eine kleine Hilfestellung. Dazu musst du die Sätze **1–6** *mit den Wörtern auf den Karten* **A–F** *ergänzen:*

1 Man schreibt **er liest** und **Lesebuch** ohne h und mit s wegen …

2 Man schreibt **er stiehlt** und **Diebstahl** mit h wegen …

3 Man schreibt **er schwankt** und **Schwank** mit k wegen …

4 Man schreibt **er fiel** und **Gefälle** mit f wegen …

5 Man schreibt **er fror** und **gefroren** ohne h wegen …

6 Man schreibt **er singt** und **Gesang** mit g wegen …

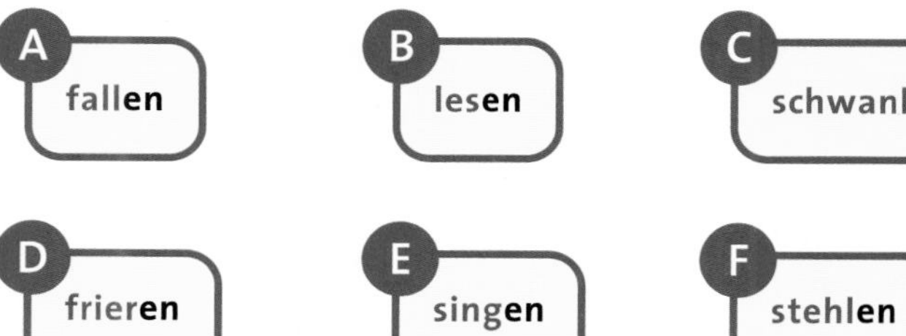

Wortstamm:
Der Wortstamm ist der Teil eines Wortes, der im Wesentlichen unverändert bleibt, auch wenn unterschiedliche Formen mit diesem Wort gebildet werden.

1. Schreibe die Sätze **1–6** in dein Heft und ergänze sie mit den richtigen Wörtern aus den Karten **A–F**. Welche Hilfestellung kannst du für die Schreibung der rot gedruckten Wörter erkennen?
2. Suche weitere Wörter, die zu den Wortstämmen auf den Karten **A–F** gehören.

EXTRA: Üben → S. 90

Meine Wörterkartei

Um besser zu schreiben, muss man viel üben. Dazu kann man eine **Wörterkartei** *anlegen. Wie das geht, wird im Folgenden beschrieben. Ein Tipp: Eine solche Kartei lässt sich auch als Klassenkartei anlegen.*

Wörterkartei
→ S. 232

Verben	Schule	fahren	i-Laut
fallen, er fiel	um acht Uhr	du fährst	niesen
essen, er aß	Physik	Gefährte	Dieb
wiederholen	Filzschreiber	Fahrt	er gibt
widerlegen	Zeugnis	ich fuhr	
		Fuhrwerk	

Welche Wörter kommen in deine Kartei?
- Wörter, die für dich neu sind,
- Wörter, die dir beim Schreiben Schwierigkeiten bereiten,
- Fachwörter aus den Unterrichtsfächern.

Wie ordnest du die Wörter auf deiner Kartei?
Du musst die Ordnung wählen, die dir am geeignetsten erscheint. Oben findest du vier Karten aus einer Wörterkartei, die unterschiedlich geordnet sind.

Wie übst du mit deiner Wörterkartei?
- Schaue dir ein Wort auf der Karteikarte an und präge es dir ein.
- Drehe die Karteikarte um und schreibe das Wort in dein Übungsheft.
- Drehe die Karteikarte um und kontrolliere das geschriebene Wort.
- Wenn du es falsch geschrieben hast, schreibe es noch mal.
- Wenn du es richtig geschrieben hast, mache auf der Karteikarte ein Kreuzchen dahinter.
- Wenn ein Wort drei Kreuzchen hat, kannst du es durchstreichen.

1. Nach welchen Gesichtspunkten sind die Wörter auf den vier Karteikarten geordnet? Ordne folgende Begriffe den Karteikarten zu: *Wortfamilie, Thema, Wortart, Rechtschreibung*.
2. Diskutiert in eurer Klasse: Inwieweit können solche Karteien helfen? Sollte jeder für sich eine solche Kartei anlegen? Oder ist eine Klassenkartei besser? Wie übt man mit der Klassenkartei?

Allerlei Abkürzungen

Jg. Mn., 26, 1,80 gr., viels. int., schlk., sportl., dklblnd. NR u. NT sucht attr. Sie +/– 4 J. f. ehrl. glückl. Leben zu zw.

Mạm|mut, das; -s, Plur. -e u. -s <russ.-franz.> (Elefant einer ausgestorbenen Art); …
Sau|rier [… iər], der; -s, - (urweltl. [Riesen]echse)

1. Entschlüssele den linken Text. Woraus könnte er entnommen sein?
2. Gehe mit den rechten Texten genauso vor.

Informationen im Wörterbuch

Konkrete Informationen	**Allgemeine Zuordnung**
(Elefant einer ausgestorbenen Art)	– Pluralform(en)
Ma.m	– grammatisches Geschlecht (Artikel im Nominativ Singular)
das	– Betonung
<russ. - franz.>	– Herkunft
-s	– Bedeutung
Plur. -e u. -s	– Silbentrennung
Mam|mut	– Aussprache
	– Genitiv Singular

3. Ordne richtig zu. Was bleibt offen?
4. Schlage das Stichwort *Mammut* im Rechtschreib-Wörterbuch nach. Welche Informationen findest du noch?
5. Was wird beim Wort *Saurier* nicht erklärt?
6. Schreibe die allgemeinen Zuordnungen in der gültigen Reihenfolge auf: *1. Betonung, 2. Silbentrennung, 3. …*
7. Suche in einem Rechtschreib-Wörterbuch alle Informationen zu den Substantiven *Museum, Nougat, April, Bowle, Abbau, Shirt.*
8. **Schlage** die Wörter *äffen, Fresse, anzwitschern, Allee, Frisbee* in deinem Wörterbuch **nach**. Was entdeckst du noch?

Nachschlagen → S. 232

EXTRA: Üben → S. 90

Stichwörter finden

Kai und Susanne streiten darüber, wie das Wort *fragst* richtig geschrieben wird. Sie beschließen, in einem Wörterbuch nachzuschlagen.

9. Suche das Wort in deinem Wörterbuch. Was stellst du fest?
10. Suche folgende Stichwörter: *lügst, Förster, Sesambrötchen, Küsse, reichlich, Ringelnatter, gefahren, nasser, Fertigstellung*.
11. Formuliere Hilfestellungen für die Stichwortsuche bei Verbformen, Adjektiven und Steigerungsformen, zusammengesetzten Nomen und Pluralformen.

Arbeitsschritte helfen

Du sollst ein Wort in deinem Wörterbuch nachschlagen.
Wie gehst du vor?

12. Notiere die Arbeitsschritte in der richtigen Reihenfolge.
13. Suche Seitenleitwörter, Spalte und Stichwort zu *Mammutbaum* und *Elefantenhaut*.

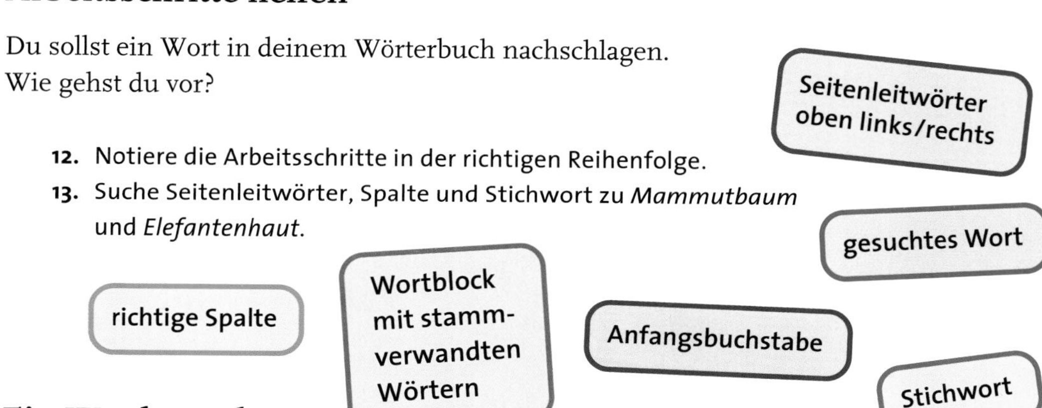

Ein Wettbewerb

Jeder zeichnet eine Tabelle mit folgenden Spalten in sein Heft:

Wort	Seite	Spalte	Geschlecht	Wortart	Herkunft	Bedeutung

14. Legt zehn Wörter fest, die im Wörterbuch zu finden und mit Angaben in die Tabelle einzutragen sind. Wer ist der schnellste Nachschlager?

INFO

Rechtschreibfehler vermeidet man durch folgende Verfahren:
- Man achtet auf den Stamm der Wörter.
- Man übt mit Karteikarten.
- Man schlägt in einem Wörterbuch nach.

Nachschlagen → S. 216

Nachschlagen → S. 216

Dehnung

Wörterlinien

Von **A** nach **B**, von **C** nach **D**, von **E** nach **F**, von **G** nach **H** und von **I** nach **J** kann man Zickzacklinien ziehen. Auf jeder Linie befinden sich dann fünf Wörter, die etwas gemeinsam haben.

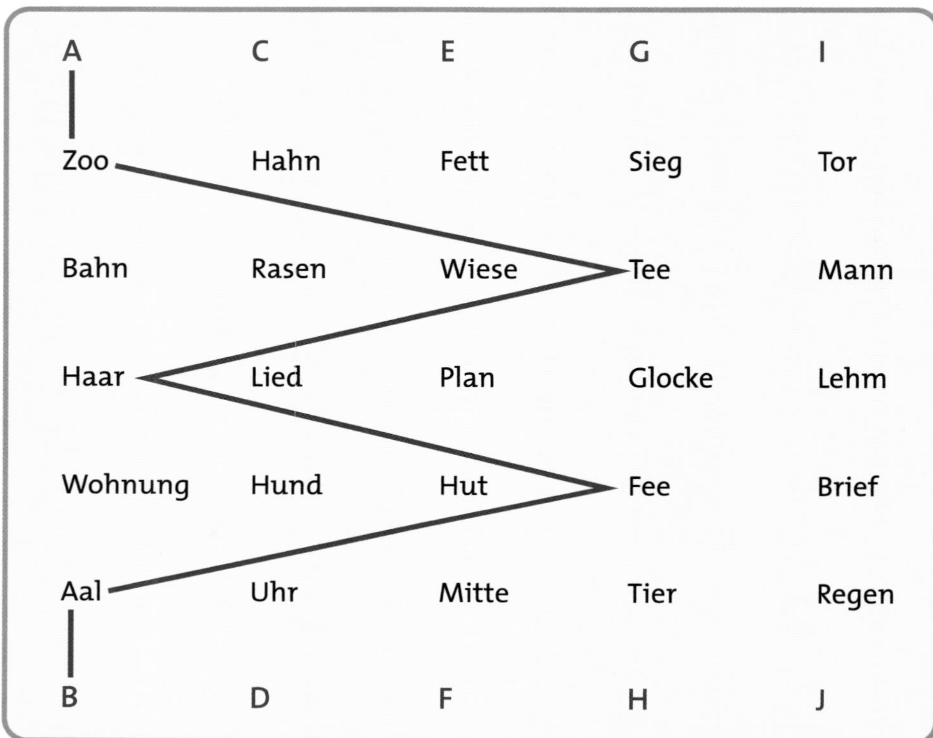

1. Fahre gedanklich den einzelnen Linien nach. Schreibe jeweils die fünf Wörter in dein Heft auf, die etwas gemeinsam haben.
2. Lies diese Wörter laut. Achte dabei auf den Stammvokal. Was fällt dir bei einer Linie auf?
3. Was haben die Wörter der anderen Linien gemeinsam? Wie werden lang gesprochene Vokale geschrieben? Formuliere eine Regel.

EXTRA: Üben → S. 91–92

Wortbilder

1. Schau dir diese Bilder an. Schreibe alle Wörter auf. Was haben sie gemeinsam?
2. Malt weitere Bilder. Lasst die anderen raten.

Wortliste mit Dehnungs-h

wehren – **Ohr** – drohen – **ähnlich** – **Sohn** – **kahl** – ruhen – **allmählich** – **ohne** – **fehlen** – **wahrscheinlich** – **befehlen** – Nähe – **lehren** – **bohren** – **mehr** – **dehnen** – **während** – **kehren** – **fahren** – **fühlen** – **Gefahr** – **Kohl** – **Bühne** – **Kohle** – **Lohn** – **rühren** – sehen – **kühl** – **nehmen** – **Rahmen** – **Jahr** – **Rohr** – **empfehlen** – **sehr** – **stehlen** – **stöhnen** – **Strahl** – **Stuhl** – gehen – **Fohlen** – **Uhr** – nahen – **gewöhnen** – **führen** – **wahr** – Mühe – **Fahne** – **wohnen** – **zählen** – **angenehm** – **jährlich** – **gefährlich** – **wehren** – **Zahl**

3. Ordne diese Wörter in eine Tabelle ein: *äh/ah, eh, öh/oh und üh/uh.*
4. Wähle fünf Wörter aus. Suche dazu Verwandte.
   Zum Beispiel: *ähnlich – ähneln, Ähnlichkeit …*
5. Wie unterscheiden sich davon die farbig hervorgehobenen Wörter?
   Achte darauf, welche Buchstaben vor und nach dem *h* stehen.

Ratespiel

1. menschliches Organ
2. darauf fährt die Eisenbahn
3. jemand aus Athen ist ein …
4. jemand bemalt den Schultisch
5. Lebewesen
6. kleines, flinkes Tier
7. fleißiges Insekt
8. alkoholisches Getränk
9. jemandem wird die Strafe erlassen
10. Zahlwort
11. Treibstoff für Lastwagen
12. Schreiben per Post verschickt
13. Dachschräge beim Haus
14. zwei mögen sich
15. lässt die Augen tränen
16. anderes Wort für Schläge
17. sein Fahrrad lieben heißt
18. einer der klaut
19. etwas mit Löchern
20. die Schöne und das

Amnes – be – bel – ben – Bie – Biest – Brief – che – Die – Gie – Grie – Hie – lie – ne – ne – re – ren – schie – schmie – sel – Sieb – stiehlt – Tier – ver – e – Zwie – en – e – Schie – sel – tie

1. Schreibe die Lösungswörter in dein Heft.
   Die Wörter und Silben im Kasten können dir dabei helfen.
   Welches Dehnungszeichen wird verwendet?

Wortliste mit einfachem „i"

Apfelsine – Benzin – Bikini – Brise – Familie – Gardine – Giraffe – Kamin – Krise – Kugelschreibermine – Lidschatten – Margarine – Maschine – Mikrofon – Mimik – Musik – Piano – piksen – prima – Schikane – Schreibstil (aber: Besenstiel) – Sirene – Tiger – Violine

2. Lies die Wörter laut vor. Achte auf das lange *i*.
3. Schreibe mit einigen Wörtern Werbeanzeigen.

EXTRA: Üben → S. 91–92

Wortsterne

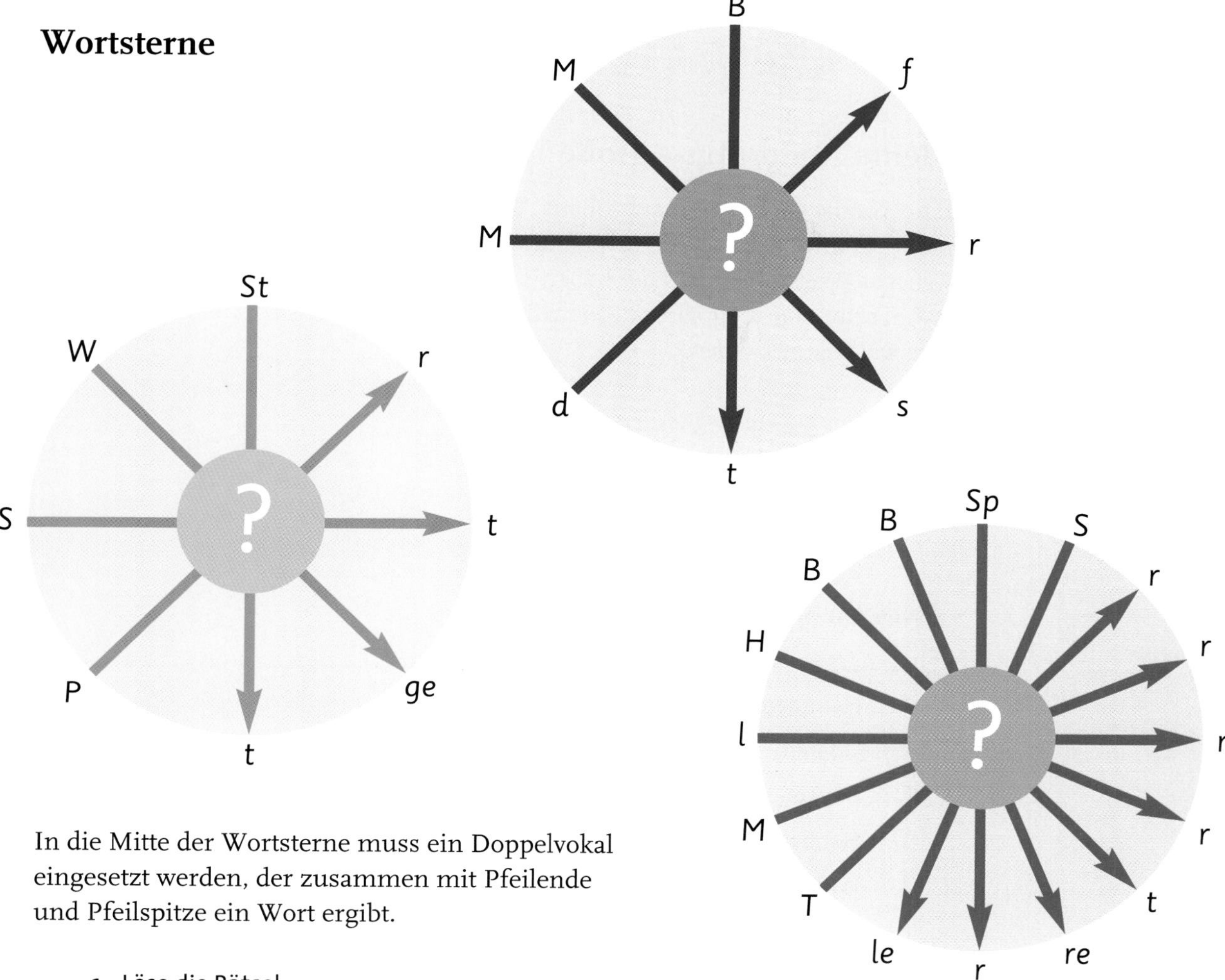

In die Mitte der Wortsterne muss ein Doppelvokal eingesetzt werden, der zusammen mit Pfeilende und Pfeilspitze ein Wort ergibt.

1. Löse die Rätsel.
2. Für welche Vokale gibt es die meisten Wörter, für welche die wenigsten? Welche Vokale können nicht verdoppelt werden?

INFO

Nachschlagen → S. 216

- Wird ein Vokal (Selbstlaut) lang gesprochen, dann kann er ohne Dehnungszeichen (mit einfachem Vokal), mit Dehnungs-*h* oder mit Doppelvokal geschrieben werden.
- Das Dehnungs-h kommt häufig bei den Vokalen *a, e, o* und *u* vor.
- Lange Vokale werden mit einem silbentrennenden *h* gekennzeichnet, wenn vor und nach dem *h* ein Vokal steht.
- Ein lang gesprochenes *i* wird oft mit dem Dehnungszeichen *e* geschrieben.
- Der Vokal *e* kann am häufigsten verdoppelt werden.

Nachschlagen → S. 217

Die Schärfung

Kleine Änderung – große Wirkung!

Eine *Kate* ist ein kleines Bauernhaus. Wenn daraus eine *Karte* wird – was ist dann passiert? Eine *Nabe* ist die Mittelhülse eines Rades. Wenn sie zur *Narbe* wird – was ist da passiert? Eine *Pfote* haben Tiere. Wie aber wird sie zur *Pforte*? Ein *Pfad* ist ein schmaler Weg. Wie wird er zum *Pfand*? Wenn ich *gebe*, bin ich großzügig. Wie wird daraus *gerben*?

1. Lies die kursiv gedruckten Wörter laut. Wie sprichst du den Stammvokal?
2. Wann wird der Stammvokal kurz gesprochen, wann lang? Formuliere eine Regel.

Zwei passen nicht!

A	Hammer – Name – kommen – schwimmen – Dom – Himmel
B	Donner – rennen – Ton – Sonntag – Mann – Montag
C	Bagger – Flagge – Frage – sagen – schmuggeln – Roggen
D	Hobby – eben – Ebbe – Robbe – krabbeln – Robe
E	Widder – Pudding – Widerstand – Paddel – einladen – buddeln
F	Hafen – schlafen – schlaff – Pfeffer – Schiff – schaffen
G	Rasse – Wasser – rasen – Vase – Messer – wissen
H	Schale – Halle – brüllen – Brille – voll – Stil
I	murren – stur – Pfarrer – Tor – verharren – klirren
J	Pappe – klappern – schlapp – Wippe – Doping – hupen
K	Wetter – Watte – tot – schütteln – Stute – bitter

3. Lest euch die Wortreihen laut vor. Könnt ihr hören, welche Wörter nicht passen?
4. Was ist an der Rechtschreibung dieser Wörter anders?
5. Was passiert mit nur einem Konsonanten, der auf einen kurzen Vokal folgt? Formuliere eine Regel.
6. Sucht weitere Begriffe für die Konsonantenverdopplung.

EXTRA: Üben → S. 93

Wörterkiste

K A U Z G F S C H W I T Z E N O P H Q U A R K J F A C K E L

M E R W E I Z E N W X S I T Z E N Y V H A K E N L Z L A C K

A B A R Z T T A T Z E V B C Q W E L K E N P O X P A C K E N

L K H E I Z E N G K A T Z E K I J T A N K E N O U D E C K E

A L O P I Z Z A H L M O K K A M O J A Z Z L A K K O R D I N

H O L Z S R V P O W W I T Z S C H I N K E N L H A C K E B L

M N J F H E R Z R M E T Z G E R B M A K E L R T V F L E C K

Q S A L Z P S P A T Z A D K R A K E L X D A C K E L B O B E

1. In dieser Wörterkiste sind 32 Wörter in waagrechter Linie versteckt. Ordne sie in deinem Heft in eine Tabelle ein:

z	zz	tz	k	kk	ck

2. Lies die Wörter laut. Achte im Wortstamm auf den Stammvokal, auf Doppellaute (Diphthonge) und auf Konsonantenhäufung.
3. Formuliere Regeln:
   Wann steht *z*? Wann *tz*? Wann k? Wann *ck*? Wann *zz* und wann *kk*?

INFO

Nachschlagen → S. 217

- Nach kurzem Vokal folgen mehrere Konsonanten (Konsonantenhäufung) oder ein Doppelkonsonant.
- Die Konsonanten *z* und *k* werden nicht verdoppelt, sondern zu *tz* und *ck*.
- Die Doppelkonsonanten *zz* und *kk* stehen nur bei Wörtern aus fremden Sprachen.

Nachschlagen → S. 217

Gleich und ähnlich klingende Laute

Teekesselchen – Spiel

Mein ist ein Wochentag.
Mein ist der beste Freund von Robinson Crusoe.

Mein wird beim Straßenbau benutzt.
Mein schützt eine Wunde.

Mein kann man rauchen.
Mein benutzt der Schiedsrichter.

Mein ist eine kleine Mahlzeit am Abend.
Mein ist ein Gottesdienst am Abend.

Mein ist ein König im alten Ägypten.
Mein ist der Name eines französischen Kartenspiels.

Mein ist ein Zusammenschluss von Vereinen.
Mein wickelt man um eine Wunde.

Mein ist ein Schulfach.
Mein ist eine Wissenschaft über die Gesetze der Natur.

Mein ist eine exotische Frucht.
Mein ist das Gegenteil von mutig.

1. Finde die Lösungswörter des Teekesselspiels und lies sie laut vor. Was fällt dir bei Aussprache und Schreibung auf?
2. Ordne die Wörter aus der folgenden Wörterliste nach ihrer Schreibung mit *f – v – pf – ph*.

■liege – ■erfassung – ■änomen – Schnu■en – ■utter – Kno■ – ■ach – ■arisäer – Za■en – ■erlangen – ■ahne – ■erschnitt – Em■ang – ■alten – ■orstellung – ■lanke – ■und – ■ase – ■anne – ■lamme – ■erbrechen – ■licht – ■amilie – ■antasie – ■orsicht – ■leisch – ■erien – ■asan – ■orurteil – ■arrer – ■iloso■ie – ■erd – ■lasche – ■erlieren

3. Mit einigen dieser Wörter kann man übrigens auch Teekesselchen spielen. Versuche es einmal.

EXTRA: Üben → S. 94

Sätze bilden: ein Spiel

Mit den Wörtern und Wortgruppen aus den folgenden Kästen müssen innerhalb einer bestimmten Zeit Sätze gebildet werden. Es dürfen aber nur die Kästen zusammen einen Satz bilden, in die der gleiche Buchstabe (*g*, *k* oder *ch*) gesetzt wurde.
So ist beispielsweise der folgende Satz ungültig, weil sowohl *g*, *k* als auch *ch* verwendet wurden: *Der Käfig schwankt mit aller Macht.*
Gültig wäre etwa: *In den Käfig fliegt ein Teig.*

1. Spielt dieses Spiel. Erfindet ähnliche Sätze.

INFO

- Der *f*-Laut kann mit *f*, *v* und *ph* geschrieben werden; *pf* klingt ähnlich.
- Der *k*-Laut kann mit *g* oder *k* geschrieben werden; *ch* klingt ähnlich.

Nachschlagen → S. 217

Nachschlagen → S. 217

Die Schreibung der s-Laute

Zwei s-Laute stellen sich vor

Ich hasse kaltes Essen und weiß, dass du eine heiße Tasse Tee nicht genießen kannst.

Ich bin *stimmhaft*.
Mich erkennst du, wenn du beim Sprechen eines s-Lautes mit deiner flachen Hand am Hals eine Vibration (ein Summen) spürst.

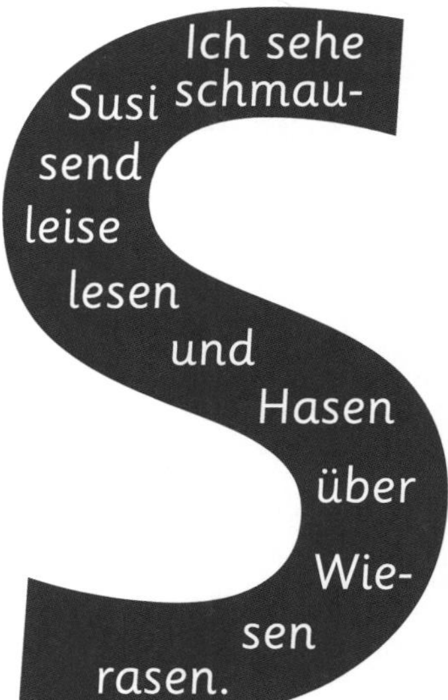

Ich sehe
Susi schmau-
send
leise
lesen
und
Hasen
über
Wie-
sen
rasen.

Ich bin *stimmlos*.
Mich kannst du feststellen, wenn du mit deiner flachen Hand am Hals beim Sprechen eines s-Lautes keine Vibration (kein Summen) spürst.

1. Lies beide Sätze und mache den „stimmhaft/stimmlos-Test“ dabei.
2. Erfinde Sätze, in denen nur stimmhafte oder stimmlose s-Laute vorkommen, z. B.:
   – *Klasse, dies Essen schmeckt uns aus der Tasse.*
   – *Susi, sag' mal saure Sahne.*

EXTRA: Üben → S. 95

Regeln beim s-Laut – ein kleines Forschungsprojekt

Der s-Laut kann verschieden geschrieben werden. Die Regeln dafür kannst du hier erforschen. Dazu musst du ausgehend von dem Wortmaterial sechs Fragen beantworten. Wie machst du das? Ganz einfach: Schau dir die Kästen 1–6 genau an. Da ist das Wortmaterial unter verschiedenen Gesichtspunkten geordnet.

Wortmaterial

Gräser – Fass – scheußlich – Gefäß – reisen – Hase – Streusel – Strauß – böse – Mais – grüßen – wissen – groß – blass – lesen – Fuß – schießen – Gläser – heißen – riesig – größer

Fragen

1. Wie wird der stimmhafte s-Laut geschrieben?
2. Wie wird der stimmlose s-Laut geschrieben?
3. Wie wird der s-Laut nach kurzem Vokal geschrieben?
4. Wie wird der s-Laut nach langem Vokal geschrieben?
5. Wie wird der s-Laut nach Diphthong geschrieben?
6. Wie wird der s-Laut nach Umlaut geschrieben?

1 stimmhafter s-Laut
Hase – Gläser – böse – lesen – riesig – Streusel – Gräser – reisen

2 stimmloser s-Laut
scheußlich – Gefäß – grüßen – groß – Fuß – schießen – Mais – wissen – Strauß – heißen – blass – größer – Fass – piepsen

3 nach kurzem Vokal
wissen – blass – Fass

4 nach langem Vokal
Hase – schießen – lesen – riesig – groß – Fuß

5 nach Diphthong
scheußlich – Streusel – Strauß – heißen – Mais – reisen

6 nach Umlaut
Gefäß – Gläser – Gräser – größer – grüßen – böse

1. Beantworte die Fragen und schreibe sie als Regeln in dein Heft. Welche beiden Regeln sind eindeutig?

Achtung Zungenbrecher!

Genießer genießen genüsslich mit Genuss, Verdrießer niesen verdrießlich ohne Genuss.

Wer nichts weiß und weiß, dass er nichts weiß, weiß mehr als der, der nichts weiß und nicht weiß, dass er nichts weiß.

Esel essen Nesseln nicht und Nesseln essen Esel nicht.

Wir Wiener Waschweiber würden weiße Wäsche waschen, wenn wir wüssten, wo warmes Wasser wäre.

Große Kolosse küssen krosse Klöße zum Gruß.

Straußе lieben Sträuße. Lieben Sträuße Strauße?

1. Versuche, die Zungenbrecher so schnell wie möglich zu sprechen. Achte dabei vor allem auf die Aussprache der Vokale vor *ss* und *ß*.
2. Formuliere Regeln, wann *ss* und wann *ß* geschrieben wird.
3. Kennst du auch Zungenbrecher mit s-Lauten? Wenn nicht, dann erfinde doch einfach welche.

Zwei gehören zusammen: dass oder das?

1 Gestern sagte das Mädchen,

2 Da drüben steht das Mädchen,

3 Das ist das Glas,

4 Peinlich war an der Sache mit dem Glas, 

5 Ich erinnere mich bei dem Spiel, 

6 Ich erinnere mich an ein Spiel, 

a das du fast zerbrochen hättest.

b dass es uns großen Spaß gemacht hat.

c das neben meiner Tante wohnte.

d das uns großen Spaß gemacht hat.

e dass du es fast zerbrochen hättest.

f dass es nicht mehr neben meiner Tante wohnt.

4. Schreibe die zusammengehörenden Sätze in dein Heft. Welche Rechtschreibschwierigkeit erkennst du?

EXTRA: Üben → S. 95

Der Sprachersetzer

Es war einmal ein Mann, der rühmte sich, alle Wörter der Sprache ersetzen zu können. „Ich bin der größte Sprachersetzer der Welt“, prahlte er, „wem es gelingt, mir ein Wort zu nennen, das ich nicht ersetzen kann, dem schenke ich einen Sack voll Gold.“

Eine Gruppe junger Studenten wollte sich gerne etwas dazu verdienen. Sie dachten sich knifflige Sätze aus, mit denen sie den Sprachersetzer überlisten wollten. Der Reihe nach traten sie vor den Sprachersetzer und nannten ihre Sätze:

„Das Mädchen ging in den Wald.“

Darüber konnte der Sprachersetzer nur hämisch lachen: Aus das machte er ___.

„Das Schloss, das die alte Hexe bewohnte, lag tief im Wald verborgen.“

Wieder lachte der Sprachersetzer lauthals über die Studenten und ersetzte schnell das durch ___. Er war sich wirklich seiner Sache sehr sicher.

„Das Mädchen bemerkte das Schloss erst, als es davor stand.“

Der Sprachersetzer hörte nicht mehr auf zu lachen und über die Studenten zu spotten. Er freute sich, dass er sein Gold behalten würde. Rasch ersetzte er das durch ___. Nur noch ein Student war übrig geblieben und durfte seinen Satz nennen. Er trat vor den grinsenden Sprachersetzer und sagte:

„Das Mädchen wusste nicht, dass dort die alte Hexe wohnte.“

Nun begann der Sprachersetzer zu grübeln …

1. Suche die Wörter, mit denen der Sprachersetzer *das* ersetzt.
2. Versuche, die Aufgabe des letzten Studenten zu lösen.
3. Wann schreibt man *das* oder *dass*?

INFO

Nachschlagen → S. 217

- s-Laute können in **stimmhafte** und **stimmlose** Laute unterschieden werden.
- Der stimmhaft gesprochene s-Laut wird immer als *s* geschrieben.
- Der stimmlose s-Laut kann mit *s, ss* oder *ß* geschrieben werden. Nach kurzem Vokal steht immer *ss*, nach langem Vokal *s* oder *ß*.
- Wenn das gesprochene *das* nicht durch *ein, dieses, welches* ersetzt werden kann, wird es *dass* geschrieben.

Nachschlagen → S. 217

Die Großschreibung

Kurz und bündig

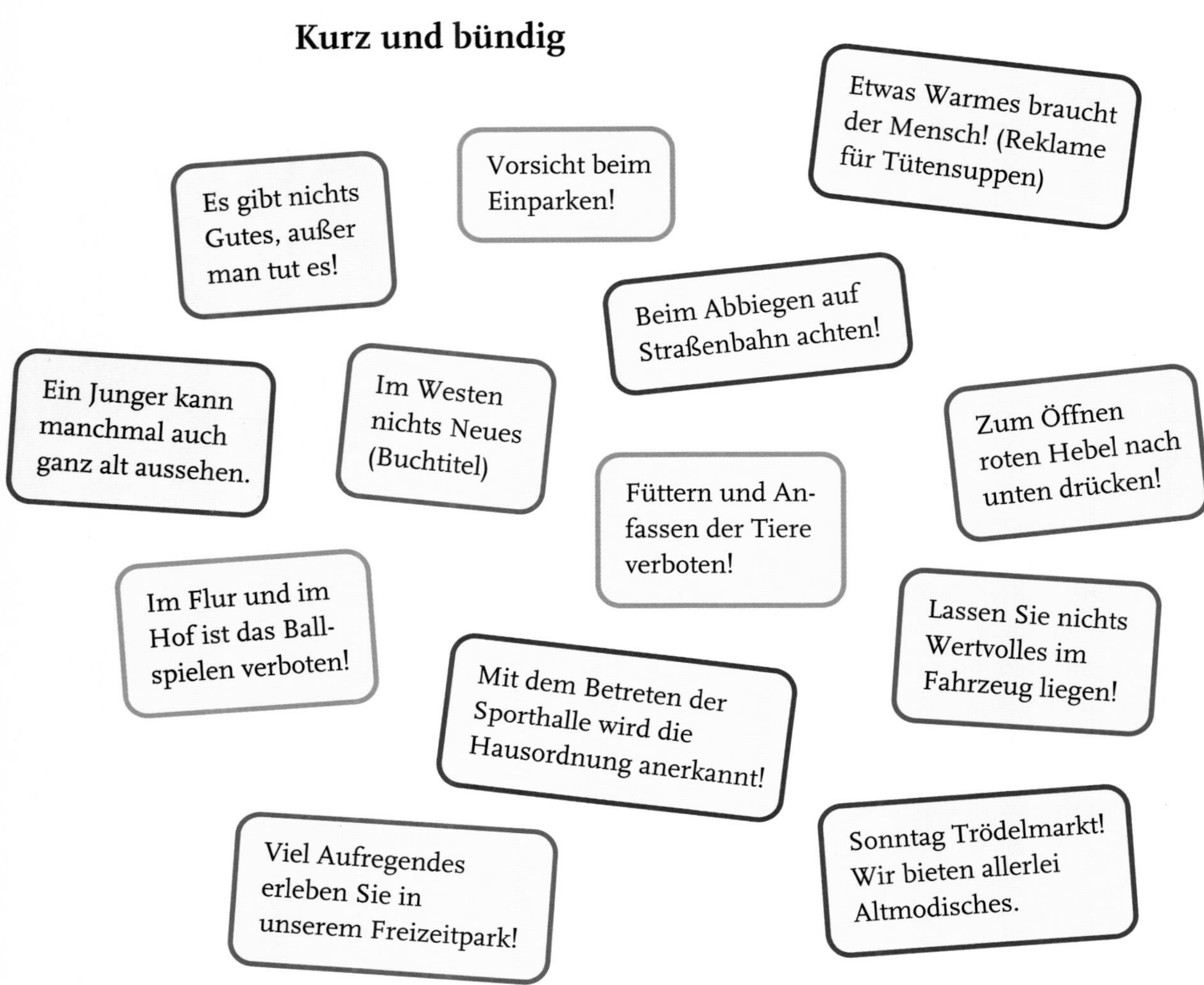

Etwas Warmes braucht der Mensch! (Reklame für Tütensuppen)
Vorsicht beim Einparken!
Es gibt nichts Gutes, außer man tut es!
Beim Abbiegen auf Straßenbahn achten!
Ein Junger kann manchmal auch ganz alt aussehen.
Im Westen nichts Neues (Buchtitel)
Zum Öffnen roten Hebel nach unten drücken!
Füttern und Anfassen der Tiere verboten!
Im Flur und im Hof ist das Ballspielen verboten!
Lassen Sie nichts Wertvolles im Fahrzeug liegen!
Mit dem Betreten der Sporthalle wird die Hausordnung anerkannt!
Viel Aufregendes erleben Sie in unserem Freizeitpark!
Sonntag Trödelmarkt! Wir bieten allerlei Altmodisches.

1. Welche Arten von Wörtern stehen vor den Verben, die auf den Zetteln großgeschrieben worden sind?
2. Welche Arten von Wörtern stehen vor den Adjektiven, die auf den Zetteln großgeschrieben worden sind?
3. Schreibe die Sprüche um, sodass keine großgeschriebenen Verben und Adjektive übrig bleiben. Wie wirken die Aussagen ohne Substantivierungen?

EXTRA: Üben → S. 96

Namensgeschichten – ein Schreibspiel

Du findest hier zwei Beispiele für ein Schreibspiel.
Dabei können lustige oder auch unsinnige Texte entstehen.

Hässlich
Arm
Nass
Süß

Der arme Hans

Hans hatte das Märchen vom Froschkönig gelesen. Aus einem nassen Frosch wurde durch einen süßen Kuss ein hübscher Prinz. Hans probierte es gleich an einem Frosch aus, obwohl er sich ekelte, wenn er etwas Hässliches oder Nasses anfassen musste. Er küsste tatsächlich einen Frosch. Der Arme! Der Frosch blieb ein Frosch, und Hans brauchte viel Süßes, um den hässlichen Geschmack im Mund loszuwerden.

Hämmern
Arbeiten
Niesen
Singen

Im Musikunterricht

Hans hatte einen Schnupfen und musste im Musikunterricht immer niesen. Er störte die Mitschüler beim Singen, und auch die Lehrerin beklagte sich, dass sie nicht arbeiten kann. Doch Hans wusste Rat. Er holte sein Lineal aus der Tasche und begann damit den Takt des Liedes zu hämmern. Durch das Hämmern wurde sein Niesen nicht gehört. Die Schüler konnten in Ruhe singen, und die Lehrerin wurde nicht beim Arbeiten gestört.

4. Lies die beiden Spiele. Nach welchen Regeln funktionieren sie?
5. Führt dieses Schreibspiel mit euren Namen durch.

Dumme Fragen – dumme Antworten

Vielleicht ist es dir auch schon mal passiert, dass dir eine Frage gestellt wurde, die sich eigentlich erübrigt. Hier werden zwei solche Situationen beschrieben. Du bekommst auch mögliche Antworten geliefert. Für alle Fälle!

Dumme Fragen

A Zwei Jungen sind auf einem Fahrrad unterwegs und stürzen. Ein Erwachsener kommt vorbei und fragt sie: „Hoffentlich ist euch beiden nichts passiert. Seid ihr hingefallen?"

B Ein Schüler betritt das Klassenzimmer, nass und tropfend. Durchs Fenster sieht man, dass es regnet. Der Lehrer fragt ihn: „Oh, du bist ja ganz nass, deine Kleider tropfen, dir läuft ja überall Wasser herunter. Regnet es draußen?"

Dumme Antworten

1 Nein, Sie sind zu früh gekommen. Wir wollen gerade auf unser Fahrrad steigen.

2 Nein, Sie schwitzen so und Ihre Brille ist beschlagen. Vielleicht tropft Ihnen Wasser von der Stirn.

3 Nein, Ihnen sind die neuen Bremsmethoden entgangen. Wir bremsen ab heute immer so.

4 Wenn Sie es genau wissen wollen: Ich habe die Abkürzung durch den Kanal genommen.

1. Suche alle Anredepronomen heraus. Wie werden sie geschrieben? Kannst du eine Regel formulieren?
2. Schreibe ähnliche Antworten für folgende dumme Frage:
   Ein kleiner Junge schreit, weil er hingefallen ist.
   Ein Erwachsener fragt ihn: „Hast du dir wehgetan?"

EXTRA: Üben → S. 96

Briefe an die Redaktion

Wenn eine Schülerzeitung die Rubrik „Leserbriefe" eingerichtet hat, erhält sie dann und wann Post von Lesern. Manche sind gar nicht so freundlich und oft auch anonym. Hier ein paar Beispiele und die Antworten der Redaktion:

1 Wenn IHR Leserbriefe beantwortet, dann setzt IHR vor EURE Antwort immer das Kürzel „Red". Jetzt weiß ich, was diese Abkürzung bedeutet: *R*ichtige *E*rz-*D*oofies – wie EURE Zeitung. Ha! Ha! Ha!

Die Red.: Schön, dass DU so humorvoll bist. Hast DU DIR aber schon mal ein Kürzel überlegt für solche Leute, die so eine doofe Zeitung lesen? Wie warten auf DEINE Antwort, auch wenn sie anonym ist.

2 Ich bin der Vater eines Mitschülers von EUCH. In EURER letzen Zeitung habe ich ein Bild gesehen: Dort zeigt IHR ein Mädchen auf dem Bahnsteig, das ein Schild in seiner Hand hält, auf dem „Godot" steht. Ich nehme an, das stammt von EURER Theater-AG. Da gibt es nämlich ein berühmtes Theaterstück, das „Warten auf Godot" heißt. Zwei Männer warten auf Godot, den Sinn ihres Lebens, und der kommt nicht. Das müsst IHR EUREN Lesern erläutern, so wie ich es für EUCH gemacht habe. Wie könnt IHR erwarten, dass jeder das weiß? So werden aus EUCH nie gute Journalisten.

Die Red.: Herzlichen Dank für IHREN Hinweis. Leider müssen wir SIE enttäuschen. Auch wenn es IHNEN nicht gefällt: Das Bild stammt nicht von unserer Theater-AG. Es zeigt eine Mitschülerin, die ihre französische Austauschschülerin vom Bahnhof abholt. Zu IHRER Information: Die Austauschschülerin heißt mit Nachnamen Godot. Nebenbei bemerkt: In unserer Zeitung sollten SIE nicht nur die Bilder betrachten. Ein Zusatztext erläutert IHNEN und unseren Lesern den Hintergrund des Bildes. Alles so, wie es sich für gute Journalisten gehört.

1. Wie werden die Anredepronomen in den Briefen und den Antworten der Redaktion geschrieben?

INFO

Nachschlagen → S. 217

- Adjektive und Verben, die als Substantive gebraucht werden, schreibt man groß.
- Das Anredepronomen *du* und verwandte Formen werden kleingeschrieben.
- Das Anredepronomen *Sie* und verwandte Formen werden großgeschrieben.

Nachschlagen → S. 218

Die Silbentrennung

Bun – des – ju – gend – spie – le

1. Ruft die Anfeuerungssprüche laut und rhythmisch.
2. Schreibe die Wörter ab und trenne sie nach Sprechsilben.
3. Kennst du weitere Anfeuerungsrufe beim Sport und beim Spielen?

EXTRA: Üben → S. 97

Geheimschrift

Thomas und Sabrina tauschen während des Unterrichts öfter kleine Zettel aus. Sie verwenden eine Geheimschrift, falls der Lehrer sie dabei entdecken sollte. In dem Kasten beschreibt Sabrina, wie sich ein toller Spickzettel herstellen lässt:

> *ges ternhat teich ei netol lei deefür ei nenspick zet telbeim a bend es senfal len mir die bes tensa chenein den zie henwir beim nächs tendik tat aus derta scheda springtun serleh reran diede ckezwei wei ßeblät ter wer denü berein an der ge legt mit ei nem k u gel schrei ber schreibt manwör terauf dasers teblatt man mussa ber mit derspit zefest aufdrü ckendie wör terer schei nendann un sicht barauf demzwei tenblatt*

4. Welche Idee hatte Sabrina für ihre Geheimschrift?
   Schreibe den Zettel ab. Mache ihn verständlich.
5. Was geschieht mit den Konsonanten im Wortinneren, wenn nach Silben getrennt wird?
6. Wie werden die Konsonanten *ch, ck, sch, st* und *tz* getrennt?
7. Wie werden die Wörter *aber* und *Idee* getrennt?

Das Silbentrennungsspiel

Das Spiel lässt sich am einfachsten zu zweit spielen. Spieler A denkt sich ein Wort aus und trennt es in Wortsilben, etwa das Wort *hin-ter-ei-nan-der*, das aus fünf Silben besteht.
Spieler B notiert die Silben und muss das Wort erraten: Spieler A nennt zuerst eine Silbe, etwa *der*, dann die zweite, etwa *nan* usw., bis Spieler B das Wort erraten hat. Wird das Wort nach der ersten Silbe erkannt, gibt es fünf Punkte, nach der zweiten vier usw. Die Punktzahl ist abhängig von der Zahl der Silben. In der nächsten Runde denkt Spieler B sich ein Wort aus. Sieger ist, wer die meisten Punkte hat.

8. Spiele dieses Spiel mit deinem Banknachbarn. Lest nach fünf Runden eure Wörter mit Silbentrennung in der Klasse vor.

INFO

- Wörter werden nach Sprechsilben getrennt.
- Die Konsonanten *st* und *tz* werden getrennt.
- Die Konsonanten *ch, ck* und *sch* werden nicht getrennt.
- Ein Buchstabe kann eine Silbe sein.

Nachschlagen → S. 218

Nachschlagen → S. 218

Zeichensetzung

Saudoof und affengeil

Der Lehrer beklagt sich bei seiner Klasse: „Ich höre immer wieder von anderen Lehrern, dass ihr unflätige Ausdrücke verwendet.“ – „Wer hat das gesagt?“, fragt Klaus. „Das ist egal“, fährt der Lehrer fort, „ich will von euch in Zukunft auf keinen Fall mehr zwei Wörter hören. Das eine Wort ist *affengeil* und das andere ist *saudoof.*“ „In Ordnung!“, meldet sich Karin, „und wie heißen die zwei Wörter?“

1. Lies den Text und achte auf die Zeichensetzung bei der wörtlichen Rede.
2. Formuliere Regeln: Welche Zeichen werden gesetzt, wenn der Begleitsatz an unterschiedlichen Stellen im Satz steht?

Platz da!

Es ist ein klarer ■ sonniger ▲ und lauer Herbsttag. Auf dem Schulhof der Goethe-Schule ▲ herrscht in der Pause umtriebiges Leben: Die Schüler spielen ■ rennen ■ lärmen ▲ und unterhalten sich. Plötzlich ein lautes Schreien. Gerd rast mit dem Fahrrad ▲ über den Schulhof und ruft: „Platz da! Platz da!“ Ein Aufsicht führender Lehrer sieht den Fünftklässler. „Halt!“, ruft er ihm entgegen, „kein Licht ■ kein Schutzblech ■ keine Klingel!“ „Aus dem Weg“, ruft Gerd, „auch keine Bremse!“

3. Schreibe den Text ab und setze die Kommas an die richtige Stelle. Die Dreiecke und Vierecke helfen dir dabei.
4. Was wird hier aufgezählt? Wie wird das Komma verwendet?
5. Entwerft Schilder für den Schulhof:
   - Was sollte verboten sein?
   - Was sollte erlaubt sein?
6. Beschreibt euren Wunschklassenkameraden:
   Ich wünsche mir einen … Klassenkameraden.

Tierische Witze

1 Warum ist ein Elefant groß grau und runzelig? Wäre er klein weiß und glatt, könnte man ihn mit einer Kopfschmerztablette verwechseln.

2 Frau Meier war im Zoo und erzählt am nächsten Tag an ihrem Arbeitsplatz: Gestern habe ich im Zoo einen klugen hochintelligenten Affen gesehen, der für drei arbeitet. Da wundert sich ein Kollege: Und das nennst du intelligent?

3 Der kann sein Testament machen sagt ein Sonntagsjäger zu seinem Jagdkameraden, als er einen Rehbock erblickt. Er legt an schießt und der Rehbock geht weiter. Du sagt der Jagdkamerad ich glaube, der ist auf dem Weg zu seinem Notar um sein Testament zu machen.

4 Eine Eintagsfliege weicht einem Spinnennetz aus. Na und? ruft die Spinne dann erwische ich dich morgen übermorgen oder nächste Woche. Da lacht die Eintagsfliege: Wetten, dass nicht?

5 Im Zirkus trat ein Kunstreiter auf. Donnerwetter sagt Dieter der Kerl kann springen reiten und turnen. Der hängt einmal unter einmal seitlich und einmal über dem Bauch. Da meint sein Freund Karl: Das ist nichts Besonderes. Bei meinen ersten Reitstunden habe ich das auch gemacht.

6 Der Vater ist mit seiner Tochter im Zoo und sie schauen sich die Löwen Leoparden Nilpferde und Giraffen an. Da fragt der Vater die Tochter: Möchtest du auch so einen langen Hals haben wie die Giraffe? Beim Waschen nicht, aber in der Mathematikarbeit antwortet die Tochter.

7 Husch husch ins Brettchen sagt die Holzwurmmutter zu ihren Kindern.

8 Der kleine Tausendfüßler fleht seine Mutter an: Kauf mir bitte bitte bitte nie wieder Schnürschuhe.

7. Schreibe die Witze ab und setze die Satzzeichen bei wörtlicher Rede und bei Aufzählungen.

INFO

Nachschlagen → S. 218

- **Wörtliche Rede** wird durch Anführungsstriche und Schlussstriche gekennzeichnet.
- Wörter oder Wortgruppen, die in **Aufzählungen** gleichrangig sind, trennt man durch Komma ab, wenn sie nicht mit *und* oder *oder* verbunden sind.

Den Stamm erkennen

Ein Memory

Du findest hier 40 Karten mit Wörtern, die bei der Schreibung Schwierigkeiten bereiten können. Zwei Wörter sind jeweils miteinander verwandt und können dir bei der richtigen Schreibung helfen:

1 kläglich	2 der Kreis	3 haarig	4 unbekannt	5 sie schwamm
6 täglich	7 sie schnappte	8 nass	9 grüßen	10 sie war
11 reisen	12 der Klang	13 der Gefährte	14 erwidern	15 sie rannte
16 kennen	17 wahr	18 das Haar	19 die Nässe	20 mächtig
21 zählen	22 waren	23 die Zahl	24 der Tag	25 sie flieht
26 schwimmen	27 spaßig	28 die Macht	29 die Klage	30 die Wahrheit
31 fliehen	32 rennen	33 der Gruß	34 fahren	35 klingen
36 kreisen	37 die Reise	38 der Spaß	39 schnappen	40 der Widerstand

1. Welche beiden Karten gehören jeweils zusammen?
   Kennst du weitere verwandte Wörter zu diesen Wortpaaren?
2. Übertrage die Karten auf ein festes Papierblatt und schneide sie aus.
   Du kannst dann mit deinem Nachbarn Memory spielen.

Wie Wörter mit langem Vokal geschrieben werden

Dro Chonoson …

Kennst du das Kinderlied „Drei Chinesen mit dem Kontrabass", aus dem durch Austauschen von Vokalen „Dro Chonoson" … oder „Dra Chanasan" … werden kann? Etwas Ähnliches ist mit den folgenden Versen passiert, die sich auf einmal nicht mehr reimen:

1

In Mathe schrieben wir einmul
an die Tofel eine Zuhl.
Die ist sühr klein gewasen.
Niemand konnt' sie lüsen.

2

Ich sitze mit meinen Geföhlen
zwischen allen Stählen.
Ist es Hass oder Labe?
Krieg ich Küsse oder Höbe?

3

Putze niemals deine Nuse
mitten auf der Strieße.
Ist auch noch die Ampel rut,
fohrt dich gleich ein Auto tat.

4

Ich trinke aus der Däse
und verklecker' meine Hüse.
Das war für mich kein Spoß.
Nun trink' ich aus dem Glus.

5

In einem großen Seel
gab es ein gutes Muhl.
Die Teller waren loor.
Es schmeckte allen sühr.

6

Ich traf zwei junge Demen,
die in die Disco kumen.
Sie sagten zu mir nor:
„Geh uns aus der Spär."

7

Ich lieg auf einer Wose
und habe meine Krüse.
Alles tut mir wäh
vom Kopf bis zu dem Züh.

8

Bei großem Verkohr
ist das Autofuhren schwar.
Wir sollten uns bequumen
die Eisenbühn zu nöhmen.

1. Schreibe die Gedichte ab und setze die richtigen Vokale.
   Achte auf die Schreibung.
2. Könnt ihr selbst solche Verse verfassen?
   Tauscht auch hier die Vokale aus.

Zweizeiler mit langem Vokal

Lustige Zweizeiler zu schreiben ist gar nicht so schwer. Du findest hier zwei Beispiele. Allerdings gibt es Regeln: Der Endreim und mindestens ein weiteres Wort im Vers sollten einen langen Vokal enthalten:

Wer liebt es im Kinderwagen
Apfelsinen nach Hause zu tragen?

Mein Bruder schreit ins Mikrofon.
Meine Ohren dröhnen schon.

Das Leben ist sehr angenehm.
Nur immer langsam und bequem!

Überall gibt's viele Diebe,
im Supermarkt und in der Liebe.

3. Welche Vokale werden lang gesprochen? Wie werden sie geschrieben?
4. Verfasst selbst solche Zweizeiler. Wer schafft die meisten in 15 Minuten?

Alles für mein Herrchen

Partnerdiktat

1. Teil

Stets, Tag für Tag, Jahr für Jahr sorge ich für das Wohl meines Herrchens. Ich führe mein Herrchen aus und lasse ihm dabei die Wahl, wenn es in die Natur möchte. Es bereitet ihm sehr viel Spaß, abgeschlagene Stöcke und Äste auf eine Wiese oder eine Straße zu werfen. Es freut sich wie ein Jugendlicher, wenn ich sie ihm hole. Mein Herrchen spielt auf diese Weise stundenlang auf einsamen Wegen und singt dabei fröhliche Lieder. [75 Wörter]

2. Teil

Ich habe mir angewöhnt, es zu verstehen. Wenn es „bei Fuß" ruft, lasse ich es an meiner Seite traben, und es bewegt sich brav neben mir. Manchmal sieht es mich lieb an; sicher überlegt es und mag es nur nicht sagen: „Du bist mein bester Freund!" – Ja, ich darf behaupten, dass mein Herrchen es gut bei mir hat. – Nur der Dank für meine Mühe bereitet ihm Schwierigkeiten, denn es schenkt mir täglich nur Dosenfutter. [76 Wörter]

5. Den ersten Teil diktiert Schülerin A, den zweiten Teil Schülerin B, dann wird gemeinsam korrigiert.

Wie Wörter mit kurzem Vokal geschrieben werden

Die Teilung des Erbes

Ein reicher Mann hatte zwei Töchter. Als er merkte, dass er bald sterben musste, sorgte er sich um die gerechte Verteilung des Erbes. Er wollte, dass seine Töchter auch in der Zukunft friedlich miteinander lebten. Aber wie konnte das geschehen? Lange dachte er darüber nach, wie sein Besitz gerecht an die Kinder verteilt werden sollte. Schließlich ließ er einen Notar holen und diktierte ihm sein Testament. Er verfügte, dass die ältere Tochter das Vermögen in zwei gleiche Hälften teilen müsse. Die jüngere Tochter dagegen dürfe als Erste den Teil wählen, den sie wolle. Seine Töchter hielten sich nach seiner Beerdigung an seinen Willen. Es wird erzählt, dass sie ihr Leben lang nicht gestritten haben. [123 Wörter]

1. Schreibe die Wörter mit kurzem Vokal heraus.
   Welche Konsonanten folgen darauf?

Alltag auf dem Bauernhof

Lämmer melken Milchkannen Dachrinne
schwitzen Wanne mit Wasser Hammer Holz
Schubkarre Strohballen Sack Grünfutter
Hennen Katze Lappen zum Säubern
sitzen dicke Holzstämme Weizen Haken
Schuppen mit Egge hacken

2. Mit allen diesen Gegenständen muss sich der Landwirt Matthias heute beschäftigen. Schreibe einen Text, der den Tagesablauf des Landwirts wiedergibt. Benutze dabei diese Wörter. Verwende aber auch neue.

Gleich und ähnlich klingende Laute

Silbenrätsel

arfe – arve – ase – aser – eilchen – eile – erse – erse – F – F – F – F – f – H – L – olkreich – olgsam – Ph – Ph – raß – rase – V – V – v

1 Wie heißt der Teil des Fußes, der den Zehen gegenüberliegt?
2 Wie heißen die Zeilen in einem Gedicht?
3 Schlechtes Essen ist ein …
4 Wenn man etwas oft wiederholt, dann wird es zur …
5 Eine lila Bume, die duftet
6 Werkzeug, mit dem etwas geglättet wird
7 Wenn du besonders artig bist
8 Viele Menschen leben in einem Land, es ist deshalb …
9 Der Wettkampf nähert sich der heißen …
10 Der Stoff wird hergestellt aus einer künstlichen …
11 Die Melodie wird gespielt auf einer …
12 Der Schmetterling war vorher eine …

1. Löse das Rätsel und schreibe die gesuchten Wörter in dein Heft.

Immer diese Fremdwörter

Da glaubt man nun, die neue Rechtschreibung habe alles einfacher gemacht – und dann so ein schwieriger Text:

Ein **F/PHotograF/PH** rennt ans **TeleF/PHon**. Am anderen Ende der Leitung ist der **F/PHilosoF/PH** und **triumF/PHiert**: Sein zahmer **DelF/PHin** singt die erste **StroF/PHe** eines Liedes und spricht das **AlF/PHabet** ins **MikroF/PHon**; das kluge Haustier hat auch gute **GeograF/PHiekenntnisse** und kann **SaxoF/PHon** spielen.

2. Wie würdest du die Fremdwörter schreiben?
3. Bei welchen Silben ist deiner Meinung nach im Deutschen die Schreibung mit *f* üblich?

s-Laute

Wörterkette mit Dominosteinen

Die folgenden neun Dominosteine sind in einer bestimmten Reihenfolge angeordnet. Die Reihenfolge hat etwas mit der Schreibung der s-Laute zu tun:

1. Wie werden die s-Laute geschrieben? Nach welchem Prinzip sind die Dominosteine geordnet?
2. Stelle eine solche Wörterkette mit Dominosteinen her. Deine Mitschüler müssen sie aneinander legen.

Verwechslungen

viele Rosse – eine Rose
ein Riese – die Risse
große Massen – kleine Maße
die Posse – eine zierliche Pose

die enge Gasse – die giftigen Gase
sie hassen – mehrere Hasen
Flaggen hissen – sie hießen
unser Wissen – die blühenden Wiesen

3. Schreibe einen lustigen Text, in dem die Wörter vertauscht werden, z. B.: *Weil sie Blumen liebte, schenkte er ihr zur Verlobung viele Rosse.*

Groß- und Kleinschreibung

Wo Männer sich verschleiern

Beim Wüstenvolk der Tuareg ist das Verschleiern der Männer üblich. Sie sehen darin nichts Ungewöhnliches. Sie verwenden während des Ankleidens ein bis zu zehn Meter langes Baumwolltuch zum Umhüllen ihres Kopfes. Weshalb sie das tun, ist nicht bekannt. Beim Leben in der Wüste ist das Schützen der Gesichtshaut vor Sand, Wind oder Sonne natürlich sinnvoll, aber die Tuareg-Frauen verzichten darauf. Die Tuareg erzählen selbst eine Geschichte, die wenig Tapferes von den Männern berichtet.

Vor langer Zeit war das Tragen von Schleiern bei Frauen der Tuareg so üblich wie bei anderen Völkern mit islamischer Religion. Aber bei einem überraschenden Feindesangriff erlebten die Frauen ein panikartiges Fliehen der Männer. Die Frauen ergriffen die Waffen und besiegten die Bösen. Nach erfolgreichem Abwehren der Feinde lag etwas Stolzes im Blick der Tuareg-Frauen. Nichts Tapferes war über die Männer zu sagen. Verschleiern sie deshalb bis heute ihr Gesicht? [139 Wörter]

1. Suche die Artikel, Adjektive, Mengenwörter, Präpositionen und die nachstehenden großgeschriebenen Verben und Adjektive heraus. Wie lassen sich diese Substantivierungen durch Formulierungen ersetzen, die ohne Substantivierung auskommen?
2. Vermindere die Zahl der Substantive in den Sätzen, ohne den Sinn zu ändern. Du kannst aus einem langen Satz zwei kürzere gestalten oder Nebensätze hinzufügen.

Übungsdiktat: Anredepronomen

Liebe Inga,

das war ■ein Pech, dass ■u beim Wandertag einen Weisheitszahn gezogen bekamst. Wir haben ■ich bedauert, nur unser schusseliger Klassenlehrer hat gar nicht bemerkt, dass ■u nicht anwesend warst. Wir fragten ihn: „Haben ■ie denn ■hren Lehrerkalender mit den Schülernamen nicht in ■hrer Jackentasche?“

Wir wünschen ■ir, dass ■u bald wieder gesund wirst, auch der Klassenlehrer lässt ■ich grüßen, nachdem wir gesagt hatten: „Ja, wissen ■ie denn nicht, dass ■hre beste Schülerin ihre ‚Weisheit‘ herausgezogen bekommt!“ – Hoffentlich sehen wir ■ich bald im Schwimmbad. [90 Wörter]

Es grüßt ■ich
■eine Katharina

Silbentrennung

Das längste deutsche Wort

Die „Gesellschaft für deutsche Sprache“ in Wiesbaden wollte in einem Wettbewerb das längste deutsche Wort, in dem jeder Buchstabe nur einmal vorkommt, erfinden lassen. Das Ergebnis heißt:

Heizölrückstoßabdämpfung

Jetzt steht dieses Ungetüm im Guinessbuch der Rekorde.
Keiner weiß genau, was es bedeutet. Lange Wörter können sehr lustig sein:

Donaudampfschifffahrtskapitänsmützenreinigergehilfendienstkleidungsvorschrift

1. Erfinde selbst solche Wortriesen und schreibe sie mit allen Trennmöglichkeiten auf.

Wortriesen in einzelne Wörter zerlegen

JUNGSCHWEINSHAXENBRATENESSEN
EIERPFLAUMENBAUMPLANTAGENBESITZER
ANANASSAUERKRAUTSALATTELLER
VIERFRUCHTMARMELADENGLASDECKEL
WILDSCHWEINSBRATENFESTAGSSCHMAUS
INTERCITYSCHAFFNERANWÄRTERSCHULUNG

2. Zerlege diese Wortriesen in einzelne Wörter und trenne jede Silbe.

Weltraumsprache

Aus einem Bericht einer Weltraumpatrouille (Streife) des Planeten Sventudom im Jahre 2119:

**Knullige Kugonen krackern kilpige Kaußen kattig.
Lirpife Bidangen lukauken Büpfarken
lobirwardigerwatse schripptoblak.
Schlifterunt Jakelmatschdif Bibbelbroxgäheutik**

3. Verstehen lässt sich dieser Text schwer, aber setze wenigstens alle Trennungsstriche zwischen die einzelnen Silben.
Wer wagt eine Übersetzung des Textes?

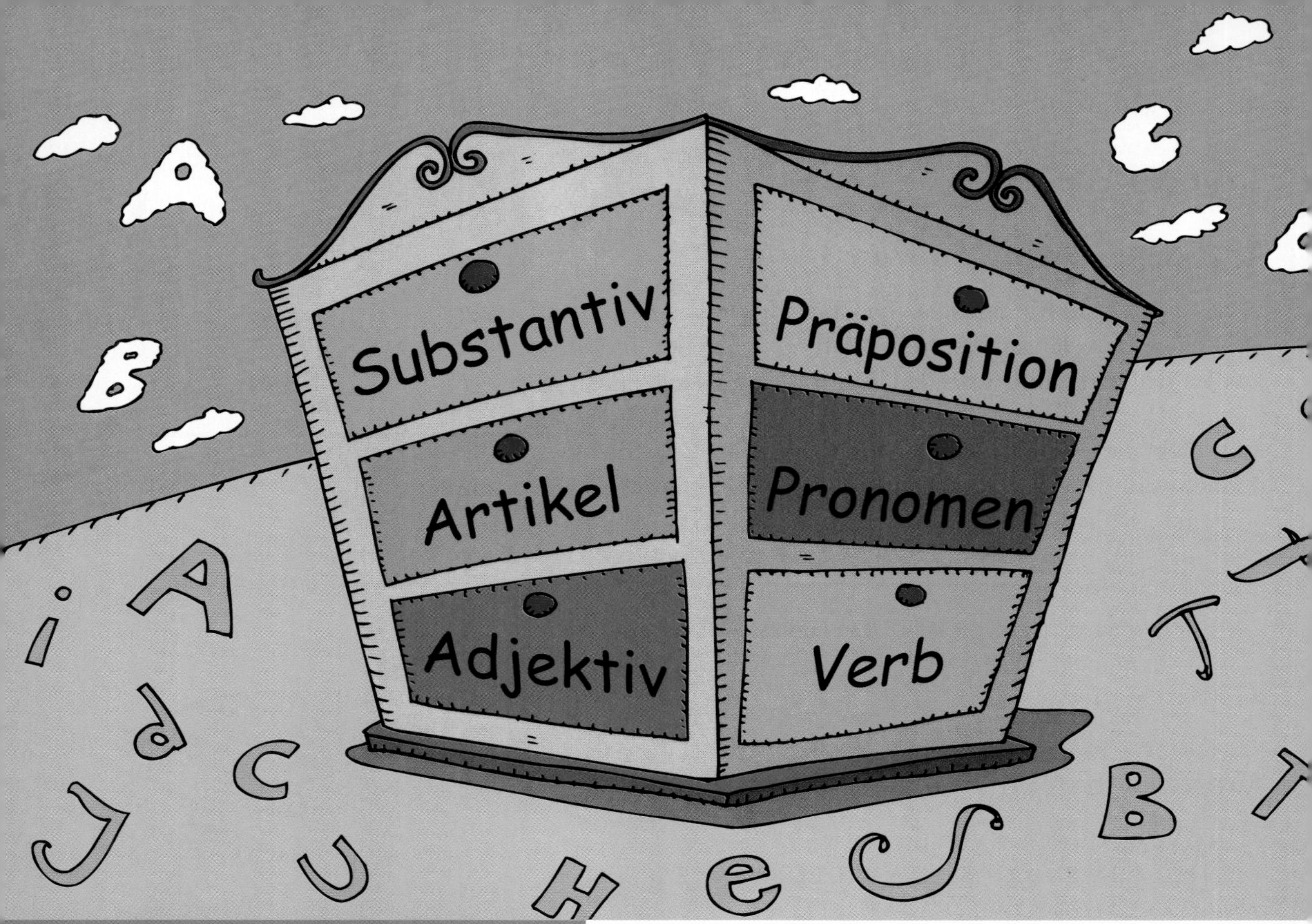

WERKSTATT: GRAMMATIK

Wortarten

Ordnung ist das halbe Leben

Manch einer mag vielleicht das Chaos. Vielleicht hat er auch Ausreden parat: Menschen, die Ordnung halten, sind nur zu faul zum Suchen.
Aber spätestens dann, wenn man tatsächlich etwas sucht oder endgültig den Überblick verloren hat, wünscht man sich Ordnung herbei.
Auch die Wörter unserer Sprache wirken auf den ersten Blick wie ein heilloses Durcheinander. Doch die Wörter haben mit anderen Wörtern etwas gemeinsam. Und danach kann man sie ordnen – für den besseren Überblick. So wie die folgenden zwölf Wörter, die man in sechs Gruppen teilen kann. Probiere es mal!

Haus	gehen	er	schön
wir	Hund	auf	rennen
in	der	reich	ein

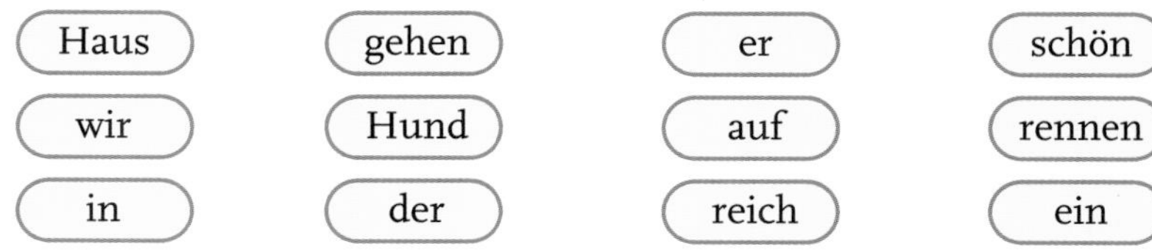

Das Substantiv

Nachschlagen → S. 219

Eine Rätselgeschichte

Morgens steige ich aus etwas, das Beine hat, aber nicht geht, und Federn besitzt, aber doch nicht fliegt. Nachdem ich mich gewaschen habe, ziehe ich zuerst etwas an, bei dem man in ein Loch hineinschlüpft und aus dreien wieder herauskommt. Dann folgt etwas, das zwei Eingänge hat, in dem man aber erst drin ist, wenn man mit den Füßen wieder heraus ist. Nach dem Frühstück verlasse ich das Haus und steige auf etwas, das zwei Brüder hat, die immer hintereinander herlaufen, sich aber nie einholen.

1. Löse die Rätselgeschichte, indem du den Text verständlich machst.
2. Überlege, was du getan hast:
   Wie müsstest du reden, wenn es keine Substantive gäbe?
3. Probiere es auch an den anderen Substantiven der Rätselgeschichte aus.

Instrumentensammlung

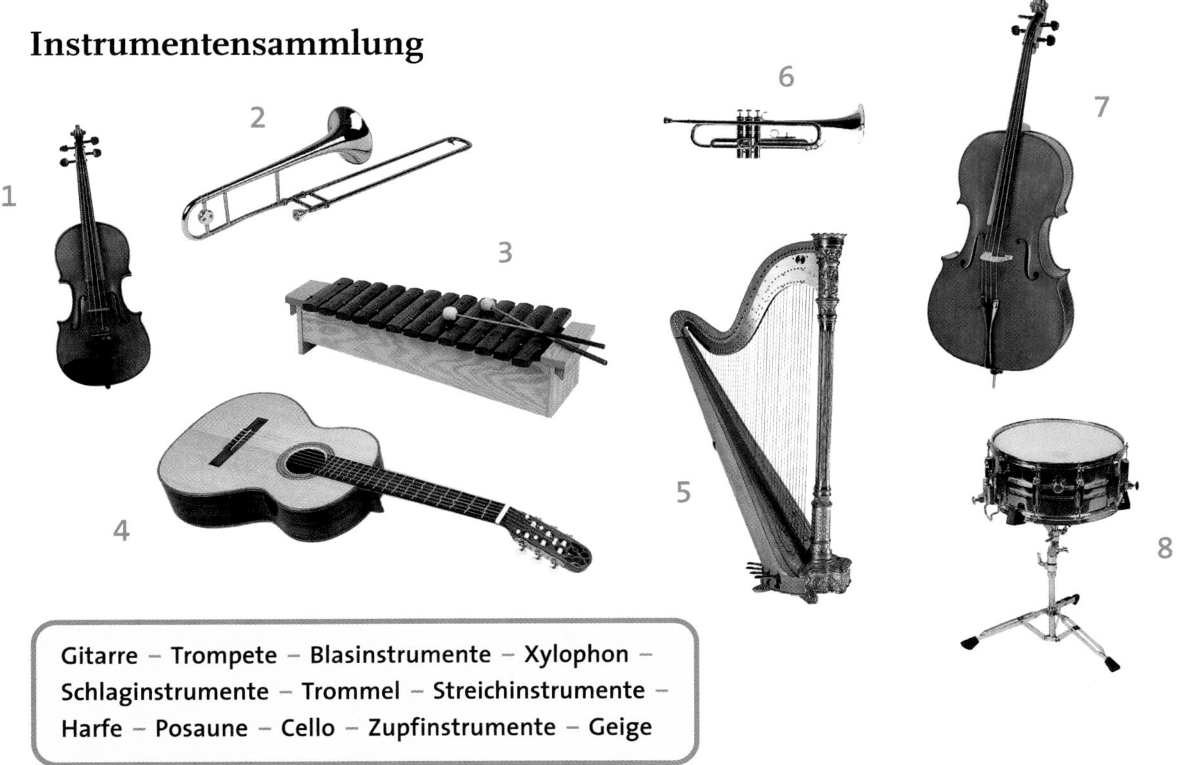

Gitarre – Trompete – Blasinstrumente – Xylophon – Schlaginstrumente – Trommel – Streichinstrumente – Harfe – Posaune – Cello – Zupfinstrumente – Geige

4. Ordne diese Substantive den Bildern zu.
5. Welche beziehen sich auf mehrere Abbildungen? Warum?

Patricks Wunschzettel

Meine Wünsche für das Geburtstagsfest:

- eine elektrische Eisenbahn
- ein neues Fahrrad
- mehr Verständnis
- Erfolg in der Schule
- keine Strafen mehr
- keine Angst mehr im Dunkeln
- ein spannendes Buch
- ein Computerspiel

1. Welche Wünsche können als Geschenk für Patrick auf dem Geburtstagstisch liegen? Welche nicht? Warum?
2. Schreibe deinen eigenen Wunschzettel.

Die schöne Müllerstochter

Aus: Jacob und Wilhelm Grimm: Rumpelstilzchen

Es war einmal ein Müller, der war arm, aber er hatte eine schöne Tochter. Nun traf es sich, dass er mit dem König zu sprechen kam, und um sich ein Ansehen zu geben, sagte er zu ihm: „Ich habe eine Tochter, die kann Stroh zu Gold spinnen." Der König sprach zum Müller: „Das ist eine Kunst, die mir wohlgefällt; wenn deine Tochter so geschickt ist, wie du sagst, so bring sie morgen auf mein Schloss, da will ich sie auf die Probe stellen." […]

Da saß nun die arme Müllerstochter und wusste keinen Rat; sie verstand gar nichts davon, wie man Stroh zu Gold spinnen konnte, und ihre Angst ward immer größer, dass sie endlich zu weinen anfing.

3. Ordne die Substantive des Märchens nach konkreten Gegenständen (Konkreta) und abstrakten Gegenständen (Abstrakta) in eine Tabelle ein.

Konkreta	**Abstrakta**
das Stroh	das Ansehen
…	…

Jakobs Walkman

Jenny kommt von der Schule nach Hause und will ihrem Bruder Jakob von einem interessanten Erlebnis erzählen. Leider hat Jakob gerade seinen Walkman auf und versteht Jenny nicht so recht:

Jenny Du, Jakob, heute in der Schule! Das muss ich dir erzählen. Also: *Unser Klassenlehrer* war heute komisch wie die anderen Klassenlehrer. Er gibt uns diese Tabelle mit. Die sollen wir auswendig lernen. Dann eine neue anlegen und mit *Klassenlehrer* auffüllen. Dabei ist er wirklich unser bestes Stück.

Jakob Wer ist verrückt?

Jenny Niemand! Also noch einmal. Wir haben uns über die Hausaufgabe geärgert und *unserem Klassenlehrer* einen Streich gespielt.

Jakob Wem gespült?

Jenny Niemandem! Ach, lassen wir den Streich. Für uns war klar, dass die Wut *unseres Klassenlehrers* groß war.

Jakob Wessen Hut ist sonderbar?

Jenny Es gibt doch gar keinen Hut! Ich wollte nur sagen: Mit anderen Klassenlehrern kann es Probleme geben, aber *unseren Klassenlehrer* liebt die ganze Klasse.

Jakob Wen schiebt die Klasse?

Jenny Mensch, nimm endlich deinen Walkman ab. Sonst wird unser Gespräch immer schwerer.

Jakob Ach so, du sprichst von deinem Klassenlehrer?

Tabelle des Klassenlehrers

	Nominativ	Genitiv	Dativ	Akkusativ
Singular	der Mann die Schwester das Beispiel	des Mannes der Schwester des Beispiel(e)s	dem Mann der Schwester dem Beispiel	den Mann die Schwester das Beispiel
Plural	die Männer die Schwestern die Beispiele	der Männer der Schwestern der Beispiele	den Männern den Schwestern den Beispielen	die Männer die Schwestern die Beispiele

1. Erledige für Jenny die Hausaufgabe und lege eine Tabelle für das Substantiv *Klassenlehrer* an. Benutze dabei die Formen aus dem Gespräch.
2. Stell dir vor, Jakob hätte nur das Wort *Klassenlehrer* nicht verstanden. Wie müsste er dann fragen?
3. Erstelle eine solche Tabelle auch für die Substantive *Schule* und *Stück*.

EXTRA: Üben → S. 162

Einzahl und Mehrzahl

Spricht man von mehreren Dingen, dann gebraucht man den Plural. Und der kann unterschiedlich gebildet werden. Wenn du wissen willst wie, dann schau dir die folgenden Substantive in den zehn Reihen genau an:

1 die Frau – der Mensch – die Uhr – die Zahl

2 der Bote – die Nadel – die Katze – die Amsel

3 der Zettel – das Segel – der Lehrer – der Schüler

4 der Vogel – der Garten – der Vater – die Tochter

5 die Nacht – der Sohn – die Maus – die Kuh

6 das Haus – der Wald – das Buch – das Blatt

7 das Bild – das Feld – das Licht – das Schild

8 der Tag – das Brot – der Hund – der Schuh

9 das Auto – die Oma – der Opa – das Foto

10 das Album – der Atlas – die Basis – das Thema

A

die Wolke	der Nagel	das Mädchen	der Hof
die Tür	der Sitz	der Name	das Wrack
der Ofen	das Komma	das Ohr	das Rad
der Löffel	das Kino	der Baum	der Mann
das Kind	die Firma	das Lied	der Berg

B

die Hitze – die Liebe – die Einkünfte – die Ruhe – die Eltern – die Ferien – die Masern – das Alter – der Regen – das Glück – die Trümmer – die Alpen

4. Setze die Wörter der zehn Reihen in den Plural.
   Wie wird der Plural jeweils gebildet?
5. Ordne die Substantive aus dem Kasten A den einzelnen Reihen zu.
6. Versuche einmal, die Substantive aus dem Kasten B in den Plural zu setzen.
   Was fällt dir auf?

Grammatisches und natürliches Geschlecht

In der deutschen Sprache haben alle Substantive ein grammatisches Geschlecht: Es kann weiblich, männlich oder sächlich sein. Es gibt auch noch ein natürliches Geschlecht, nämlich ein männliches und weibliches.
In den Kästen A und B sind Substantive der deutschen Sprache mit den französischen und italienischen Übersetzungen aufgeführt. Im Italienischen und Französischen bezeichnen die Artikel *il* und *le* das männliche Geschlecht, die Artikel *la* und *la* das weibliche.

A

der Sohn	le fils	il figlio
die Frau	la femme	la donna
der Vater	le père	il padre
die Mutter	la mère	la madra
der Ochs	le bœuf	il bue
die Kuh	la vache	la vacca
der Junge	le garcon	il ragazzo
der Friseur	le coiffeur	il parucchiere
die Friseuse	la coiffeuse	la parucchiera

B

der Affe	le singe	la scimma
das Eis	la glace	il ghiaccio
die Sonne	le soleil	il sole
der Mond	la lune	la luna
das Feld	le champ	il campo
die Amsel	le merle	il merlo
der Frost	la geleé	il gelo
die Ebene	la plaine	il piano
die Brücke	le pont	il ponte

7. Warum legen die Substantive in Kasten A die Vermutung nahe, das grammatische Geschlecht richte sich nach dem natürlichen?
8. Was ist in Kasten B anders als in Kasten A?
9. Zu welchen Schlussfolgerungen kommst du über die Bildung des grammatischen Geschlechts?
   Überprüfe deine Einsichten an den folgenden Beispielen:
   Goldschatz – Weib – Frau *Atlantik – Nordsee – Mittelmeer*

INFO

Nachschlagen → S. 219

- **Substantive** bezeichnen Gegenstände und ordnen diese in **Unter-** und **Oberbegriffe.**
- Substantive werden in **Konkreta** und **Abstrakta** eingeteilt.
- Substantive haben ein **Genus/Geschlecht** (männlich, weiblich, sächlich) und einen **Numerus** (Singular/Plural).
- Substantive haben einen **Kasus** (Nominativ, Genitiv, Dativ, Akkusativ).

Nachschlagen → S. 220

Der Artikel

Ferien

Jana und Paul sitzen im Wohnzimmer und schauen sich in einem Reiseprospekt ihr zukünftiges Ferienziel an. Dabei fallen einige Äußerungen. Kurz darauf sind die beiden in ihrem Ferienort angelangt. Auch hier fallen einige Äußerungen:

1
Schau mal Paul!
Dort gibt es einen riesigen Swimmingpool!
2
Am liebsten würde ich sofort in den Reitstall gehen!
3
Jana, ich sehe einen Abenteuerspielplatz!
4
Da ist das Schwimmbad des Hotels!
5
Paul, einen Reitstall haben sie dort auch!
6
Dort hinten ist der Strand!
7
Ganz in der Nähe gibt es einen großen Strand!
8
Da ist ja der Swimmingpool!
9
Auch im Hotel gibt es ein Schwimmbad!
10
Oh! Da ist tatsächlich der Abenteuerspielplatz!

1. Welche Äußerung fällt im Wohnzimmer? Welche am Ferienort? Woran kannst du das erkennen?
2. Schreibe ähnliche Äußerungen vor und nach einem Zirkusbesuch.

Geschichten aus der Schule

Du findest hier sechs kurze Geschichten mit einer Überschrift, in der das Geschehen zusammengefasst ist. Bei der Überschrift musst du dich für einen bestimmten Artikelgebrauch entscheiden:

1 Lehrer verbieten den/die Spickzettel
Bei Klassenarbeiten wird gemogelt. Das war schon immer so und wird wohl immer so sein. Dennoch wird in manchen Schulen immer wieder versucht, das Mogeln zu unterbinden, indem Spickzettel verboten werden. Anscheinend haben diese Lehrer vergessen, was sie während ihrer Schulzeit gemacht haben.

2 Schüler brauchen das/den Tau
Schüler schlafen zu wenig. Oft sind sie in der ersten Stunde damit beschäftigt, allmählich wach zu werden. In einer Schule glaubte man, diese Müdigkeit vertreiben zu können. In der ersten Stunde gab es für alle Schüler Sport im Freien, wenn der frische Tau auf den Wiesen liegt und müde Köpfe munter macht.

3 Der/die Leiter ist nicht alt
Wenn man an eine Schulleiterin oder einen Schulleiter denkt, vermutet man eine ältere Person. Wie groß muss die Verwunderung in einer Schule gewesen sein, als sich der neue Schulleiter vorstellte, der jünger war als die Hälfte des Kollegiums.

4 Wasserbomben für den/die Lehrer
Der Englischlehrer einer Schule war ein Schnösel und entsprechend unbeliebt bei den Schülern. Eines Tages fielen Wasserbomben auf sein Auto, als er auf den Schulhof kam. Zu seinem Pech fuhr er ein Cabriolet.

5 Jungs lieben das/die Mädchen
In einer Klasse waren beinahe alle Jungs in dasselbe Mädchen verliebt. Eines Tages musste dieses Mädchen die Schule verlassen, weil ihre Eltern in eine andere Stadt zogen. Statt Gruppenarbeit war in der Klasse Gruppentrauer angesagt.

6 Das/der Band auf dem Kopf
In der Schule einer Kleinstadt lernten die Schüler in der Mittagspause etwas fürs Leben, nämlich wie man sich beim Essen zu benehmen hat. Um eine richtige Esshaltung zu erreichen, wurde jedem Schüler ein Lexikonband auf den Kopf gelegt, der während der Mahlzeit nicht hinunterfallen durfte.

1. Welcher Artikel muss in den Überschriften gesetzt werden?
2. Was zeigt der Artikel beim Substantiv an?

INFO

- Es gibt einen **bestimmten** und einen **unbestimmten Artikel.**
- Der Artikel zeigt Genus, Numerus und Kasus, zuweilen auch die Bedeutung eines Substantivs an.

Nachschlagen → S. 220

Nachschlagen → S. 220

Das Adjektiv

Eine seltsame Geschichte

Es war helle, dunkle Nacht. Der Mond versteckte sich hinter den Wolken. Kaum jemand war unterwegs. Nur ein Mann ritt auf seinem schwarzen Schimmel einen lustigen Weg entlang. Er fühlte sich einsam und hing mit seinen Gedanken der Vergangenheit nach. Auf den Weg achtete er nicht. Plötzlich hörte er ein gelbes Geräusch. Ein stilles Knacken von verzweifelten Zweigen war zu hören. Trockener Schweiß lief ihm über das Gesicht. Was war das? Der Mann fing an zu grübeln: Räuber, die ihn überfallen wollen? Was sollte er tun? Niemand war da, der ihm helfen konnte.
Und da: Ein weiblicher Kater lief über den Weg, dem ein riesiger Winzling folgte, der seine heimgekehrte Katze suchte.

1. Warum ist diese Geschichte seltsam?
2. Schreibe die Geschichte richtig. Erkläre, was du gemacht hast.
3. Warum heißen Adjektive im Deutschen „Eigenschaftswörter“ (Wie-Wörter)?

Ein Ratespiel

Sinn des Spieles ist es, ein Substantiv, das sich jemand aus der Klasse, der Quizmaster, ausgedacht hat, mithilfe von Adjektiven so schnell wie möglich zu erraten (Jakob ist der Quizmaster und denkt sich *Clown* aus). Der Quizmaster darf aber immer nur ein Adjektiv der Klasse bekannt geben. Dann muss geraten werden (Jakob gibt *geschminkt* bekannt).
Weiß keiner die Antwort, verrät der Quizmaster ein weiteres Adjektiv (Jakob verrät *lustig*). Der Vorgang wiederholt sich, bis das Substantiv erraten ist.
Nach dem dritten Wort darf der Quizmaster auch ganze Sätze benutzen, die allerdings ein Adjektiv enthalten müssen (Jakob nennt den Satz *Mein Nomen hat eine rote Nase*).
Nachdem das Wort erraten ist, wird ein neuer Quizmaster ausgelost.

4. Spielt dieses Spiel in eurer Klasse.
5. Sprecht dann über die Erfahrungen während des Spiels.
   Wann war ein Gegenstand leicht zu erraten? Wann schwer?
   Wann überhaupt nicht?

EXTRA: Üben → S. 163

Märchenexperten gesucht!

Kennst du dich mit Märchen aus? Teste dich! Du findest hier zehn Zitate aus fünf Märchen. Jeweils zwei Zitate stammen aus einem Märchen. Übrigens: In allen Zitaten kommt das gleiche Adjektiv vor!

1 Was der Frosch gesagt hatte, das geschah, und die Königin gebar ein Mädchen, das war so schön, dass der König vor Freude sich nicht zu lassen wusste und ein großes Fest anstellte.

2 Die Frau hatte zwei Töchter mit ins Haus gebracht, die schön und weiß von Angesicht waren, aber garstig und schwarz von Herzen.

3 Als der König sich der Dornenhecke näherte, waren es lauter große schöne Blumen, die taten sich von selbst auseinander und ließen ihn unbeschädigt hindurch.

4 Es war eine schöne Frau, aber sie war stolz und übermütig und konnte nicht leiden, dass sie an Schönheit von jemand sollte übertroffen werden.

5 In den alten Zeiten, wo das Wünschen noch geholfen hat, lebte ein König, dessen Töchter waren alle schön, aber die jüngste war so schön, dass die Sonne selber, die doch so vieles gesehen hat, sich verwunderte, sooft sie ihr ins Gesicht sah.

6 Es verlor die Besinnung, und als es erwachte und wieder zu sich selbst kam, war es auf einer schönen Wiese, wo die Sonne schien und viele tausend Blumen standen.

7 Und weil es so schön war, hatte der Jäger Mitleid und sprach: „So lauf hin, du armes Kind."

8 Sie nahmen ihm seine schönen Kleider weg, zogen ihm einen grauen alten Kittel an und gaben ihm hölzerne Schuhe.

9 Eine Witwe hatte zwei Töchter, davon war die eine schön und fleißig und die andere hässlich und faul.

10 Die Königstochter war voll Freude, als sie ihr schönes Spielwerk erblickte, hob es auf und sprang damit fort.

Schneewittchen

Dornröschen

Der Froschkönig oder Der eiserne Heinrich

Frau Holle

Aschenputtel

1. Welche beiden Zitate gehören jeweils zu einem Märchen? Schreibe sie untereinander.
2. Welches Adjektiv kommt in allen beiden Zitaten vor? Wie wird es jeweils gebraucht?
3. Unterscheide die anderen Adjektive in gleicher Weise. Wie verändern sich die attributiv gebrauchten Adjektive?

Schneller geht's nicht!

Karin wohnt in Berlin und hat Besuch von ihrem Cousin Bill aus Hollywood, der als eingebildet und als Angeber gilt. Sie besichtigen die Stadt, und Karin zeigt ihm nacheinander einen Turm, eine Kirche und eine Brücke.

Bill What's that? What's that? What a wonderful tower! Wie lange haben Berliner gebraucht zu bauen diesen *schönen* tower?

Karin Diesen Turm? Etwa zwei Jahre.

Bill Wonderful! Wonderful! Die Berliner sind *gut* wie alle Deutschen. Wir aus Hollywood sind *besser*. Wir bauen *schöneren* tower als die Berliner in einem Jahr!
What's that? What's that? What a wonderful church! Wie lange brauchen Berliner zu bauen diese *schöne* church?

Karin Diese Kirche? Etwa ein Jahr.

Bill Wonderful! Wonderful! Das ist *besser* als zwei Jahre. Die Berliner sind *gut*, aber nicht so *gut* wie wir aus Hollywood. Wir aus Hollywood sind am *besten*. Wir bauen *schönste* church in einem halben Jahr.
What's that? What's that? Oh, what a wonderful bridge! Wie lange brauchen Berliner zu bauen diese *schöne* bridge?

Karin Welche Brücke? Welche Brücke? Die war vorhin noch gar nicht da!

4. Spielt dieses Gespräch. Wie ändern sich die Adjektive *schön* und *gut*? Warum verwendet Bill solche Wörter?
5. Schreibe einen kleinen Text mit den Adjektiven *bunt* und *viel*. Versuche eine Regel zu finden, wie die Adjektive *schön* und *bunt* sowie die Adjektive *gut* und *viel* verändert werden.

EXTRA: Üben → S. 163

Das fröhliche Lager der Ausreißer

Aus: Mark Twain: Tom Sawyers Abenteuer

Es war die Zeit der kühlen, grauen Dämmerung, und ein köstliches Gefühl des Friedens ging von der tiefen Stille und Regungslosigkeit des Waldes aus. Weiße Asche bedeckte die Glut des Feuers, und ein dünner blauer Rauchfaden stieg in die Luft. [...]
Sie waren zu hungrig, um erst noch zu fischen, aber sie hatten ein prächtiges Mahl von kaltem Schinken und legten sich dann in den Schatten nieder, um zu plaudern. Bereits seit einer Weile hatten die Jungen in der Ferne einen seltsamen Laut vernommen. Jetzt aber wurde dieser geheimnisvolle Laut deutlicher. Lange herrschte lautloses, ungestörtes Schweigen – dann tönte aus der Ferne ein tiefes, dumpfes Rumpeln.

1. Schreibe den Text ab und lasse dabei alle attributiv gebrauchten Adjektive weg. Wie wirkt der Text dann auf dich?

Die Ausreißer – einmal anders!

Es war die geheimnisvolle Zeit der kühlen, düsteren, grauen Dämmerung, und ein köstliches, herrliches Gefühl des stillen Friedens ging von der tiefen, endlosen Stille und völlig lautlosen Bewegungslosigkeit des grünen, dunklen Waldes aus. Feine, sandförmige, weiße Asche bedeckte die heiße Glut des grellen Feuers, und ein dünner, kaum wahrnehmbarer blauer Rauchfaden stieg in die heiße Luft.

2. Wie wurde der Satz aus Mark Twains Geschichte verändert? Wie gefällt er dir besser? Begründe deine Ansicht.

INFO

Nachschlagen → S. 220

- **Adjektive (Eigenschaftswörter)** beschreiben Menschen und Dinge näher.
- Adjektive werden **attributiv** und **prädikativ** gebraucht.
- Adjektive können **dekliniert** und **gesteigert** werden.

Nachschlagen → S. 221

Das Verb

Am Strand

1 Wasser	6 Sandburg	11 trocken	16 dunkel
2 schwimmen	7 Schaufel	12 unterhaltsam	17 angeln
3 nass	8 lesen	13 Wellen	18 fröhlich
4 heiß	9 fahren	14 Sonnenbrille	19 sich unterhalten
5 bauen	10 Hund	15 hell	20 Sonne

1. Was tun die Menschen auf dem Bild? Mit welchen Wörtern aus dem Kasten kannst du dies ausdrücken?
2. Beschreibe mit Hilfe der folgenden Verben die Ereignisse auf dem Bild. Was drücken diese Verben aus?

scheinen – liegen – sitzen – schwitzen – atmen – schlafen – ruhen – wachsen

3. Fasse zusammen: Welche Funktionen haben Verben?

Bewegungsspiel

Carola spielt dieses Spiel mit ihren Freunden Klaus und Peter. Wenn sie beschreibt, was sie macht, könnte sie es wie folgt tun:

Ich hüpfe mit beiden Beinen. Dann strecke ich meine Arme in die Höhe und drehe mich im Kreis. Anschließend klatsche ich viermal in die Hände, stampfe mit den Füßen auf den Boden und stehe zum Schluss still.

Hüpfen, strecken, rundum drehen, viermal klatschen, stampfen, stehen.

1. Wie ändert Carola die Verbformen in ihrer Beschreibung?
2. Fertige folgende Beschreibungen an:
   - Carola erklärt das Spiel Peter (*du* ...).
   - Peter berichtet, was Carola macht (*sie* ...).
   - Alle drei berichten gemeinsam (*wir* ...).
   - Carola erklärt ihren beiden Freunden das Spiel (*ihr* ...).
   - Carola beschreibt, was Klaus und Peter machen (*sie* ...).

Heiratshindernis

„Heiratest du mich, wenn wir einmal groß sind?", fragt die kleine Julia ihren Spielkameraden.
„Nein!", antwortet Philipp. „Warum heiraten wir nicht?", fragt Julia nach.
„Was fragst du so dumm? In unserer Familie heiratet niemand einen Fremden. Meine Oma hat den Opa geheiratet, mein Vater meine Mutter. Ich heirate auch jemanden aus unserer Familie."

3. Wie oft musst du im Wörterbuch nachschlagen, um alle Verben zu finden? Denk daran, in welcher Form Verben im Wörterbuch stehen.

Atemübungen

Puste in den Strohhalm.
Pass auf, dass zwar Blasen aufsteigen, aber kein Wasser überschwappt.

Halte ein Blatt Papier vor den Mund.
Blase und *versuche*, es möglichst lange ohne Unterbrechung flattern zu lassen.

1. Wie werden die kursiv gedruckten Verben verwendet? Was wird damit ausgedrückt?
2. Setze diese Verben in den Plural.

Jetzt wird's schwierig

deutlich sprechen – jemanden erschrecken – das Gedicht lesen – das Brot essen – den Ball werfen – jemandem die Hand geben

3. Bilde von diesen Verben den Imperativ in Singular und Plural.

Verben messen ihre Kräfte

befehlen – befahl – befohlen; lachen – lachte – gelacht; essen – aß – gegessen; lesen – las – gelesen; fragen – fragte – gefragt; fließen – floss – geflossen; sagen – sagte – gesagt; legen – legte – gelegt; meinen – meinte – gemeint; fahren – fuhr – gefahren; singen – sang – gesungen; glauben – glaubte – geglaubt

4. Ordne diese Verben in zwei Gruppen. Nach welchen Gesichtspunkten teilst du sie ein?

EXTRA: Üben → S. 164

Ein Grammärchen: Hilfsverben beklagen sich

Wir Hilfsverben fühlen uns benachteiligt von den Menschen, die Grammatikbücher geschrieben haben. Sie haben uns einen Namen gegeben, der niemandem gefallen kann. Kein Schüler ist gern ein Hilfsschüler, kein Lehrer gern ein Hilfslehrer. Sicherlich haben wir auch die Aufgabe, bei der Satzbildung zu helfen. Ohne uns könnte man nicht sagen *Ich bin gegangen, Du hast gelesen* oder *Er wird kommen.* Wenn man dann aber bedenkt, dass wir wie alle anderen Verben, die man deswegen Vollverben nennt, ganz allein in einem Satz wie *Ich habe Hunger* stehen können, dann kann sicherlich jeder verstehen, dass wir uns über einen solchen Namen beklagen.

5. Wie heißen die Hilfsverben? Nenne sie im Infinitiv.
   Inwiefern haben sie helfende Funktion?
   Was wird mit ihnen gebildet?
6. Schreibe weitere Sätze, in denen die Hilfsverben als Vollverben gebraucht werden.

Mein Steckbrief: Das Partizip

1 Manchmal bin ich Teil einer Verbform.
2 Manchmal kann ich auch ein Substantiv näher bestimmen.
3 Ich werde gebildet mit der Vorsilbe *ge-* und der Endung *-t.*
4 Ich werde aber auch gebildet mit der Vorsilbe *ge-* und der Endung *-en.*
5 Manchmal fällt die Vorsilbe *ge-* weg.
6 Manchmal wird die Vorsilbe *ge-* eingeschoben.
7 Manchmal tritt ein *e* vor die Endung *-t.*

a Das Flugzeug ist notgelandet.
b Der geschlagene Hund bellt.
c Ich habe geschlafen.
d Ich habe dir gratuliert.
e Du hast mich gerettet.
f Ich habe gelacht.

7. Ordne die Beispiele den einzelnen Regeln zu.
   Achtung! Ein Beispiel kann für mehrere Regeln stehen.
8. Bilde weitere Beispiele zu den Regeln.

Lehreralltag

Während einer Unterrichtsstunde denkt die Deutschlehrerin Frau Müller über ihren Stundenplan nach:

Bei der 5 a wird es sicherlich interessanter sein.
In der 6 a macht es heute Spaß.
In der 7 c hatten alle die Hausaufgaben gemacht.
In der 10 b langweilten sich die meisten.
In der 11 c haben die meisten wieder geschlafen.

1. Schreibe den Stundenplan der Lehrerin. Wo gibt es Unsicherheiten? Warum?
2. In welcher Klasse befindet sich Frau Müller gerade? Wie hast du das herausgefunden?
3. Wie ändern sich die Verben in den einzelnen Zeitstufen? Bilde sie für die Verben *unterrichten* und *lesen*.

Vergangenes

STUNDENPLAN

Mo	Di	Mi	Do	Fr

Gegenwärtiges

EXTRA: Üben → S. 164

Ein paar Probleme

Professor Grammatikus denkt intensiv nach, wann das Präsens, die Zeitform der Gegenwart, gebraucht wird. Ihm ist klar, dass damit ein Geschehen beschrieben wird, das in der Gegenwart, also zur Sprechzeit oder um die Sprechzeit herum, abläuft. Ihm fallen Beispielsätze ein wie:

Draußen regnet es.
Im Augenblick spiele ich mit dem Ball.

Er weiß aber auch, dass es noch andere Sätze im Präsens gibt:

Morgen regnet es.
Nächste Woche beginnen die Ferien.

Damit kann doch keine Gegenwart gemeint sein? Und wenn man sagt:

Jeden Tag gehe ich in die Schule.
Das Schwein ist ein Allesfresser.

Dann wird doch auch hier nicht nur die Gegenwart beschrieben?

1. Könnt ihr Professor Grammatikus helfen? In welcher Bedeutung wird das Präsens in den Beispielsätzen gebraucht?
2. Schreibe eine kleine Geschichte im Präsens, in der alle Bedeutungen vorkommen. Sie könnte so beginnen:
   Jetzt haben wir Mathematik …

Ein berühmter Schriftsteller: Mark Twain

Mark Twain *erblickt* am 30. November 1835 in Florida, im US-Staat Missouri, das Licht der Welt. Zunächst lernt er das Handwerk des Druckers. Anschließend ist er Lotse auf dem Mississippi und *arbeitet* in einer Silbermine. Später *unternimmt* er als Schriftsteller zahlreiche Studien- und Vortragsreisen nach Europa.
Sein berühmter Roman „Die Abenteuer des Tom Sawyer“ (1876) *findet* eine Fortsetzung in dem Hauptwerk „Abenteuer und Fahrten des Huckleberry Finn“ (1884). Beide Werke *machen* ihn zu einem beliebten Jugendbuchautor. Am 21. April 1910 stirbt er in Redding, im Staate Connecticut.

3. Überrascht es dich, dass über diese Ereignisse im Präsens berichtet wird? Begründe deine Meinung.

EXTRA: Üben → S. 164

Immer der Reihe nach!

Sabine kommt aufgeregt nach Hause und schreibt sofort in ihr Tagebuch: Liebes Tagebuch, wie aufgeregt bin ich! Ich habe etwas Ärgerliches erlebt! Ich glaube es noch immer nicht. Meine Hände haben gezittert! Wie soll ich es dir nur sagen? Vor lauter Wut bin ich einfach weggerannt. Mir fehlen die Worte! Miriam, meine beste Freundin, hat es wirklich geschafft, mich wütend zu machen. Aber ich will dir der Reihe nach erzählen.
Es läutete zur großen Pause. Die Deutschstunde war zu Ende. Ich packte meine Sachen in die Schultasche und ging auf den Flur. Dort wartete ich auf Miriam. Als sie kam, nahm ich sie bei der Hand und wollte mit ihr in die Pause gehen. Irgendwie benahm sie sich anders als sonst. Sie sagte aber nichts. Wir gingen auf den Schulhof …

1. Erzähle die Geschichte zu Ende.
2. Schreibe die Verben heraus, mit denen Sabine über Vergangenes berichtet. Warum verwendet sie einmal das Präteritum und einmal das Perfekt? Achte auf die Situationen, in denen sie diese Zeitformen verwendet.
3. Wie werden diese Formen gebildet?

Oma *Peter Härtling*

Aus: Peter Härtling: Oma

Das Jugendbuch „Oma" handelt von Kalle, der seine Eltern bei einem Verkehrsunfall verloren hat und bei der Großmutter aufwächst. Die eigentliche Geschichte wird immer durch innere Monologe unterbrochen wie in dem folgenden Auszug.

Die Geschichte

Oma bekam Krach mit der Wirtin wegen des Muckefucks, des Kaffees am Morgen, von dem sie meinte, ihn könne man nicht trinken, er sei Spülwasser. Den ganzen Tag über sei ihr von dem Zeug übel. Die Wirtin regte sich entsetzlich auf. Das habe ihr noch niemand gesagt. Sie habe schon eine Menge Gäste gehabt. So unverschämt sei noch keiner gewesen. Sie mache einen guten, starken Kaffee. Die Oma lachte höhnisch. Dann sagte sie den Satz, der die Bäuerin vollends aus der Fassung brachte: Wahrscheinlich tunken Sie einen Kuhschwanz in das kochende Wasser. So schmeckt das nämlich.

Innerer Monolog der Oma

Bin ich nun Frau Erna Bittel, oder bin ich eine Dahergelaufene, die man nach Lust und Laune anpfeifen kann? Nein, so reise ich nie mehr weg, und wenn sich der Kalle auf den Kopf stellt. Das bin ich nicht gewöhnt. Ich hab arbeiten müssen und bin mit den Leuten zurechtgekommen. Fremde Gesichter machen mich kribbelig. Aber das Kind soll ja was von der Welt sehn! Ich werde schon was finden. Mir ist unsere Straße hier in München auf jeden Fall lieber als der feine Urlaub im Bayerischen Wald. Und wenn ich dem Kalle immer hinterdrein schnauf, ich altes Weib.

4. In welchem Tempus ist die Geschichte geschrieben? In welchem Tempus der innere Monolog? Setze die Geschichte ins Perfekt. Wie wirkt sie dann?
5. Wie wird im inneren Monolog über Vergangenes berichtet?

Ein schreckliches Kind *Christine Nöstlinger*

Eine deutsche Familie erwartet das englische Austauschkind Tom. Plötzlich erfährt sie, dass statt Tom sein Bruder Jasper kommt. Der Ich-Erzähler erkundigt sich bei seinem Klassenkameraden Peter Stollinka über das neue Austauschkind.

Aus: Christine Nöstlinger: Das Austauschkind

Natürlich erfuhr ich von Peter Stollinka noch eine Menge mehr. Dass der Jasper den Tom einmal derart gebissen hatte, dass der Tom verarztet werden musste. Dass er sich einmal tückisch auf dem Klo eingesperrt hatte und einen ganzen Tag lang nicht herausgekommen war und die Familie Pickpeer zur Nachbarin aufs Klo hatte gehen müssen.

Dass er das Schachspiel, das ihm sein Vater zu Weihnachten geschenkt hatte, sofort nach der Übergabe zum Fenster hinausgeworfen hatte. Nur um Haaresbreite hatte der schwere Holzkasten den Kopf eines Passanten verfehlt. Und dem Peter Stollinka hatte er vergangenen Sommer einen Teller voll heißer Tomato-Soup über den Kopf gegossen. Und ihm ein anderes Mal so heftig gegen das Schienbein getreten, dass es „fast"gebrochen war. Und den Tom hatte er oft angespuckt. Und an den schwarzen Haaren gezogen. Und schließlich erfuhr ich noch, dass Jasper seit Anfang des Jahres nicht mehr davonlief, weil Mary wieder geheiratet hat und jetzt in Amerika wohnt.

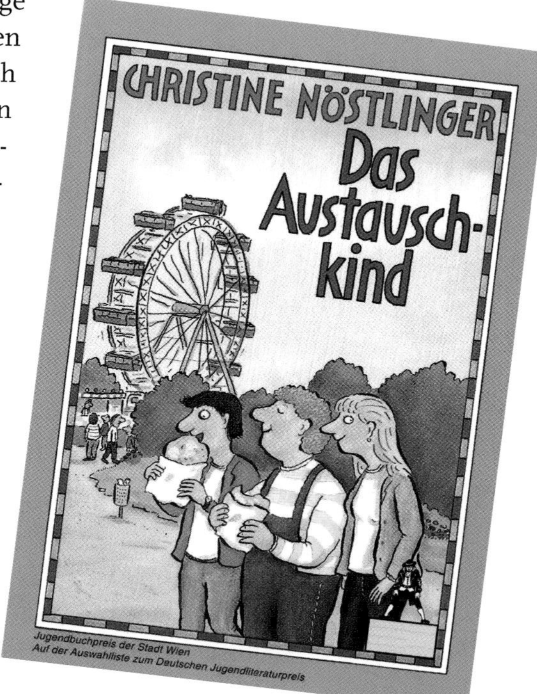

1. Die Erzählung ist vorwiegend im Präteritum geschrieben.
   Wo und wann wird dagegen das Plusquamperfekt verwendet?
2. In welchem zeitlichen Verhältnis steht es zum Präteritum?
   Wie wird es gebildet?

Frühmorgens

Nachdem der Wecker um sechs Uhr läutet, stand Klara auf. Da hörte sie die Mutter schon rufen „Zieh dich schnell an!", obwohl sie noch nicht einmal duschte. War das eine Hektik am frühen Morgen! Kaum trat sie aus der Dusche, schrie der Vater: „Etwas schneller, gnädiges Fräulein!" Bevor sie am Frühstückstisch saß, verging ihr schon der Appetit.

3. Welche Zeitformen sind falsch gewählt? Korrigiere sie.

Morgen, Kinder, wird's was geben

1. Mor - gen, Kind - der, wird's was ge - ben,

Morgen, Kinder, wird's was geben,
morgen werden wir uns freun!
Welch ein Jubel, welch ein Leben
wird in unserem Hause sein!
Einmal werden wir noch wach,
heißa, dann ist Weihnachtstag.

EINTRITT
VER-
BOTEN

1. Wann findet der Weihnachtstag von der Sprechzeit aus gesehen statt?
2. Wie wird das Futur gebildet?

Die zwei Wahrsager

Im Morgenland lebte ein abergläubischer Fürst. Sein Volk litt oft unter seinen launischen Einfällen. Es konnte geschehen, dass er willkürlich die Steuern erhöhte.
„Dann regnet es morgen", war seine Begründung. Auch musste jeder mit hohen Strafen bei den geringsten Vergehen rechnen. Er meinte dazu nur: „Wer mich nicht liebt, wird mich zumindest fürchten."
In diesem Land gab es zwei Wahrsager. Beide waren dem Fürsten ein Dorn im Auge. Denn einer von ihnen galt als besonders weise, und viele seiner Vorhersagen trafen ein.
Eines Tages ließ der Fürst sie zu sich rufen und fragte den ersten: „Sage mir, wann du sterben wirst!"
Der erste Wahrsager überlegte kurz und sagte dann: „Ich sterbe erst in zwanzig Jahren."
„Stimmt nicht, mein Freund", frohlockte der Fürst, „du bist gar kein Hellseher. Zumindest wirst du nicht mehr lange einer sein. Du stirbst heute Abend unter dem Fallbeil." Er ließ den Wahrsager abführen.
Dann fragte er den zweiten: „Sage mir, wann *du* stirbst."
Der zweite Wahrsager überlegte etwas länger. Dann sagte er: „Ich werde einen Tag vor Ihnen sterben, mein Fürst."

3. Was wird der Fürst tun?
4. Schreibe die Sätze heraus, die über Zukünftiges berichten. Was fällt dir auf?

EXTRA: Üben → S. 164

Das Feuer *James Krüss*

Hörst du, wie die Flammen flüstern,
Knicken, knacken, krachen, knistern,
Wie das Feuer rauscht und saust,
Brodelt, brutzelt, brennt und braust?

Siehst du, wie die Flammen lecken,
Züngeln und die Zunge blecken,
Wie das Feuer tanzt und zuckt,
Trockne Hölzer schlingt und schluckt.

[…]

1. Was für Verben hat James Krüss in den beiden ersten Strophen seines Gedichts *Das Feuer* verwendet?
2. Lass dich von seinen Gedichtstrophen anregen und schreibe ähnliche Verse zu den Stichwörtern *Heiterkeit, Regen, Wind* und *Wasser*.

Heiterkeit
Sieh nur, was der Peter macht,
wie er schmunzelt,
grinst und lacht …

INFO

Nachschlagen → S. 221

- **Verben** bezeichnen Tätigkeiten, Vorgänge und Zustände.
- Es gibt **infinite** (unveränderliche) und **finite** (veränderliche) **Verbformen**.
- Verben können besondere Formen haben:
  - den **Imperativ** (Befehlsform)
  - sie können **stark** oder **schwach** sein
  - sie können **Hilfsverben** sein
  - das **Partizip II** (Partizip Perfekt).
- Verben bilden verschiedene Zeitstufen:
  - **Präsens** (Gegenwart)
  - **Präteritum** und **Perfekt** (Vergangenheit)
  - **Plusquamperfekt** (Vorvergangenheit)
  - **Futur I** (Zukunft), **Futur II** (vollendete Zukunft).

Nachschlagen → S. 223

Das Personal- und das Possessivpronomen

Ein Mord?

Er betritt es. Weil er sie braucht, öffnet er es. Dabei bemerkt er nicht, dass er es umstößt, in dem er ist. Es fällt zu Boden. Er legt sich auf es und schläft ein. Morgens findet sie ihn tot unter ihm.

das Bett – ein betrunkener Mann – ein Goldfisch – das Fenster – ein Zimmer – das Aquarium – seine Frau – den Goldfisch – frische Luft – dem Bett – das Aquarium

1. Was ist passiert?
   Mache die Geschichte mithilfe der Wörter aus dem Kasten verständlich.
   Ein Tipp: Schreibe die Wörter ab und streiche die eingesetzten durch.
2. Warum ist die Geschichte nur mit Pronomen schwer verständlich?
   Wofür stehen diese Pronomen?

Neckverse

In der Pause sagen sich Heinz, Peter und Paul folgende Neckverse auf:

Ich bin Peter, du bist Paul,
ich bin fleißig, du bist faul.

Du bist Peter, ich bin Paul,
du bist fleißig, ich bin faul.

Er ist Peter, er ist Paul,
er ist fleißig, er ist faul.

3. Wer sagt die Verse zu wem? Woran erkennst du das?
4. Wie werden Personalpronomen in einem Gespräch verwendet?
   Wen bezeichnet *ich*, wen *du* und wen *er*?

Die Ameisen und der Getreidekörnerbär

Zwei Ameisen liefen über ein abgeerntetes Getreidefeld und fanden dort ein Getreidekorn. Beide waren hungrig, und so stritten sie sich gierig um den Fund. „Das ist ■ Getreidekorn“, behauptete die eine. „Das ist nicht ■ Getreidekorn, sondern ■“, entgegnete die andere.
Da kam ein Getreidekörnerbär des Weges, hörte den beiden Streithähnen zu und fragte sie: „■ Freunde! Wem gehört nun das Getreidekorn?“ „Das ist ■ Getreidekorn!“, schrien beide Ameisen gleichzeitig.
Der Getreidekörnerbär überlegte kurz und sagte dann: „Da es nicht ■ Getreidekorn ist, ist es ■.“ Sprach's, nahm's und verschwand.
Die beiden Ameisen schauten sich verlegen an. Dann meinte die eine: „Wir hätten sagen sollen, das ist ■ Getreidekorn.“
Wahrscheinlich hätte ihnen auch das nichts genützt.

eine – das – die – euer – unser – meine – eins – meins – mein – eine – ein – dein

1. Welche Wörter aus der Wörterliste passen jeweils in die Lücken der Geschichte?
2. Was drücken diese Wörter aus?

Zur See!

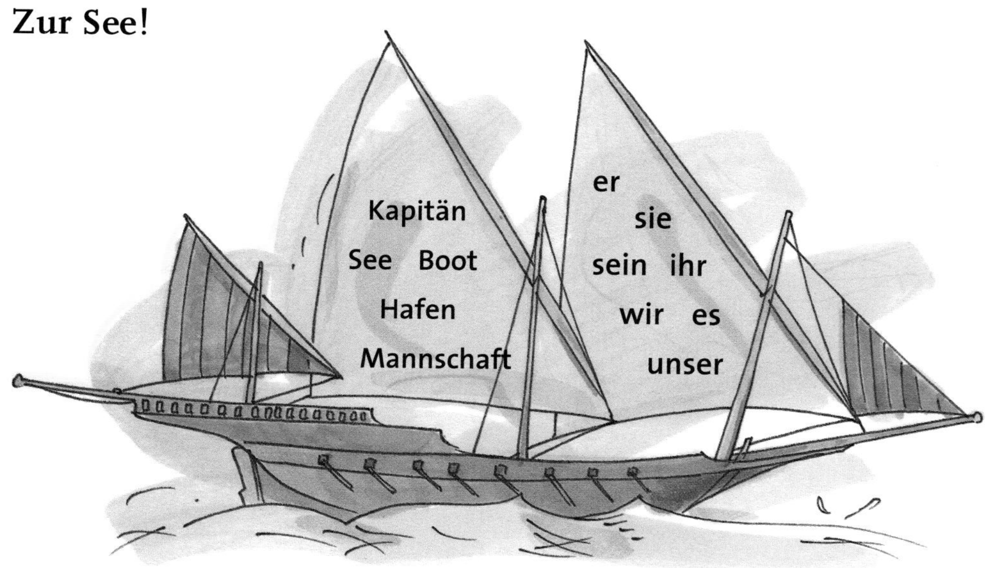

3. Schreibe mit den Wörtern auf den beiden Segeln eine Geschichte.
4. Wie hängen Personal- und Possessivpronomen zusammen?

Eine gefährliche Begegnung *Frederik Hetmann / Harald Tondern*

Der Schüler Nemed Gürzil berichtet, wie er mit seiner Klassenkameradin Susan in die Gewalt von Skinheads gerät:

Das leer stehende Hotel, in dem unsere Klasse untergebracht war, hatte noch kein Telefon. Deshalb hatte ich mir gleich am Tag unserer Ankunft eine Telefonzelle gesucht. Ich hatte meinen Eltern versprochen, dass ich während unserer Klassenfahrt am Samstagabend anrufen würde. Jetzt wartete Sakine bestimmt schon ungeduldig. Sakine ist meine kleine Schwester. [...]

„Na, prima", sagte Susan, als wir an der Post ankamen. „Nur das Kartentelefon ist frei!" In der anderen Zelle stand ein junger Mann in einer schwarzen Bomberjacke. Er schien ziemlich sauer zu sein. „Ja, ja", rief er. [...]

Kurz bevor wir die Straßenecke erreichten, tauchte dort der Junge mit den Fransenhaaren auf, den wir schon aus der Telefonzelle kannten. Hinter ihm erschienen noch ein paar Kerle. Einer von ihnen hatte sich den Schädel kahl geschoren. Er grinste erfreut. [...] Langsam schloss sich der Kreis der Skinheads um uns.

Susan hatte beide Daumen in die Taschen ihrer Jeans gesteckt. „Was wollt ihr eigentlich von uns?", fragte sie ärgerlich. „Könnt ihr uns nicht in Ruhe lassen?" „Können wir schon", antwortete der mit den Fransen über den Augen. Seine runden Backen hatten sich gerötet vor Aufregung. Er schien mächtig stolz darauf zu sein, dass er seine Kumpels zu uns geführt hatte. [...]

1. Schreibe alle Personal- und Possessivpronomen heraus und ordne sie in einer Tabelle.
2. Bestimme den Kasus der Pronomen. Was stellst du fest?

Die passende Überschrift

Sie ist noch klein, erst sieben Jahr,
Und spielt am liebsten „Verstecken“.
Sie wär' so gerne unsichtbar,
Dann könnt' sie niemand entdecken.

Das Mädchen

Die Schülerin

Das Kind

1. Welche Überschrift würdest du für das Gedicht wählen?
   Begründe deine Meinung.

Ferienende

Karins Schulferien sind zu Ende. Es war eine aufregend schöne Zeit: der Ponyhof in Bayern, die Spiele mit den Freundinnen und das schwere Gewitter. Auch in der Schule hat sich einiges getan. Die Klassenzimmer wurden renoviert. Für jeden Schüler der 6. Klasse gibt es eine neue Schulbank, und auch der Schulhof wurde frisch angelegt, mit viel Grün zum Herumtoben. Sie freut sich jetzt richtig auf den Schulbeginn.

2. Im letzten Satz stimmt die Verwendung des Pronomens nicht.
   Wie würdest du ihn schreiben?

Unsere tolle Deutschlehrerin

Unsere Deutschlehrerin ist toll. *Die* kann und weiß alles. Zum Glück ist *die* gleichzeitig auch unsere Klassenlehrerin und hat für Probleme ein offenes Ohr. Mit *der* kann man über alles reden. Neulich gab es ein Problem. Klaus, *dessen* Freund Peter und Karin störten den Unterricht. Unsere Klassenlehrerin hatte sich eine gute Strafe für den Anstifter Klaus ausgedacht. *Der* musste zwei Wochen Klassenordner sein. Dadurch war *der* auch für das Tagebuch zuständig, denn das ist *dessen* Aufgabe als Klassenordner.

3. Ersetze die kursiv gedruckten Wörter durch Pronomen.

INFO

- Das **Personalpronomen** ist Stellvertreter des Substantivs.
- Das **Possessivpronomen** zeigt ein Besitzverhältnis an.
- Personal- und Possessivpronomen werden **dekliniert**.
- Personal- und Possessivpronomen stellen Zusammenhänge in Texten dar.

Nachschlagen → S. 223

Nachschlagen → S. 223

Die Fragewörter

Ein Fall für Kommissar Hansmann

Vor einer Diskothek wird einer alten Frau die Handtasche geraubt. Ein Tatverdächtiger, übrigens ein Brillenträger, wird festgenommen. Er bestreitet alle Vorwürfe. Die alte Frau kann ihn vor lauter Schreck nicht identifizieren. Kommissar Hansmann kommt hinzu:

Hansmann Wie heißen Sie? Wer sind Sie?

Verdächtiger Ede.

Hansmann Wo ist Ihr Ausweis?

Verdächtiger Habe ich nicht dabei. Wer nimmt schon seinen Ausweis mit, wenn er abends in die Disko geht?

Hansmann Wo waren Sie während der Tatzeit?

Verdächtiger In der Disko natürlich! Wissen Sie, ich komme von weit her. Dann muss ich mich natürlich den ganzen Abend dort vergnügen.

Hansmann Warum wurden Sie dann vor der Diskothek gestellt?

Verdächtiger Ich wollte frische Luft schnappen. In der Disko war es heiß und stickig. Kein Wunder, bei den vielen Leuten.

Hansmann Wann genau haben Sie die Diskothek verlassen?

Verdächtiger Kurz nachdem die Frau überfallen wurde.

Hansmann Wer kann Ihre Angaben bestätigen?

Verdächtiger Niemand. Ich bin allein da, und ich habe es Ihnen bereits gesagt: In der Disko ist es voll und außerdem dunkel.

Hansmann Also haben Sie kein Alibi?

Verdächtiger Doch, indirekt schon. Als Brillenträger und zudem stark kurzsichtig kann ich es gar nicht gewesen sein. Als ich aus der heißen Disko an die kalte Luft kam, war meine Brille sofort beschlagen. Es dauerte einige Zeit, bis ich überhaupt etwas sehen konnte.

Hansmann Aha! Sie kamen also aus der heißen Disko in die kalte Luft! Danke, das genügt. Sie sind verhaftet.

1. Warum ist Hansmann sich sicher, dass er belogen wurde?
2. Was für ein Gespräch führt er mit dem Verdächtigen? Weshalb benutzt er dabei vor allem Fragewörter?

Kommissar Hansmanns Karteikarten

Kommissar Hansmann hat in seinem Büro Karteikarten angelegt, auf denen Fragewörter, die er in seinen Verhören anwendet, verzeichnet sind. Eine Unterscheidung hat er bereits vorgenommen. Allerdings fehlt die genaue Begründung dafür. Im Augenblick brütet er darüber, wie er sie noch besser ordnen könnte.

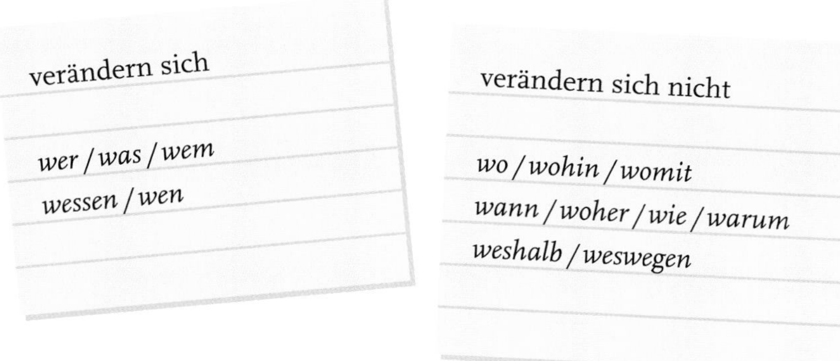

verändern sich
wer / was / wem
wessen / wen
verändern sich nicht
wo / wohin / womit
wann / woher / wie / warum
weshalb / weswegen

1. Bilde mit diesen Fragewörtern Sätze.
2. Wie verändern sich die Fragewörter der linken Karteikarte?
3. Wonach kann man mit den Wörtern der rechten Karteikarte fragen?

Entscheide dich!

An wen / woran denkst du? – Ich denke an Karin.
Über was / worüber sprichst du? – Ich spreche über die Schule.
Wovon / von was sprichst du? – Ich spreche von vergangenen Dingen.
Wovon / von wem sprichst du? – Ich spreche von Martin.
Welches / was für ein Auto willst du? – Ich will das rote Auto.
Welches / was für ein Auto willst du? – Ich will ein rotes Auto.

4. Wie würdest du die Fragen stellen? Schreibe Frage und Antwort ab.

INFO

- Mit **Fragewörtern** kann man Informationen erfragen.
- Einige Fragewörter werden **dekliniert**.
- Mit einigen Fragewörtern kann man nach Ort, Zeit, Grund sowie Art und Weise fragen.

Nachschlagen → S. 223

Nachschlagen → S. 223

Die Präposition

Sitzordnung

Günter sitzt hinter Charlotte und neben Marilen. Hans sitzt hinter Magdalena. Dietmar sitzt vor Charlotte. Magdalena sitzt neben Dietmar. Marilen sitzt zwischen Günter und Klaus. Hans sitzt zwischen Charlotte und Evelin. Magdalena sitzt zwischen Dietmar und Karin. Evelin sitzt vor Klaus und hinter Karin.

1. Fertige einen Sitzplan dieser neun Schülerinnen und Schüler an.
2. Welche Wörter haben dir dabei geholfen? Warum?

Was Schüler so alles tun

In der *Schule* lernen – gemäß den *Vorschriften* sich benehmen – vor der *Tür* stehen – wegen des *Lärms* nicht aufpassen – mit dem *Schwamm* die Tafel putzen – vor die *Klasse* treten – in die *Schule* gehen – um die *Schule* rennen – bis nächste *Woche* keine Hausaufgaben machen – unterhalb des *Tisches* rascheln – zu einer *Party* gehen – während der *Schulstunden* schwätzen – auf dem *Tisch* stehen – über die *Stühle* springen – an der *Ecke* stehen – bei einem *Freund* übernachten – über den *Wolken* schweben – für eine *Stunde* weggehen – trotz des *Regens* spielen – gegen das *Schienbein* treten – auf die *Bänke* steigen – an die *Hilfe* des Nachbarn glauben – von den *Ferien* träumen – fern der *Schule* wohnen – aus der *Schule* gehen.

3. Bestimme den Kasus der kursiv gedruckten Nomen.
   Was fällt dir bei manchen Präpositionen auf?
4. Übertrage die Tabelle in dein Heft und fülle sie auf.

Genitiv	Dativ	Akkusativ
wegen des Lärms	in der Schule	vor die Klasse

Immer diese 5 a!

Während der Pause ist in der 5a der Teufel los. *Seit zwei Wochen* wird immer *zu der gleichen Zeit* eine Klassenparty gefeiert. *Mit einem lauten Tarzanschrei* springt Peter *auf einen Stuhl*. Karin schlägt *aus lauter Übermut* einen Purzelbaum. *Neben ihr* macht Peter einen Handstand *an die Wand*, der allerdings *unter aller Kanone* ist. *In großer Eile* will jeder noch einen Blödsinn machen, und *vor lauter Lärm* versteht niemand sein eigenes Wort. *Mit dem Klingeln* ist der Spuk wieder vorbei. Jeder sitzt ganz brav *auf seinem Platz*.

1. Präpositionen lassen sich in vier Gruppen unterteilen: lokal (Ort), temporal (Zeit), modal (Art und Weise) und kausal (Grund). Trage die Präpositionen des Textes in eine Tabelle ein:

lokal	**temporal**	**kausal**	**modal**
auf einem Stuhl	während der Pause	aus lauter Übermut	mit einem lauten Tarzanschrei

Regeln im Klassenzimmer

Im und *außerhalb* des Klassenzimmers gelten bestimmte Regeln. Es ist vielleicht verständlich, wenn manche Schüler eine Abneigung *für* solche Regeln empfinden. Dennoch sollte jeder *an* einigen Maßnahmen mitmachen. Denn *durch* diese Maßnahmen profitieren alle. So sollte die Tafel *durch* den Ordner geputzt werden, und die Schuleinrichtung ist *von* Beschädigungen zu bewahren.

2. Die kursiv gedruckten Präpositionen sind nicht ganz richtig gebraucht. Schreibe den Text ab und setze die passenden Präpositionen ein.
3. Bilde mit *sich freuen auf / über / an / mit* jeweils Sätze, in denen du die Präpositionen richtig gebrauchst.

INFO

- **Präpositionen** (Verhältniswörter) stellen Verhältnisse zwischen Sachverhalten her und bestimmen den Kasus des Bezugswortes.
- Präpositionen lassen sich einteilen in **lokale**, **modale**, **temporale** und **kausale** Präpositionen.

Nachschlagen → S. 223

WERKSTATT: GRAMMATIK

Sätze und Satzglieder

Der dreibeinige Tisch

Lehrerin Klaus du hast in der Klassenarbeit einen Spickzettel benutzt er lag unter deinem Tischbein wo hast du ihn hingetan

Klaus Ich habe ihn aus dem Fenster geworfen es war aber kein Spickzettel das Papier lag zwar unter dem Tischbein der Tisch hat aber gewackelt deshalb habe ich es darunter gelegt jetzt wackelt der Tisch nicht mehr

Lehrerin Aha dein Tisch hat also gewackelt da muss ich mal kurz nachdenken Klaus du hast mich angelogen denk selbst mal nach dein Tisch hat nämlich drei Beine

- Lies den Text für dich.
  Warum weiß die Lehrerin, dass Klaus gelogen hat?
  Spielt dieses Gespräch. Wie müsst ihr betonen, damit es verständlich ist?
  Schreibe den Text ab. Setze die fehlenden Satzzeichen und
  schreibe die Satzanfänge groß.
  Was verstehst du unter einem Satz?

Der einfache Satz

Nachschlagen → S. 224

Zwei gehören zusammen!

Wo gibt es in Deutschland die meisten Briefträger? – Gehen Sie bei Rot über die Straße! – Zwei Luftballons gehen über die Straße. – Was macht ein Glaser ohne Glas? – Halte mit ausgestreckten Armen zwei Kerzen in die Höhe! – Die meisten Briefträger gibt es bei der Post. – Nenne fünf Tiere aus Afrika! – Wie komme ich am schnellsten ins Krankenhaus? – Achtung! Da kommt ein Omnipatsch! – Ich bin doch kein Armleuchter! – In Afrika gibt es zwei Löwen und drei Elefanten. – Ohne Glas trinkt ein Glaser aus der Flasche.

1. Welche beiden Sätze gehören jeweils zusammen?
2. Lege in deinem Heft eine Tabelle an und trage die Sätze ein. Achte dabei auf die Stellung des Verbs.

Aussagesätze	Fragesätze	Ausrufesätze	Aufforderungssätze

Bowle für die Gartenparty

Zu einer Gartenparty gehören Getränke. Da sind sich alle Gastgeber einig. Aber welche Getränke sollte man servieren? Wie wäre es zur Abwechslung mal mit einer leckeren Bowle mit Früchten? Genau das Richtige für heiße Sommertage! Dazu braucht ihr einen Krug, eine Flasche Zitronenlimonade, Himbeer- oder Waldmeistersirup, Früchte und den Saft einer halben Zitrone. Füllt zuerst die Zitronenlimonade in den Krug und gießt dann einen Schuss Himbeer- oder Waldmeistersirup dazu. Rührt die beiden Flüssigkeiten um. Dann kommen Erdbeeren, Bananen und Ananas dazu. Einfach alles, was schmeckt! Rührt nun das Ganze noch einmal kräftig um. Zum Schluss gehört noch ein Spritzer Zitronensaft in die Bowle. Fertig! Prost!

Zutaten
– 1 Flasche Zitronenlimonade
– Himbeer- oder Waldmeistersirup
– verschiedene Früchte
– Saft einer halben Zitrone

3. Schreibe den Text ab. Unterstreiche die gleichen Satzarten mit der gleichen Farbe. Was wird mit ihnen ausgedrückt?
4. Entwirf ein ähnliches Rezept für andere Getränke.

EXTRA: Üben → S. 165

Ein Fahrradunfall

1 Bist du hingefallen?

2 Hast du dich verletzt?

3 Wie ist das passiert?

4 Warum bist du hingefallen?

5 Soll ich die Polizei benachrichtigen?

6 Wer hat den Unfall gesehen?

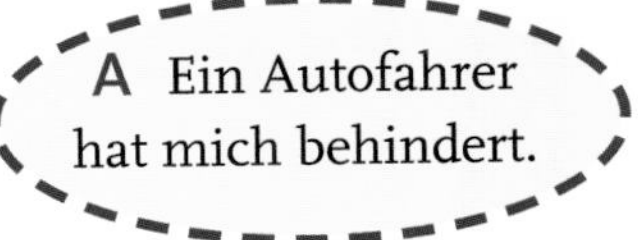

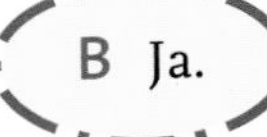

A Ein Autofahrer
hat mich behindert.

D Nein.
Ich bremse
immer so.

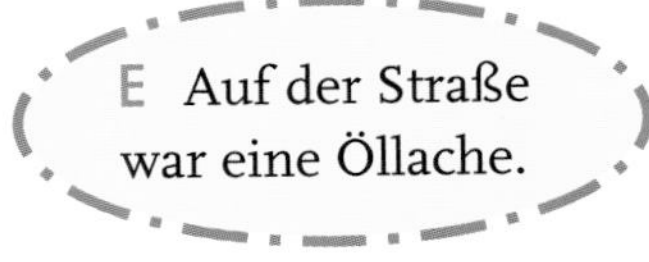

E Auf der Straße
war eine Öllache.

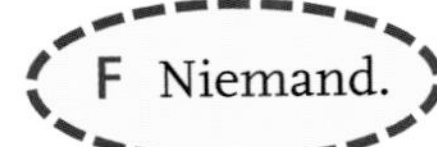

F Niemand.

1. Welche Antwort passt zu welcher Frage?
   Schreibe die Frage mit der dazugehörigen Antwort ab.
2. Wie unterscheiden sich die Fragen?
   Welche Antwort wird erwartet?
   Warum wirkt eine Antwort lustig?

Schlagfertig!

Eine Frau spricht ein Mädchen an,
das mit seinem Fahrrad vor der Schule steht:

Frau Funktioniert die Bremse deines Fahrrads?
Mädchen …
Frau Wie weit bist du heute schon gefahren?
Mädchen …
Frau Weißt du, wer ich bin?
Mädchen …
Frau Ich bin eine Polizistin in Zivil.
Mädchen Wissen Sie, wer ich bin?
Frau …
Mädchen Ich bin die größte Lügnerin aller Zeiten.

3. Was würdest du jeweils antworten?
4. Unterscheide mit den Antworten die Fragesätze.

EXTRA: Üben → S. 165

Ferienbeginn

Carola und Sabine beschreiben in ihrem Tagebuch den Ferienbeginn:

Carola
Wie froh bin ich, dass ich von der Schule weg bin! Endlich Ferien! Hurra! Wie lange habe ich schon auf diesen Tag gewartet! Endlich ist er da! Morgens stehe ich nicht mehr vor 10 Uhr auf. Und sechs Wochen mache ich keine Hausaufgaben. Wie ich mich freue! –
Sabine
Ich bin froh, dass ich von der Schule weg bin. Die Ferien haben endlich begonnen …

1. Schreibe Sabines Tagebucheintrag zu Ende. Verwende dabei nur Aussagesätze.
2. Vergleiche die beiden Tagebucheinträge miteinander. Wie wirken sie auf dich?

Wer spricht denn da?

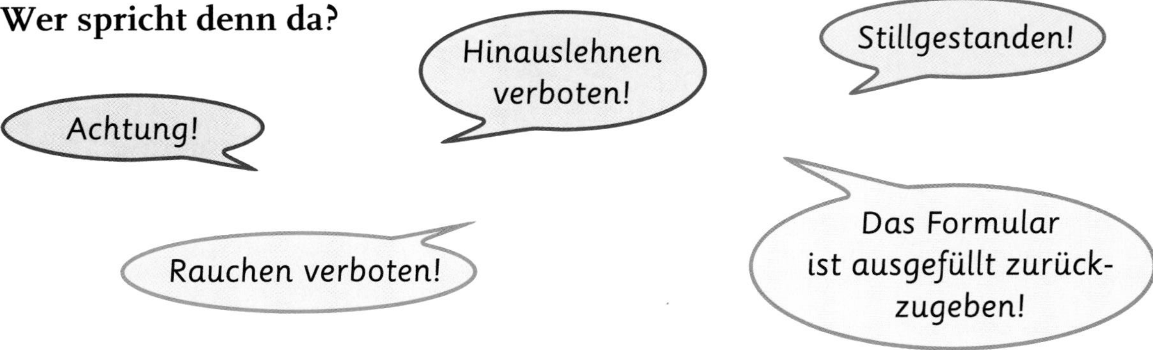

3. Warum sind die Sätze so formuliert? Formuliere sie anders.
4. Schreibe kleine Geschichten, in denen diese Aufforderungssätze vorkommen.

INFO

Nachschlagen → S. 224

- Der **Satz** ist die kleinste sprachliche Einheit, mit der man einen zuammenhängenden Gedanken ausdrücken kann.
- Der einfache Satz wird unterschieden in **Aussage-**, **Frage-**, **Ausrufe-** und **Aufforderungssatz**.
- **Fragesätze** werden unterschieden in **Ergänzungs-** und **Entscheidungsfragen**.
- Ein Satz wird abgeschlossen mit einem **Satzschlusszeichen**.

Nachschlagen → S. 224

Satzreihe und Satzgefüge

Sprichwörter

1 Der Krug *geht* so lange zum Brunnen …

3 … , so *schallt* es heraus.

5 Vögel, … , *holt* am Tag die Katz.

7 … , das *lernt* Hans nimmermehr.

9 … , das *acht'* ich nicht.

11 … , das *isst* er nicht.

13 Hunde, … , *beißen* am wenigsten.

15 … , dann *geht* er aufs Eis tanzen.

17 … , dann *geht* der Prophet zum Berg.

19 Ein guter Abend *kommt* heran …

21 … , dann *wäre* ich Millionär.

23 … , das *kann* man getrost nach Hause tragen.

2 *Was* der Bauer nicht *kennt* …

4 *Wenn* das Wörtchen „wenn" nicht *wär'* …

6 … *die* am meisten *bellen* …

8 … *die* frühmorgens *pfeifen* …

10 *Wie* man in den Wald *ruft* …

12 *Was* Hänschen nicht *lernt* …

14 *Was* man schwarz auf weiß *besitzt* …

16 … , *bis* er *bricht*.

18 *Was* ein Esel vor mir *spricht* …

20 … , *wenn* ich den ganzen Tag *getan*.

22 *Wenn* dem Esel zu wohl *ist* …

24 *Wenn* der Berg nicht zum Propheten *kommt* …

1. Setze die Sprichwörter aus den Sätzen der roten und grünen Spalte zusammen.
2. Wo stehen die Hauptsätze? Wo stehen die Nebensätze? Woran erkennst du beide? Achte auf die kursiv gedruckten Wörter.
3. Suche dir ein Sprichwort aus und schreibe eine kleine Geschichte dazu. Verwende dabei Haupt- und Nebensätze.

EXTRA: Üben → S. 165

Beobachtung am Strand

Ein Mann taucht aus dem Wasser auf. Er trägt eine Taucherbrille mit Schnorchel. Neben ihm ist eine Katze. Ein Schlumpf rennt aus dem Wasser. Er trägt einen Schwimmreifen. Er hat Angst …

aber
denn
und
auch
doch
oder
dann
außerdem
sondern
deshalb

1. Ergänze diese Beobachtungen. Verwende dabei nur Hauptsätze.
2. Wenn es nötig ist, verknüpfe deine Beobachtungen mit den Bindewörtern neben dem Bild.
   Ein Schlumpf hat Angst, deshalb rennt er aus dem Wasser …

Anders ausgedrückt!

Aus dem Wasser taucht ein Mann auf, der eine Taucherbrille mit Schnorchel trägt. Neben ihm ist eine Katze. Weil er Angst vor den beiden hat, rennt ein Schlumpf aus dem Wasser …

3. Formuliere deine Beobachtungen auf diese Weise weiter, indem du Haupt- und Nebensätze ergänzt.

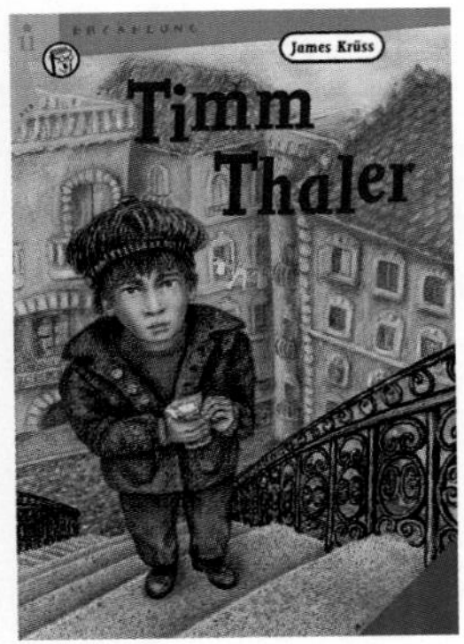

Tinas Buchempfehlung

Tina hat in den Ferien das Buch *Timm Thaler oder Das verkaufte Lachen* von James Krüss gelesen und möchte ihrer Freundin darüber schreiben. Da ihr der erste Brief nicht so recht gelungen erscheint, schreibt sie ihn noch einmal.

Hier Auszüge aus beiden Briefen:

Brief 1

Die Hauptfigur dieses Buches heißt Timm Thaler. Timm ist ein kleiner Junge. Seine Mutter ist schon sehr früh gestorben. Er wächst bei einer Stief-mutter auf. Sie liebt ihn nicht so sehr wie ihr eigenes Kind. Nach einiger Zeit stirbt auch noch sein Vater. Timm hat bei allem Unglück das Lachen nie verlernt. Da lernt er einen seltsamen Mann kennen. Dieser möchte sein Lachen kaufen. Er bietet ihm dafür eine begehrte Fähigkeit. Timm soll alle Wetten gewinnen können.

Brief 2

Die Hauptfigur dieses Buches heißt Timm Thaler. Timm ist ein kleiner Junge. Da seine Mutter schon sehr früh gestorben ist, wächst er bei einer Stief-mutter auf …

1. Schreibe den zweiten Brief zu Ende. Benutze dabei auch Satzreihen (verbundene Hauptsätze) und Satzgefüge (Haupt- und Nebensatz).
2. Welcher Brief gefällt dir besser? Diskutiert in der Klasse darüber.

Nachschlagen → S. 224

INFO

- Bei **Hauptsätzen** steht das Verb an zweiter Stelle, bei **Nebensätzen** steht es am Schluss.
- **Satzreihen** sind verbundene Hauptsätze; **Satzgefüge** bestehen aus Haupt- und Nebensätzen.

EXTRA: Üben → S. 165

Zeichensetzung

Nachschlagen → S. 225

Die Tänzerin *Heinz Erhardt*

Erst tanzt sie nach rechts, dann tanzt sie nach links, dann bleibt sie in der Mitte. Dann tanzt sie nach links und wieder nach rechts, sie hat so ihre Schritte. Dann hebt sie den Arm, dann senkt sie das Haupt, voll Schmerz sind ihre Züge. Dann hebt sie das Haupt, dann senkt sie den Arm, sie tanzt „Die fromme Lüge". Dann geht sie zurück und dann geht sie vor, sehr schön ist dieser Vorgang. Dann reißt sie sich hoch, und dann fällt sie hin, und dann fällt auch der Vorhang.

1. Schreibe diese Hauptsätze ab, und bringe sie in die Form eines Gedichtes.
2. Achte dabei auf die Kommas. Wann steht zwischen den Hauptsätzen ein Komma? Wann nicht?

Wie fängt man ein Krokodil?

Willst du ein Krokodil fangen? Das ist ganz einfach. Zuerst fährst du nach Ägypten an den Nil denn dort gibt es die meisten Krokodile. Eine Taschenlampe muss dabei sein auch ein bisschen Mut sollte nicht fehlen und Angst darfst du schon gar nicht haben. Am besten fängst du ein Krokodil nachts doch sollte es nicht ganz dunkel sein denn sonst findest du den Nil nicht. Mit der Taschenlampe leuchtest du den Nil ab und irgendwann wirst du zwei helle Punkte entdecken. Das sind die Augen eines Krokodils. Du musst aber weiter leuchten und irgendwann wirst du wieder zwei helle Punkte entdecken. Das sind die Augen eines zweiten Krokodils. Jetzt ist alles ganz einfach: Du fängst die beiden Krokodile dann lässt du eines wieder laufen.

Es gibt auch eine andere Möglichkeit. Außer einer Taschenlampe nimmst du eine Lupe, eine Pinzette und eine Streichholzschachtel mit. Du musst wieder den Nil ableuchten und irgendwann wirst du wieder zwei helle Punkte entdecken. Nun hältst du die Lupe verkehrt über das Krokodil dieses wird verkleinert und du kannst es mit der Pinzette in die Streichholzschachtel tun.

3. Lies den Text vor und lies dabei die fehlenden Kommas laut mit.
4. Entwirf selbst einen fantasievollen Text, z. B.:
   Was machst du, wenn dir ein Löwe begegnet?
   Ganz einfach, ich renne in eine Telefonzelle …

Sprüche für dein Poesiealbum

1 Solange Regen vom Himmel fällt,
bin ich ein Freund, der zu dir hält.
Solange Käuze im Walde schrein,
will ich dir im Gedächtnis sein.

2 **Wenn die Rosse Reiter lenken,**
werd' ich nicht mehr an dich denken.
Wenn die Mäuse Katzen fressen,
dann erst will ich dich vergessen!

3 *Wenn du eine Freundin suchst,*
so suche stets die rechte.
Denn unter hundert Freundinnen
sind 99 schlechte.

4 Ich find' es manchmal gar nicht schön,
dass wir täglich zur Schule gehn.
Dass wir uns aber wiedersehen,
lässt mich trotzdem täglich gehen!

5 **Wenn dir ein Stein vom Herzen fällt,**
so fällt er auf den Fuß dir prompt.
So ist es nun mal auf der Welt:
Ein Kummer geht, ein Kummer kommt.

6 *Wenn du glücklich leben willst,*
trage bei zu anderer Glück,
denn die Freude, die wir geben,
kehrt ins eigene Herz zurück.

7 Französisch ist ein Unterricht,
bei dem man durch die Nase spricht.
But if you now speak through your nose,
bist du noch lange kein Franzos'.

8 **Ich hab' mich hinten angewurzelt,**
damit niemand aus dem Album purzelt.

5. Welche Sprüche gefallen dir am besten?
Schreibe sie ab und unterstreiche die Nebensätze.
6. Achte auf die Kommas. Welche Regel kannst du formulieren?

Löst Cola Fleisch auf?

Früher haben sich die Menschen Legenden erzählt die natürlich nicht der Wirklichkeit entsprachen. Aber ganz frei erfunden sind sie nun doch nicht denn etwas Wahres ist schon daran.

Auch heute gibt es noch Legenden die von den meisten Menschen geglaubt werden. So schnell merkt man gar nicht dass auch sie frei erfunden sind. Eine solche Legende ist die Geschichte mit Cola und dem aufgelösten Fleisch. Wenn man über Nacht ein Stück Fleisch in eine Schale mit Cola legt ist das Fleisch angeblich am nächsten Morgen aufgelöst.

Dass diese Geschichte nicht stimmt kann man leicht selbst überprüfen. Man nehme ein Stück Fleisch und lege es tatsächlich über Nacht in Cola. Was meinst du was dann passiert? Das Fleisch hat sich hellbraun gefärbt und riecht übel aber aufgelöst hat es sich nicht. Der braune Farbstoff der Cola ist ausgefällt und schwimmt als Flocken in der braunen Brühe. Auf der Oberfläche hat sich ein brauner Schaum gebildet.

Wenn man das gleiche Experiment mit Orangensaft oder Mineralwasser macht erhält man andere Ergebnisse. Es entsteht keine Brühe das Fleisch ist lediglich aufgeweicht und ausgebleicht.

Was ist nun das Besondere an Cola? Die wichtigsten Substanzen werden vom Hersteller zwar geheim gehalten doch weiß man dass in Cola viel Zucker und Phosphorsäure ist. Diese beiden Substanzen sind sehr aggressiv vor allem die Phosphorsäure kann einiges bewirken. Wenn man statt des Fleisches einen rostigen Nagel in Cola legt wird er tatsächlich entrostet. Der Chemiker kann erklären was da passiert. Phosphorsäure kann nämlich Rost zersetzen.

Cola kann aber auch unsere Zähne angreifen. Im Jahre 1950 wurde in Amerika ein Experiment durchgeführt bei dem Ratten nur Cola zu trinken bekamen. Den Ratten hat das wohl geschmeckt doch innerhalb eines halben Jahres hatten sie keine Zähne mehr.

Cola kann also einiges bewirken und daher rührt wahrscheinlich die Legende von dem aufgelösten Fleisch.

1. Lies den Text mit den fehlenden Kommas laut vor.

INFO

- Zwischen **Hauptsätzen** steht ein Komma. Auch wenn die Sätze durch *und, oder* usw. verbunden sind, kann man ein Komma setzen, um die Gliederung des ganzen Satzes deutlich zu machen.
- **Nebensätze** werden vom Hauptsatz mit Komma abgetrennt; sind sie eingeschoben, so werden sie mit paarigem Komma abgetrennt.

Nachschlagen → S. 225

Nachschlagen → S. 225

Die Gliederung eines Satzes

Auf der Suche nach dem blauen Diamanten

Professor Buddel, der bekannte Altertumsforscher, hat seit Jahren nur ein Ziel: Er möchte den wertvollen blauen Nildiamanten des Pharaos Ramses III. finden, von dem zahlreiche ägyptische Legenden berichten und der seit 2000 Jahren als verschwunden gilt. Den Aufzeichnungen zufolge soll er in einer geheimen Kammer in der Wüste begraben sein.

Nach jahrelanger harter Arbeit ist es dem Professor endlich gelungen, dem blauen Diamanten ein Stück näher zu kommen. Gemeinsam mit seinen Mitarbeitern hat er eine Mauer freigelegt, die der Eingang zu der versteckten Kammer sein könnte. Voller Vorfreude hat Professor Buddel die ägyptischen Schriftzeichen auf den Steinen entziffert und übersetzt. Doch was sollen die Bausteine bedeuten?

Für die erste Steinzeile hat der Professor folgende Kombinationsmöglichkeiten gefunden:

Zum Schatz des Pharaos der kluge Mensch abends gelangt.
Der kluge Mensch gelangt abends zum Schatz des Pharaos.
Gelangt abends der kluge Mensch zum Schatz des Pharaos.
Abends gelangt zum Schatz des Pharaos der kluge Mensch.

EXTRA: Üben → S. 166–167

1. Für welche Kombinationsmöglichkeit wird der Professor sich entscheiden? Warum?
2. Welche Kombinationsmöglichkeiten gibt es für die anderen Steinzeilen?
3. Vergleiche deine Sätze. Was fällt dir dabei auf?
4. Trenne in deinen Sätzen die Satzglieder, d. h. die Wörter oder Wortgruppen, die sich nur zusammen verschieben lassen, durch Schrägstriche von den anderen Bauteilen ab und unterstreiche sie farbig.
   Der kluge Mensch / gelangt / abends / zum Schatz des Pharaos.

Eine merkwürdige Mitteilung

Die schlaue Assistentin des Professors, Carola Clever, hat auch einen Teil der geheimnisvollen Inschrift entziffert. Als sie Professor Buddel ihre Ergebnisse mitteilt, sagt sie:
„Herr Professor, ich weiß jetzt Bescheid. Bald lässt es es dort wachsen und er leuchtet so darunter. Aber das ist noch nicht alles. Es wächst nur dann. Nur sie kannten ihn."
Doch der Professor kann sich über Carolas Ergebnisse nicht freuen, sondern blickt sie nur zweifelnd an, dreht sich dann um, geht kopfschüttelnd davon und tippt sich dabei mit dem Finger an den Kopf.
Eigentlich hätte Carola Clever jetzt beleidigt sein müssen, doch sie lächelt nur verschmitzt und schlägt ihr Notizbuch auf, wo sie sich einige Wörter notiert hatte, die auf einem Steinhaufen neben der Mauer geschrieben standen:

im heißen Sand — das Wasser des Nils
bläuliches Moos — der blaue Diamant des Nils
unter der Moosdecke — wie der Himmel
während der großen Nilflut — das blaue Moos
den Beginn der Nilflut — die Priester des Pharaos

5. Warum kann sich der Professor über die Arbeit seiner Assistentin nicht freuen?
6. Mache die Botschaft von Carola Clever verständlich.
   Benutze dazu die Wörter, die in ihrem Notizbuch stehen.
   Gibt es Satzglieder, die man nicht ersetzen kann?

Eine gestörte Telefonverbindung rettet die Schatzsuche

Professor Buddel ist verzweifelt: Obwohl er die Anweisungen der Inschrift genau befolgt hat, konnte er den blauen Diamanten nirgends finden. Vielleicht hätte er die Ergebnisse seiner Assistentin doch ernst nehmen sollen?
Da Carola Clever inzwischen nach Deutschland zurückgereist ist, bleibt dem Professor nichts anderes übrig, als sich die Bedeutung der von ihr entschlüsselten Zeilen am Telefon erklären zu lassen.
Leider ist die Telefonverbindung gestört. Der Professor versteht nicht alles und muss oft zurückfragen:
„Das bläuliche Moos *brummm* jetzt noch nicht. Die Nilflut lässt *brummm* in die Kammer steigen. Aber *brummm* beginnt erst in ein paar Tagen. *Brummm* kann also noch nicht in der Kammer sein. Nur die Priester wussten früher *brummm* der Nilflut. Herr Professor, *brummm* müssen warten bis zur Flut. Dann *brummm* Sie das Moos und auch *brummm* hell leuchten sehen. Bald sind Sie *brummm* nahe!“

1. Was hat Carola Clever gesagt, als der Professor nur ein Brummen in der Leitung hörte?
2. Wie lauten die Rückfragen, die der Professor stellt?
3. Übertrage folgende Tabelle in dein Heft und vervollständige sie. Manche Sätze musst du umstellen, damit sie in das Schema passen.

wer/was?	**was tut?**	**wem?**	**wen/was?**	**andere Satzglieder**
Das bläuliche Moos	wächst			jetzt noch nicht.
Nur die Priester	wussten		den Beginn der Nilflut.	

4. Wie kannst du mit dieser Tabelle Satzglieder herausfinden und unterscheiden?

EXTRA: Üben → S. 168–169

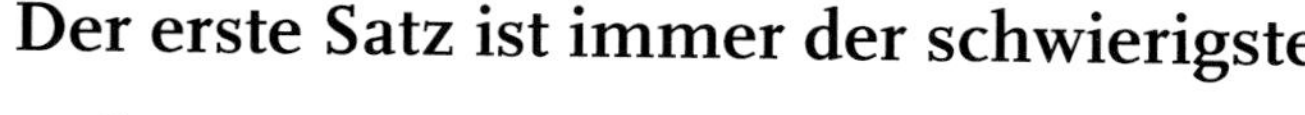

Der erste Satz ist immer der schwierigste

Professor Buddel hat den blauen Diamanten tatsächlich gefunden. Nun sitzt er an seinem Schreibtisch und soll eine wissenschaftliche Abhandlung über die Schatzsuche schreiben. Aber wie es bei Altertumsforschern häufig der Fall ist, gräbt er lieber als zu schreiben.
Schon der erste Satz bereitet ihm Schwierigkeiten:

„Ich habe den blauen Diamanten nach langer Suche in Ägypten gefunden …“
Aber damit ist der Professor nicht zufrieden.
Er streicht den Satz durch und schreibt:
„Nach langer Suche habe ich den blauen Diamanten in Ägypten gefunden …“
Das gefällt ihm auch nicht so recht. Er versucht es mit:
„Den blauen Diamanten habe ich nach langer Suche in Ägypten gefunden …“
Oder vielleicht mit:
„In Ägypten habe ich den blauen Diamanten nach langer Suche gefunden …“

1. Lies die Sätze des Professors laut vor. Was muss jeweils betont werden?
2. Was fällt dir bei der unterschiedlichen Betonung auf?
3. Wähle einen der Anfangssätze des Professors aus und schreibe den Bericht über die Schatzsuche zu Ende.

INFO

Nachschlagen → S. 225

- Die Bausteine, aus denen sich ein Satz zusammensetzt, nennt man **Satzglieder**. Was alles zu einem Satzglied dazugehört, findet man
  – durch die **Umstellprobe**
  – durch die **Ersatzprobe**
  – durch **Erfragen**.

Nachschlagen → S. 226

Das Prädikat

Rätselseite mit Lösung

Petra, Claudia, Stefanie und Heinz, Mitglieder des Redaktionsteams der Schülerzeitung *Punkt, Komma, Strich*, planen für die neue Ausgabe eine Rätselseite. Dabei stehen sie vor einem großen Problem: Was machen sie mit der Lösung? Wenn sie angeführt wird, wird sofort gespickt. Wenn sie sie auf die nächste Ausgabe verschieben, verärgern sie manchen Rätselfreund. Doch plötzlich hat Claudia die rettende Idee und fertigt folgende Rätselseite an:

Der durstige Rabe

Ein Rabe war nahe am Verdursten. Da entdeckte er einen Krug mit Wasser. Doch die Öffnung war so eng, dass er seinen Schnabel nur ein Stück hineinstecken konnte. Die begehrte Flüssigkeit erreichte er leider nicht. Natürlich kam er auf die Idee, den Krug umzuwerfen. Doch alle Anstrengung war vergebens. Der Krug war zu schwer. Der Rabe überlegte, und plötzlich hatte er die rettende Idee. Welche?

Lösung
Der Rabe zum Fluss. Denn dort es Steinchen. Er nicht lange, weil sie überall. Er sie und sie in den Krug. Das Wasser und er.

In der Lösung fehlen Wörter. Du findest sie in dem Kasten. Wenn du sie in der richtigen Reihenfolge einsetzt, weißt du, welche Idee der Rabe hatte.

herumlagen – warf – trank – suchte – ging – gab – stieg – sammelte

1. Welche Idee hatte Claudia? Hältst du sie für gelungen?
2. Durch welche Wortart werden die Prädikate gebildet?
3. Auf welche Fragen geben sie Auskunft? Wo stehen sie?
4. Welche Aufgabe übernehmen die Prädikate im Satz?

EXTRA: Üben → S. 168–169

Neues aus Schlumpfhausen

Was können wir beim Fest bloß schlumpfen?
Morgen schlumpft das große Schlümpfefest statt. Der Schlümpfechef schlumpft euren Rat.
Wir schlumpfen dann unbedingt wieder einen Preis schlumpfen wie im letzten Jahr.
Ja, als Preis schlumpfe ich einen großen Kuchen.
Ich will nicht zum Fest schlumpfen. Ich schlumpfe lieber fern!
Pah, im letzten Jahr habe ich mir mit deinem Kuchen den Magen verschlumpft.
Ich schlumpfe eine Idee.

1. Ersetze *schlumpfen* durch andere passende Verben.
2. Was gehört zum Prädikat alles dazu? Wie sind die Prädikate aufgebaut?
3. Mache die Umstellprobe. Wo steht das mehrteilige Prädikat im Satz?
4. Sätze kann man auch selbst schlumpfen. Jemand schlumpft etwas und die anderen in der Klasse müssen schlumpfen, was er damit schlumpft.

INFO

- Das **Prädikat** gibt Auskunft, was geschieht oder was jemand tut. Es wird mit „was tut?“ erfragt.
- Prädikate können **einteilig** oder **mehrteilig** sein.

Nachschlagen → S. 226

Nachschlagen → S. 226

Das Subjekt

Täter gesucht

Es war einmal eine alte Geiß. ■■ hatte sieben junge Geißlein. Es war auch einmal eine glückliche und zufriedene Wolfsfamilie, Vater Wolf, ■■ und sieben kleine ■■, die als Siebenlinge zur Welt gekommen waren und noch nicht allein in den Wald durften. ■■ ging jeden Tag zur Arbeit und ■■ kümmerte sich um ihre Kinder.

Eines Tages wollte ■■ in den Wald gehen und Futter holen, da rief ■■ alle sieben herbei. ■■ sagte zu ihren Kindern: „Liebe Kinder, ■■ will hinaus in den Wald, seid auf der Hut vor dem Wolf, wenn ■■ hereinkommt, so frisst ■■ euch alle mit Haut und Haar. ■■ verstellt sich oft, aber an seiner rauen Stimme und seinen schwarzen Füßen werdet ■■ ihn gleich erkennen."

Auch ■■ musste ihre Höhle verlassen. Kaum war ■■ gegangen, da begannen die kleinen ■■ ausgelassen zu spielen. Als aber vielleicht eine ■■ vergangen war, scharrte es am Höhleneingang und eine Stimme rief: „Kommt heraus, liebe Kinder, ■■ ist wieder da und hat euch etwas Feines mitgebracht."

Aber ■■ riefen: „■■ bist nicht unsere Mutter. Unsere Mama hat eine tiefe, schöne Stimme, nicht so eine blecherne wie du. ■■ bist die alte Geiß."

1. In diesem Text ist einiges durcheinander geraten.
   Finde die richtigen Täter, die in die Lücken des Märchentextes passen.
   Wie kannst du nach ihnen fragen?
2. In welchem grammatischen Fall steht das Subjekt?
3. Wie das Märchen von den sieben Geißlein weitergeht, weiß jeder.
   Aber wer kennt schon das Märchen *Von der Geiß und den sieben kleinen Wölflein*? Erfinde eine Fortsetzung.

EXTRA: Üben → S. 168–169

Ein Grammärchen

Lange Jahre hatten das Subjekt und das Prädikat glücklich und zufrieden in den Märchen der Brüder Grimm gelebt. Aber in letzter Zeit war es immer häufiger zum Streit zwischen den beiden gekommen. Eines Tages sagte das Subjekt schließlich: „Höre, Prädikat, wir beide verstehen uns einfach nicht mehr. Deswegen verlasse ich dich. Ich werde in den Sätzen so weit weggehen, dass ich nichts mehr mit dir zu tun haben muss."
Und so geschah es. Das Subjekt packte seine Koffer und wollte an verschiedene andere Stellen im Satz gehen, um sich neue Freunde zu suchen:

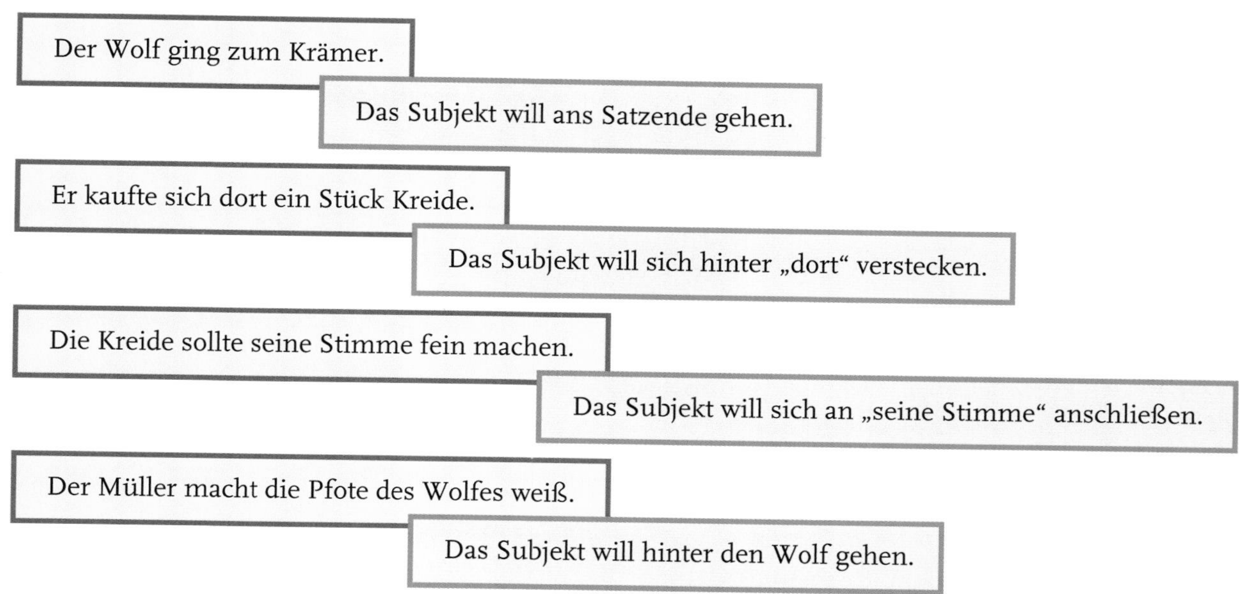

Der Wolf ging zum Krämer.
Das Subjekt will ans Satzende gehen.
Er kaufte sich dort ein Stück Kreide.
Das Subjekt will sich hinter „dort" verstecken.
Die Kreide sollte seine Stimme fein machen.
Das Subjekt will sich an „seine Stimme" anschließen.
Der Müller macht die Pfote des Wolfes weiß.
Das Subjekt will hinter den Wolf gehen.

1. Stelle die Sätze so um, dass das Subjekt dort steht, wohin es gehen will. Was stellst du fest?

Das fröhliche Prädikat

Was aber sollte nun aus dem armen Prädikat werden? Es weinte bitterlich. Schließlich ging es zum weisen alten Uhu, dem klügsten Tier in den Märchen der Brüder Grimm, und klagte ihm sein Leid. Der Uhu redete lange und bedächtig. Und als er zu Ende gesprochen hatte, konnte das Prädikat wieder lachen …

2. Warum kann das Prädikat bald wieder lachen?
3. Wie hängen Subjekt und Prädikat zusammen?

Das jüngste Geißlein erzählt

Aus: Jacob und Wilhelm Grimm: Der Wolf und die sieben Geißlein

Als die alte Geiß aus dem Walde wieder heimkam, ach, was musste sie da erblicken! Die Haustüre stand sperrangelweit auf: Tisch, Stühle und Bänke waren umgeworfen, die Waschschüssel lag in Scherben, Decken und Kissen waren aus dem Bett gezogen. Sie suchte ihre Kinder, aber nirgends waren sie zu finden. Sie rief sie nacheinander beim Namen, aber niemand antwortete. Endlich, als sie an das jüngste kam, da rief eine feine Stimme: „Liebe Mutter, ich stecke im Uhrenkasten.“ Sie holte es heraus und es erzählte ihr, was passiert war.

4. Erzähle aus der Sicht des jüngsten Geißleins, was sich zugetragen hat. Überlege vor allem, was passiert ist, nachdem der Wolf mit sanfter Stimme und weißer Pfote geklopft hat. Dein Text könnte so beginnen: *Ach liebe Mutter, du warst noch gar nicht lange fort, da klopfte es an der Haustüre und jemand rief: „Macht auf …“*
5. Vergleiche deinen Text mit den Märchentexten oben. Was hat sich verändert? Wonach richtet sich die Form des Prädikats?

Nachschlagen → S. 226

INFO

- Das **Subjekt** gibt Auskunft darüber, wer oder was etwas tut.
- Es steht im **Nominativ**.
- Es stimmt in Person und Zahl mit dem Prädikat überein.
- Das Subjekt kann aus unterschiedlichen Worten bestehen.

EXTRA: Üben → S. 168–169

Die Objekte

Nachschlagen → S. 226

Der Sprachgeizhals

Ein geiziger alter Mann, der sich in seinem Leben nichts gönnen wollte, sagte zu seiner Frau: „Wir müssen Sprache sparen! Es kann nicht so weitergehen, dass wir ständig Wörter verschwenden, sonst gehen sie uns womöglich eines Tages aus. In Zukunft werden wir nur noch mit Subjekten und Prädikaten sprechen. Alles andere ist ohnehin überflüssig."
Der Mann und seine Frau reden jetzt immer so miteinander:

Scheint die Sonne?
Du erzählst.
Das geht.
Gib mir!
Unser Sohn kauft.
Es regnet.
Wir sagen.
Das gehört.
Nimm dir!
Unsere Tochter hilft.
MODE '58

1. Hat der Mann Recht, dass außer Subjekt und Prädikat alles überflüssig ist? Wovon hängt es ab, ob wir weitere Satzglieder brauchen oder nicht?
2. Welche Fragen würdest du dem Mann und seiner Frau stellen?
3. Was hätte das Paar gesagt, wenn es nicht so geizig wäre?
4. Schreibe aus den Äußerungen in den Sprechblasen eine kleine Geschichte.

EXTRA: Üben → S. 168–169

Was siehst du?

Wenn man die drei Bilder genauer betrachtet, kann man verschiedene Dinge sehen. Im Kasten darunter sind sie aufgeführt, allerdings auch Dinge, die nicht zu sehen sind.

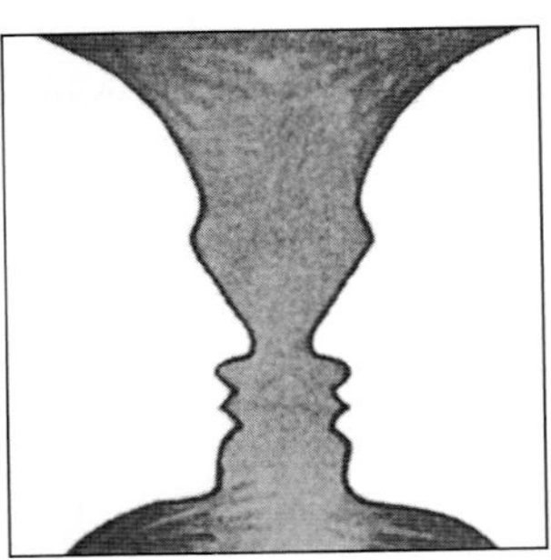

Lastwagen – Baum – zwei Gesichter – Hund – Schwert – alte Frau – Katze – Dompteur – Priester – Tigerkopf – Computer – Blumentopf – Schneemann – Vase – junge Frau – Bär

1. Schreibe auf, was du auf den Bildern siehst.
2. Wie erfragst du diese Dinge?

Der Maler Max *Josef Guggenmos*

Es war einmal ein Maler, Max hieß er, der stand eines Morgens vor seiner Staffelei und überlegte, was er malen sollte. Es war mitten im Winter, und Max, der Maler, hatte Sehnsucht nach dem Sommer. Also malte er ein Stück Sommer. Er malte den Blick in die Krone eines Kirschbaums: beblätterte Zweige, an denen hundert leuchtend rote Kirschen hingen.

„Gut hingekriegt!“, rief er, als er fertig war. „Diese Kirschen! Wie echt! So richtig zum Reinbeißen. Wenn ich das Bild ins Freie stelle, kommen die Vögel und picken daran!“

Aber nachdem er das Bild länger betrachtet hatte, sagte er: „Hm. Ganz ordentlich, diese Kirschen. Richtig naturgetreu. Aber wie abgemalt. Ich weiß, was ich mache. Dann kann keiner mehr sagen: Das hast du alles nur abgemalt; abmalen kann jeder.“ Und nun setzte er mitten ins Bild …

3. Was könnte Max alles malen. Schreibe auf: *Max malt …*
4. Wie erfragst du das, was er gemalt hat?
5. Kann man diese gemalten Dinge auch schmecken, tasten oder hören? Schreibe es jeweils auf.

Wem gehört was?

Ausgerechnet in der Verlängerung des Pokalfinales ging im Fußballstadion ein Wolkenbruch nieder. Die Zuschauer flüchteten sich Hals über Kopf unter die Tribüne. In dem hektischen Gedränge ging natürlich einiges verloren. Glücklicherweise sammelte ein Polizist die verlorenen Gegenstände ein und gab sie nach Spielende den Eigentümern zurück. Nur eine Brieftasche mit nagelneuen 300-Euro-Scheinen blieb übrig.

6. Schreibe auf, wem was gehört:
   - *Der Fußball gehört …*
   - …
7. Wie erfragst du die Personen in diesen Sätzen?
8. Warum wurde eigentlich die Brieftasche nicht abgeholt?

EXTRA: Üben → S. 168–169

Arbeit macht Spaß!

Die folgenden sechs Witze aus der Arbeitswelt sind nicht leicht zu verstehen, weil in jedem eine Wortgruppe fehlt. Diese Wortgruppen stehen im Kasten darunter:

1 Im Dschungel beobachtet ein Missionar einen Medizinmann, der auf einer Trommel schlägt. „Warum trommeln Sie?", fragt der Missionar. Der Medizinmann antwortet: „Wir haben kein Wasser mehr." – „Sie bitten also um Wasser?" – „Unsinn. Ich bedarf ___, den ich mit der Trommel rufe."

2 Ein Kollege kehrt aus dem Urlaub zurück und prahlt: „Mein Urlaub war unvergesslich. Ihr könnt euch gar nicht vorstellen, wie ich umschwärmt wurde." Eine Kollegin antwortet: „Sie Ärmster. Man sollte sich ___ aber nicht rühmen."

3 Ein Angestellter geht zu seiner Vorgesetzten: „Ich arbeite jetzt fünf Jahre bei Ihnen und habe immer für zwei geschuftet. Dürfte ich Sie um eine Gehaltserhöhung bitten?" – „Ausgeschlossen. Aber nennen Sie mir bitte den anderen. Wir werden uns ___ entledigen."

4 Die neue Sekretärin soll für die Teilnehmer der Konferenz Getränke bereitstellen. Als die Konferenz gerade begonnen hat, betritt sie das Konferenzzimmer. „Was wollen Sie?", schreit sie der Chef an. „Eigentlich nichts", stottert sie, „ich wollte mich nur ___ vergewissern."

5 Die Leiterin der Personalabteilung prüft die Unterlagen eines Bewerbers und fragt ihn: „Wie kommt es, dass Sie im letzten Jahr zwanzigmal die Stellung gewechselt haben?" „Ganz einfach", antwortet er, „ich konnte mich nicht ___ erwehren."

6 Ein sehr attraktive Blondine betritt ein Bekleidungsgeschäft. Sie schaut sich in dem Laden um und fragt schließlich den Verkäufer: „Dürfte ich die Bluse im Schaufenster probieren?" Der Verkäufer ist verdattert und antwortet: „Natürlich. Das hebt sicher den Umsatz, wenn Sie sich im Schaufenster ___ entledigen."

der Vollständigkeit aller Flaschen – der großen Nachfrage – ihrer Kleidung – einer Mückenplage – eines Klempners – seiner weiteren Mitarbeit

9. Setze die Wortgruppen in die Witze ein.
10. Wie erfragst du diese Wortgruppen?
11. Kennt ihr Witze, in denen die folgenden Verben vorkommen:
    sich jemandes/einer Sache annehmen, sich einer Sache bedienen, sich jemandes/einer Sache bemächtigen, jemanden einer Sache beschuldigen, sich einer Sache enthalten, sich jemandes/einer Sache erfreuen, jemandes/einer Sache gedenken, sich jemandes/einer Sache schämen, jemanden einer Sache überführen, sich einer Sache unterziehen, jemanden einer Sache verdächtigen

Spuren im Schnee

Stell dir vor, manche Menschen – sie werden in den Kästen beschrieben – würden seltsame Fußspuren im Schnee hinterlassen wie in den Beispielen A–E:

Fußspur A	+	-	:	x	+	-	:	x
Fußspur B	♣	♣	♣	♣	♣	♣	♣	♣
Fußspur C	@	@	@	@	@	@	@	@
Fußspur D	♪	♪	♪	♪	♪	♪	♪	♪
Fußspur E	%	%	%	%	%	%	%	%

1	2	3	4	5
Diese Fußspur erinnert mich an einen Computerfreak. Wahrscheinlich beschäftigt er sich gerade mit seiner elektronischen Post.	Diese Fußspur ist typisch für einen Glücksspieler. Für ihn sind nur seine Spielkarten wichtig.	Diese Fußspur wurde von einem Musiker hinterlassen. In Gedanken spielt er gerade auf seinem Klavier.	Diese Fußspur gehört zu einem Bankier. Er denkt nur an Zinsen.	Diese Fußspur stammt von einem Mathematiklehrer; er scheint sich auf seinen Unterricht vorzubereiten.

12. Welche Fußspur gehört zu welcher Beschreibung?

13. Wie erfragst du die Personen in den einzelnen Beschreibungen?
Zum Beispiel: *An wen erinnert mich diese Fußspur?*

14. Schreibe die Satzglieder aus den Beschreibungen heraus, die in gleicher Weise erfragt werden. Wie sind diese Satzglieder gebildet?

INFO

Nachschlagen → S. 226

- Die meisten Sätze sind allein mit Subjekt und Prädikat unvollständig und benötigen Ergänzungen. Solche Ergänzungen werden **Objekte** genannt.
- Das **Genitivobjekt** wird mit *wessen* erfragt.
- Das **Dativobjekt** wird mit *wem* erfragt.
- Das **Akkusativobjekt** wird mit *wen* oder *was* erfragt.
- Das **Präpositionalobjekt** wird mit einer Präposition und einem Fragewort erfragt.

Wortkunde

Im Zirkus

Der berühmte Clown Sporelli treibt immer seine Späße mit dem Publikum.

Sporelli Liebes Publikum!
Nun eine kleine Geschichte: In einem Haus wohnen so dumme Menschen, dass sie sich immer verlaufen, wenn sie das Haus verlassen. Um das zu verhindern, hat man um das Haus einen Zaun gezogen, so einen Zaun mit … äh … mit … äh … mit Draht … äh …, an dem Stacheln sind. Wie heißt der Draht doch gleich?

Publikum …

Sporelli Kommt ihr auch aus diesem Haus? Ha! Ha! Nun eine andere Geschichte: Ein Bauer hat zwei Söhne, einen intelligenten und einen dummen. Der Bauer liegt im Sterben und vermacht dem intelligenten Sohn den ganzen Hof. Er will aber nicht, dass der Dumme leer ausgeht und schenkt ihm einen Eimer Numpf.

Publikum …

Sporelli Das hat der Dumme auch gefragt. Ha! Ha!

- Was hat das Publikum jeweils gesagt? Warum fällt es auf die Späße rein?

Bedeutungslehre

Nachschlagen → S. 227

Eine seltsame Familie. Oder?

Wenn morgens der  kräht, steht meine  auf.

Mein Vater geht gerne auf einen . Dazu bindet er sich immer eine  um. Mein großer Bruder arbeitet auf einer . Er ist sehr eitel und drückt sich jeden Morgen einen  aus. Meine kleine Schwester hofft auf eine goldene Zukunft. Sie träumt von einem  mit einem großen . Dort spielt sie den ganzen Tag auf einem .

1. Setze Wörter für die Bilder ein. Was ist daran seltsam?
2. Warum ergibt die Geschichte dennoch einen Sinn?

Stille Betrachtung *Alexander Roda Roda*

Es gibt Tiere, Kreise und Ärzte.
Es gibt Tierärzte, Kreisärzte und Oberärzte.
Er gibt einen Tierkreis und einen Ärztekreis.
Es gibt auch einen Oberkreistierarzt.
Ein Oberkreistier aber gibt es nicht.

3. Welche Bedeutungen hat das Wort *Kreis* in diesem Gedicht?

Was Karlchen mag

Karlchen mag Apfelsinen und Orangen; er mag aber keine Himbeeren und Erdbeeren. Karlchen geht gerne zum Metzger und zum Fleischer; er geht aber nicht gerne zum Bäcker und in den Supermarkt. Karlchen geht gerne am Samstag und am Sonnabend weg; am Sonntag und am Montag bleibt er aber zu Hause. Karlchen arbeitet gerne mit einer Axt und einem Beil; er will aber nicht mit Hammer und Nagel arbeiten. Karlchen fährt gerne Fahrstuhl und Lift; er mag aber keine Treppen und keine Leiter. Karlchen schluckt gerne Tabletten und Pillen; er mag aber keine Bonbons und keinen Lutscher. Karlchen spendet gerne Beifall und Applaus; er klatscht aber nicht gerne in die Hände oder trampelt mit den Füßen.

1. Was mag Karlchen?
   Ein Tipp: Schreibe die Wortpaare untereinander.

Alles Synonyme?

Wenn du in einem Synonymwörterbuch nachschlägst, findest du bei den Einträgen noch andere sinnverwandte Bedeutungen. Hier einige Beispiele:

Haus: Heim, Anwesen, Bauwerk, Bude, Domizil, Eigenheim, Gebäude, Unterkunft, Zuhause, Hütte, Villa

Kopf: Haupt, Schädel, Schopf, Birne, Dez

Etage: Stockwerk, Geschoss, Obergeschoss, Stock

Auto: Fahrzeug, Automobil, Kraftfahrzeug, Klapperkasten, Kiste, Personenkraftwagen

2. Welche Wörter haben die gleiche Bedeutung wie das Stichwort?
   Welche eine ähnliche?

Im Schilderwald

Du findest hier Zeichen, die du sicherlich im Bahnhof, im Zug oder auf der Straße irgendwann einmal gesehen hast. Auf den Karten A–I stehen die Bedeutungen dafür:

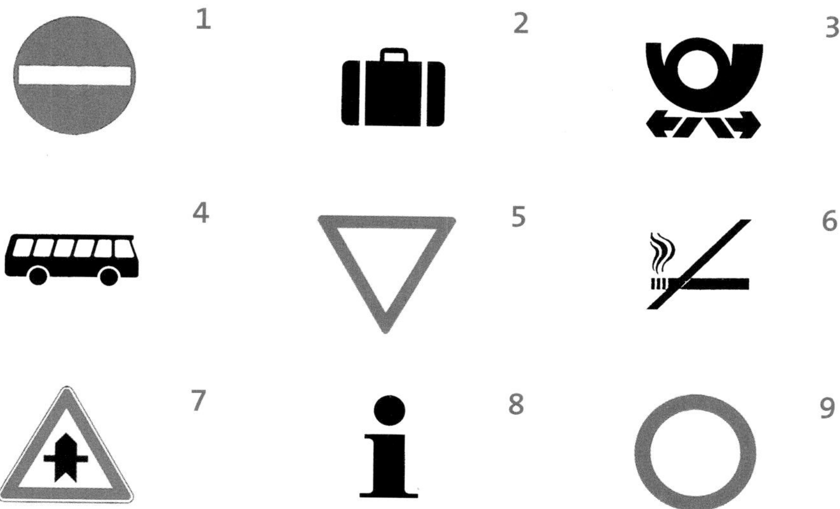

A Auskunftsbüro	B Vorfahrt gewähren	C Schließfächer für Gepäck
D Verbot für Fahrzeuge aller Art	E Postamt	F Vorfahrt
G Bushaltestelle	H Verbot der Einfahrt	I Nichtraucher

1. Ordne die Bedeutungen den einzelnen Zeichen zu.
2. Bei welchen Zeichen fällt es leicht? Bei welchen nicht? Warum?
3. Ordne die Zeichen entsprechend in zwei Gruppen.

INFO

- Manche Wörter werden gleich geschrieben und gesprochen. Sie haben aber verschiedene Bedeutungen **(Homonyme)**.
- Manche Wörter lauten unterschiedlich, haben aber die gleiche Bedeutung **(Synonyme)**.
- Zeichen können in **Piktogramme** und **Symbole** unterschieden werden.

Nachschlagen → S. 227

Nachschlagen → S. 227

Wortfeld und Wortfamilie

Stimmungen

glücklich – traurig – zornig – heiter – betrübt – freudestrahlend – hoch beglückt – wehklagend – grimmig – wütend – wohlgemut – misslaunig – bekümmert – fröhlich – schmerzbewegt – jammervoll – verärgert – gut gelaunt – aufgeräumt – bedrückt – ausgelassen – aufgekratzt – fuchsteufelswild – erzürnt – trübselig – wehmütig – tränenerstickt – herzzerreißend – zufrieden – schelmisch

1. Welche Stimmungen drücken die Gesichter aus?
2. Ordne den Gesichtern die Wörter zu.
   Welches Wort passt deiner Meinung nach am besten?
3. Schreibe zu einem Gesicht eine Geschichte, in der du diese Wörter verwendest.

Hier stimmt was nicht

A notieren, zeichnen, erzählen, schreiben, eintragen
B Hund, Katze, Schaf, Fuchs, Kuh, Schwein
C Sandale, Socke, Wanderstiefel, Joggingschuh, Pantoffel
D hämmern, sägen, mauern, tapezieren, anstreichen, umziehen
E toll, schön, ausgezeichnet, hässlich, wunderbar, sagenhaft

4. Welches Wort passt jeweils nicht in die Reihe?
5. Mit welchen Oberbegriffen kannst du die einzelnen Reihen bezeichnen?
6. Schreibe selbst solche Reihen. Lass die anderen das falsche Wort raten.

Zwei Familien

Lehrer – belebend – lebenslang – lehren – unbelehrbar – Lebenserfahrung – Lebensmittel – Lehrling – belehrend – Lebensversicherung – Wortstamm – Lehrzeit – Lehrbuch – gelehrt – leben – Erlebnis – Privatgelehrter – Lehrfach – lebenslang – gelehrig – lebenslänglich – lebhaft – leblos – Lebewesen – erleben – Lebensweise – Lehramt – lebensnotwendig

lehren	leben
…	…

1. Ordne die Wörter diesen beiden Gruppen zu.
2. Was haben die Wörter einer Gruppe gemeinsam?
3. Ein Wort hat sich verirrt.
   Was hat es aber mit den beiden Gruppen zu tun?

Der Fahrradunfall

Klaus, ein begeisterter Fahrradfahrer, erzählt seinem Freund Marco, wie er sich den Arm brach: „Ich *radelte* auf meinem Fahrrad eine unbefahrene *Straße* entlang, als ein *Auto* der Fahrschule ‚Sicher fahren' mit Fahrlehrer und Fahrschüler aus einer Ausfahrt *herauskam* und mir fahrlässig die Vorfahrt nahm. Da ich keine Gefahr ahnte, konnte ich nicht so schnell reagieren und *prallte* gegen die Beifahrerseite." Der *Freund* unterbricht: „War es für den Beifahrer nicht gefährlicher als für dich?" – „Ach was, ich habe die Fahrt nur geträumt und bin aus dem Bett gefallen."

4. Schreibe alle Wörter heraus, die zur Wortfamilie *fahren* gehören und unterstreiche den Stamm.
5. Für die kursiv gedruckten Wörter kannst du ebenfalls Wörter dieser Familie einsetzen. Findest du sie?

Ein Morgenerlebnis

starren
beäugen
bemerken
sichten
erspähen
betrachten
wahrnehmen
beobachten
ausmachen
besichtigen
stieren
glotzen
lugen
erblicken
mustern
schauen

Dieter wird jeden Morgen um Viertel nach sechs von seiner Mutter geweckt. An diesem Morgen ist Dieter früher wach und wartet auf seine Mutter. Er sieht an die Decke, sieht die aufgehende Sonne und sieht eine Fliege am Fenster. Seine Mutter kommt immer noch nicht. Dieter dreht sich auf die Seite und sieht ungläubig seinen Wecker an: schon halb sieben! Er sieht durch den Türspalt und sieht seine Mutter in der Küche. Er sieht sie eine Weile, bis er schließlich ruft: „Mutti, bitte sieh nach mir, sonst verschlafe ich, denn es ist schon halb sieben!"

1. Setze für *sehen* andere Verben ein.
   Achtung! Es sollen nicht alle Verben aus der Liste eingesetzt werden.

Handbuch für Wortfelder

Du weißt sicherlich, dass du in einem Wörterbuch nachschlagen kannst, wenn du dir unsicher bist, wie ein Wort geschrieben wird. Hast du aber gewusst, dass es auch für die Wortfelder ein Nachschlagewerk gibt? Wenn du bei „Feuer" und „Feuerlöscher" nachschlägst, findest du die folgenden Einträge:

Feuer, Brand, Feuerbrand, Feuersbrunst, Feuergarbe, Feuermeer, Feuersglut, Feuersturm, Flamme, Flammengezüngel, Flammenmeer, Funke, Funkengarbe

Feuerlöscher, Autofeuerlöscher, Dampfspritze, Feuerlöschgerät, Feuerspritze, Handfeuerlöscher, Nasslöscher, Schaumlöscher, Sprinkleranlage, Trockenlöscher, Wasserlöscher

2. Welche Informationen kannst du einem Handbuch für Wortfelder entnehmen? Wozu kannst du es gebrauchen?
3. Welche Einträge könnten für *brennen* und *löschen* darin stehen?

Nachschlagen → S. 227

INFO

- Wörter, die unterschiedlich geschrieben und gesprochen werden, können ähnliche oder gemeinsame Bedeutungsmerkmale haben. Sie bilden ein **Wortfeld**.
- Zu einer **Wortfamilie** gehören alle Wörter, die den gleichen Wortstamm haben.

Wortbildung

Nachschlagen → S. 227

Gar nicht so lustig

Josef spricht in der Pause seine Klassenkameradin Blanca an:

Josef Hallo, Blanca. Ich habe einen ganz tollen Witz gehört. Pass auf: Ein Ausländer wird an der Grenze nach seinem Familienstand gefragt. Da sagt er: „Ob ich geheiratet bin?“ – „Nein, verheiratet!“ – „Okay! Ich bin verschieden.“ Ist das nicht ungläubig, dass man diese Wörter verwechseln kann?

Blanca Du meinst unglaublich.

Josef Ach, Blanca, das ist doch egal. Hauptsache, mein Witz war verständig.

Blanca Du meinst verständlich.

Josef Ach, Blanca, hör auf. Das ist doch kindlich.

Blanca Einverstanden! Erzähl aber keine kindischen Ausländerwitze mehr, die niemand hören will.

1. Was machen der Ausländer und Josef falsch? Was haben sie verwechselt?

Das Präfix-Suffix-Spiel

Spielregel: Sinn des Spieles ist es, in einer festgelegten Zeit, etwa zwei Minuten, möglichst viele Wörter zu finden, die den gleichen Stamm haben. Jedes Wort muss aber ein Präfix (Vorsilbe) oder Suffix (Nachsilbe) aus den folgenden Listen enthalten.

Präfixe
ver-, ent-, er-, be-, zer-, un-, ge-, ab-, ur-, miss-

Suffixe
-ig, -ung, -er, -ling, -nis, -heit, -keit, -lich, -sal, -e, -tum, -schaft, -isch, -en, -bar, -sam

2. Spielt dieses Spiel.
3. Zu welcher Wortart lassen sich die meisten Wörter finden?

Wer hat was wo gesagt?

Im Spielkasino?

Am Bahnhof?

Ich will eine Karte.

Im Restaurant?

Auf der Geburtstagsfeier?

Auf dem Postamt?

Im Kino?

4. Wähle einen Ort aus und schreibe eine kleine Geschichte dazu.

5. Mach die Äußerung genauer, sodass der Ort klar wird.

Gehört das zusammen?

Was haben

A ein Bär und eine Tüte gemeinsam?
B eine Tasche und Fieber gemeinsam?
C Blumen und Honig gemeinsam?
D ein Fuß und ein Stein gemeinsam?
E eine Hose und ein Beutel gemeinsam?
F der Koch und das Telefon gemeinsam?

1 Beide passen in einen Topf.
2 In beide bläst der Wind.
3 Beide können ein Eis vertragen.
4 Beide stehen in einem Buch.
5 Beide können einen Pilz haben.
6 Beide können auf die Reise gehen.

6. Welche beiden Sätze gehören zusammen?
Findest du zugleich auch die Komposita (Zusammensetzungen)?

Was ist das?

Du findest hier zwölf unvollständige Sätze, die mit einer Zusammensetzung aus Substantiven zu ergänzen sind. Die Nomen dazu stehen unten auf den Zetteln:

1 Eine Reise, die man ins Ausland macht, nennt man eine …	2 Einen Dieb, der Juwelen stiehlt, nennt man einen …	3 Einen Salat aus Obst nennt man einen …
4 Eine Zeitung, die einmal in der Woche erscheint, nennt man …	5 Eine Reise mit der Bahn nennt man eine …	6 Eine Zeitung, die nur am Sonntag erscheint, nennt man …
7 Ein Dieb, der anderen Menschen aus der Tasche stielt, nennt man einen …	8 Einen Salat aus Wurst nennt man einen …	9 Eine Zeitung, die jeden Wochentag erscheint, nennt man …
10 Einen Salat, der wie ein Kopf aussieht, nennt man einen …	11 Ein Dieb, der hinter einem Strauch lauert, nennt man einen …	12 Eine Reise um die ganze Welt nennt man eine …

7. Vervollständige die Sätze.
8. Übertrage die Zettel mit den Substantiven in dein Heft und schreibe die Zusammensetzungen dazu.

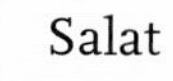

Dieb

Zeitung

9. Was drücken die Substantive im ersten Teil der Zusammensetzung jeweils aus?

INFO

- Viele Wörter sind Zusammensetzungen. Sie können aus einem **Stamm**, einer **Vorsilbe** (Präfix) und einer **Nachsilbe** (Suffix) bestehen.
- **Wortzusammensetzungen** (Komposita) bestehen aus einem **Grund-** und **Bestimmungswort**.

Nachschlagen → S. 227

Substantive verändern sich

Der Junge mit dem Schwan *Catherine Storr*

Ein Waisenjunge entdeckt einen geheimen Teich und macht wichtige Erfahrungen durch die Begegnung mit Schwänen:

Nach diesem Erlebnis ging er oft zu der Stauwasserstelle am Fluss. Es machte ihm Spaß, die Schwäne zu beobachten. Die Idee, zu fischen, hatte er aufgegeben, und er sah auch keine Angler, die ihn daran hätten erinnern können. Sooft er konnte, hockte oder lag er im Schilf und beobachtete die Schwäne. An diesem Abschnitt des Flusses gab es nur das eine Paar, das er entdeckt hatte. Er wünschte sich, sie wären auf seinem geheimen Teich. Dann wären es noch mehr nur seine Schwäne. Aber weil er niemals irgendjemanden bei den Stauwassern traf, begann er daran zu glauben, dass kein Mensch jemals vor ihm hier war und dass niemand von dem Schwanenpaar wusste. Es gab eine Menge anderer Schwäne an anderen Stellen der Flussmündung, doch dieses Paar lebte getrennt von ihnen, so wie er getrennt von den anderen Kindern in seiner Schule lebte. Er fand keine Worte für das, was die Schwäne für ihn bedeuteten.

1. Bestimme jeweils den Kasus der Substantive *Schwäne* oder *Schwanenpaar*.
2. Schreibe selber eine kleine Tiergeschichte. Setze dabei das von dir gewählte Tier in verschiedene Kasus.

Das Kasusspiel

Spielregel: Sinn des Spieles ist, in einer bestimmten Zeit Substantive eines beliebigen Textes zu finden. Dann ist ihr Kasus zu bestimmen, und sie sind in eine Tabelle einzutragen. Taucht ein Substantiv im gleichen Kasus mehrmals auf, darf es nur einmal eingetragen werden. Für jeden richtigen Eintrag gibt es einen Punkt. Wer die meisten Punkte hat, ist Sieger.

Beispiel:

Ein männlicher Briefmark erlebte,
Was Schönes bevor er klebte.
Er war von einer Prinzessin beleckt.
Da war die Liebe in ihm erweckt.

Er wollte sie wiederküssen,
Da hat er verreisen müssen.
So liebte er sie vergebens,
Das ist die Tragik des Lebens.

Nominativ	Genitiv	Dativ	Akkusativ
der Briefmark die Tragik die Liebe	des Lebens	einer Prinzessin	etwas Schönes

3. Spielt dieses Spiel.

Wie Adjektive gebraucht werden

Erzähler der Nacht *Rafik Schami*

Unter den Einwohnern von Damaskus gab es zu jener Zeit seltsame Menschen. Wen wundert das bei einer alten Stadt? Man sagt, wenn eine Stadt über tausend Jahre ununterbrochen bewohnt bleibt, versieht sie ihre Einwohner mit Merkwürdigkeiten, die sich in den vergangenen Epochen angesammelt haben. […]

Der alte Kutscher Salim war der merkwürdigste unter ihnen. Er war klein und schmächtig, doch seine warme und tiefe Stimme ließ ihn als einen großen Mann mit breiten Schultern erscheinen. […]

So schmächtig und klein er auch war, in seinen Erzählungen bezwang Salim nicht nur Riesen mit funkelnden Augen und Furcht erregenden Schnurrbärten, er schlug auch Haifische in die Flucht, und fast auf jeder Reise kämpfte er mit einem Ungeheuer. […]

Viel wussten die Leute nicht über Salim. Er erzählte selten von sich. Wenn, dann war das so märchenhaft, dass keiner genau wusste, ob er nun von sich oder einem seiner Helden sprach. […]

Eines Nachts, im August 1959, wachte Salim plötzlich auf. Er war schweißgebadet. […] Es war stockdunkel, aber der Kutscher spürte die kleine Hand der Frau, die sein Gesicht berührte.

1. Schreibe mindestens drei attributiv und prädikativ gebrauchte Adjektive heraus und bilde eigene Sätze mit ihnen.
2. Versuche auch einmal, eine merkwürdige Person zu beschreiben, indem du dabei Adjektive attributiv und prädikativ verwendest.

Wortkombinationen: leicht und schwierig

hoch – schön – tief – ruhig – reif – leicht – grün – laut – gefährlich – schmal

Lippe – Abenteuer – Brise – Straße – Knall – Turm – Klee – Schlucht – Bild – Frucht

Urteil – Wettbewerb – Gelassenheit – Strafe – Treffen – Gewissen – Idee – Überzeugung

rein – gerecht – unlauter – grandios – gesellig – heiter – fair – moralisch

3. Verbinde die Wörter der grünen Zettel miteinander, sodass sie zueinander passen. Verfahre bei den blauen ebenso.
4. Dekliniere eine Wortkombination in ganzen Sätzen.

Welche Zeitstufen Verben ausdrücken

Die Puppe *Mirjam Pressler*

Kerstin hat lange auf diesen Sonntag gewartet. Wochenlang. Die Tage haben sich gezogen wie Kaugummi, und die Wochen waren so lang wie Jahre.

„An meinem Geburtstag kommt sie doch bestimmt, nicht wahr, Oma?“, hat Kerstin immer wieder gefragt.

Und ihre Oma hat immer wieder gesagt: „Ja, Kind, ich glaube bestimmt, dass sie an deinem Geburtstag kommt.“

Kerstin wurde jedes Mal ganz aufgeregt, wenn sie nur daran dachte.

Das letzte Mal, als sie hier gewesen war, hatte sie Kerstin eine Puppe versprochen.

„Ich komme an deinem Geburtstag und bringe dir eine wunderschöne neue Puppe mit“, hatte sie gesagt. „Ganz bestimmt.“ Kerstin hatte auf ihrem Schoß gesessen und ihr Gesicht in ihre Haare gedrückt. Sie waren weich und rochen nach Äpfeln.

Dann war sie weggefahren.

Kerstin hat gewartet und die Tage und Wochen gezählt. Und dann kommt der Sonntag wirklich.

1. Welche Zeitstufen drücken die Verben aus?
Trage sie in eine Tabelle ein:

Präsens	Präteritum	Perfekt	Plusquamperfekt	Futur

Zeitstufen

Ich gehe – ich bin gegangen – ich war gegangen – ich werde gehen.
Ich habe gefragt – ich frage – ich fragte – ich werde fragen.
Ich lachte – ich habe gelacht – ich hatte gelacht – ich werde lachen.
Ich werde rennen – ich renne – ich rannte – ich war gerannt.
Ich hatte gerufen – ich rufe – ich rief – ich habe gerufen.

2. Schreibe die Zeilen ab und ergänze jeweils die fehlende Zeitstufe.

Sätze lassen sich unterscheiden

Wer weiß die Antwort?

Willst du knifflige Aufgaben lösen? Versuche es doch einmal bei den folgenden Problemen. Sei aber nicht enttäuscht, wenn es dir nicht gelingt. Denn bisher hat niemand eine Erklärung gefunden, und wahrscheinlich lässt sich auch keine finden. Zerbrich dir also nicht zu lange den Kopf!

A Hast du schon einmal ein Loch im Garten deiner Eltern gegraben? Puuh! Das ist sicherlich mühsam! Darum geht es aber nicht. Schütte das Loch wieder zu. Du wirst merken, dass immer etwas Erde übrig bleibt. Wie kommt das?

B Fliegen sind lästige Zeitgenossen, und sie werden überall gejagt. Achte einmal darauf, was bei einer Fliegenjagd passiert: Sobald man zur Fliegenklatsche greift, düsen die Fliegen schon los. Wie kommt das? Wie erkennen sie die Gefahr?

C Wer schneidet schon gerne seine Zehennägel? Leider muss man es in bestimmten Abständen immer wieder tun, denn normalerweise wachsen sie ziemlich schnell. Wie aber haben sich die Menschen ihre Zehennägel geschnitten, bevor Schere und andere Werkzeuge erfunden wurden?

D Wenn man einen Gegenstand über das Wasser zieht, geht er nicht unter. Denk an einen Wasserskiläufer. Wie schnell müsste ein 80-Kilo-Mensch über das Wasser laufen, damit er nicht untergeht?

E Frage mal deine Mutter oder deinen Vater, ob sie folgendes Problem schon beobachtet haben: Wenn man seine Unterhose in der Waschmaschine wäscht, kommt sie linksgewendet wieder heraus. Wenn man sie gleich so in die Waschmaschine tut, passiert das Gleiche. Warum ist da so?

1. Bestimme die Satzarten und trage sie in einer Tabelle in dein Heft ein:

Aussagesätze	Aufforderungssätze	Ausrufesätze	Fragesätze

2. Bestimme nach jedem Satzschlusszeichen, ob es sich um eine Satzreihe oder ein Satzgefüge handelt.
3. Bestimme in den Satzgefügen Haupt- und Nebensatz.

Satzglieder umstellen

Aus Professor Buddels Kindheit

Professor Buddel erinnert sich und erzählt einigen Mitarbeitern, warum er sich schon seit seiner Kindheit für Ägypten interessiert. Um es aber den Zuhörern nicht allzu einfach zu machen, verschlüsselt er seine Nachrichten wie die alten Ägypter:

A GEBURTSTAG MIT SCHENKTE MEINE ELFTEN EIN ZU MIR BUCH TANTE EINBAND MEINEM GOLDENEM

B ALTEN VOM BUCH SOFORT DEM INTERESSANTEN HANDELTE ES ÄGYPTEN BLÄTTERTE ICH WEIL IN

C DORT DIE ARMEN HATTEN ERNTE NILFLUT HEFTIGE JAHRELANG DURCH IHRE VERLOREN BAUERN DIE

D DESHALB DEM PRIESTER HINWEISE PHARAO GABEN ZUM BESÄNFTIGEN NILGOTTES DES DIE RATLOSEN

E PHARAO GEHEIMEN SCHLIESSLICH AN NILGOTT BLAUEN DER DIAMANTEN DEM SEINEN ORT OPFERTE EINEM

1. Bildet in eurer Klasse fünf gleich große Gruppen. Jede der Gruppen ist für einen der Worthaufen des Professors verantwortlich.
2. Jedes Gruppenmitglied schreibt alle Wörter eures Worthaufens auf ein Blatt und schneidet sie dann alle auseinander. Achtet darauf, dass ihr zwischen den Wörtern genügend Abstand zum Schneiden lasst.
3. Legt nun eure Wortschnipsel zu einem Satz und nehmt gemeinsam so viele sinnvolle Umstellungen wie möglich vor.
4. Klebt eure Wortschnipsel zu einem Satz geordnet ins Heft und schreibt zwei weitere mögliche Sätze dazu, die ihr durch Umstellungen herausgefunden habt.
5. Markiert in jeweils verschiedenen Farben die Satzglieder, d. h. die Wörter oder Wortgruppen, die sich nur als zusammenhängende Blöcke umstellen lassen.

6. Jeder in der Gruppe schreibt jetzt ein Satzglied groß und deutlich auf ein DIN-A4-Blatt. Manchmal muss man dabei nur ein Wort schreiben, manchmal eine Reihe von Wörtern.
7. Tauscht eure DIN-A4-Blätter mit einer anderen Gruppe in der Klasse und versucht dann, aus den Satzgliedern der anderen einen sinnvollen Satz zu bilden. Teilt die Blätter so auf, dass jedes Mitglied der Gruppe wiederum für ein Satzglied verantwortlich ist.
8. Stellt euch als Gruppe mit den Satzgliedblättern vor der Klasse zu einem Satz geordnet auf und zeigt auch die Umstellprobe, indem ihr eure Plätze tauscht. – Wer darf dabei immer stehen bleiben?

Schon die alten Ägypter hatten Probleme

A Mit vernichtenden Folgen für die Ernte überschwemmte die starke Nilflut die ausgetrockneten Felder häufig.
B Den Pharao baten die verzweifelten Menschen um Hilfe.
C Bei den Priestern suchte der Pharao schleunigst Rat.
D Gnädiger stimmte den Nilgott das Opfer des blauen Diamanten.
E Zur Bewässerung ihrer Felder konnten die Bauern das Wasser des Nils dann nutzen.

9. Wende die Umstellprobe auf diese Sätze an. Wähle dabei die Lösung, die dir am wirkungsvollsten erscheint.

Satzglieder erkennen und anwenden

Arbeitsanweisungen

1. Teilt eure Klasse in sechs gleich große Gruppen ein.
2. Stellt Tische und Stühle zu Stationen zusammen, dass jeweils eine Gruppe daran Platz hat.
3. Jeder in der Gruppe braucht etwas zum Schreiben und Papier.
4. Jede Gruppe muss alle sechs Stationen durchlaufen.
5. An jeder Station wartet eine andere Aufgabe auf euch, die ihr innerhalb einer bestimmten Zeit erledigen müsst.
6. Wenn der Lehrer ein Zeichen gibt, wechselt jede Gruppe zur nächsten Station.

Ein märchenhafter Grammatikzirkel

Station I **Hier stimmt was nicht**

Es war einmal eine alte Geiß. Sieben junge Geißlein, ihre Kinder, sangen sie sehr. Eines Tages schlief die alte Geiß in den Wald. Da kochte sie zu ihren Kindern: „Schreiben euch in Acht, solange ich weg lese. Der böse Wolf schenkt sicher versuchen ins Haus hereinzukommen. Aber ihr trinken ihn leicht. Seine raue Stimme und seine schwarzen Pfoten backen ihn."

1. Schreibt den Text ab und setzt die richtigen Prädikate des Märchens ein. Gleicht die Prädikate richtig an die Subjekte an.

Station II **Was denkt der böse Wolf?**

Der Wolf wollte ins Haus der Geißlein eindringen, aber sie haben ihn an seiner rauen Stimme erkannt. Da ging der Wolf zu einem Krämer und kaufte sich ein großes Stück Kreide. Die aß er und machte damit seine Stimme fein. Nachdem er die Kreide gefressen hatte, dachte der böse Wolf: „…"

2. Schreibt die Gedanken des Wolfes auf. Verwendet dabei folgende Wörter als Subjekte in euren Sätzen:
   die jungen Geißlein – ich – sie – ihre Mutter – mein Hunger – der Krämer.

Station III **Die Lückentext – Katastrophe**

Der Wolf rief ___ mit sanfter Stimme. Sie blieben aber immer noch misstrauisch und hielten ___ verschlossen. Da legte der Wolf nn ins Fenster und die Geißlein erkannten, dass sie weiß war. Also machten sie ___ auf, denn sie erwarteten ___. Plötzlich aber sahen sie ___ hereinkommen. Sie erschraken und wollten sich verstecken. Aber der Wolf erwischte ___. Er machte nicht langes Federlesen und schluckte ___ in seinen großen Rachen. Als er ___ gestillt hatte, trollte sich der Wolf und schlief unter einem großen Baum auf der Wiese ein. Dort fand ___ die alte Geiß.

3. Füllt die Lücken mit den richtigen Akkusativobjekten.

Station IV Geißlein und Objekte gesucht

Als die Geiß zurückkam und die Katastrophe erblickte, weinte sie bitterlich. Das jüngste Geißlein folgte ihr hinaus auf die Wiese. Dort lag der Wolf am Baum und sein Schnarchen ließ die Äste zittern. Sie betrachtete ihn von allen Seiten und sah, dass sein angefüllter Bauch merkwürdige Bewegungen machte. „Na warte, du Ungetüm“, dachte sie, „dir werde ich helfen!“
Da musste das Geißlein nach Hause laufen und Schere, Nadel und Zwirn holen. Dann schnitt die Geiß dem Ungetüm den Wanst auf. Kaum hatte sie den ersten Schnitt getan, so streckte schon ein Geißlein den Kopf heraus. Nacheinander sprangen alle Sechse heraus. Sie waren völlig gesund und hatten keinen Schaden gelitten, denn das Ungetüm hatte sie in seiner Gier ganz hinuntergeschluckt.

TIPP Insgesamt gibt es im Text zehn Akkusativobjekte und drei Dativobjekte.

4. Sucht alle Objekte aus dem Text heraus und schreibt sie auf. Überlegt euch vorher noch einmal genau, *wie* ihr nach den Objekten fragt.

Station V Ein Geißlein – Wortpuzzle

die Wackersteine – aus dem Bauch des Wolfes – die Geißlein – schläft – rettet – die Geiß – schleppen herbei – in den Bauch des Monstrums – der Wolf – ihre Kinder – springen – die Geiß und ihre Kinder – mit aufgeschnittenem Bauch – Wackersteine – werden gefüllt

5. Bildet aus diesem Wortpuzzle fünf Sätze, die einen Teil des Geißlein-Märchens erzählen. Die Subjekte der Sätze erkennt ihr daran, dass sie rot gedruckt sind.

Station VI Wer oder was findet ein gerechtes Ende?

Wer oder was hatte endlich ausgeschlafen? Weil die Wackersteine in seinem Magen wen oder was erregten, wollte wer oder was zu einem Brunnen gehen und trinken? Der Wolf beugte sich über wen oder was, aber wer oder was zogen ihn hinein? Niemand konnte wem mehr helfen, wer oder was musste jämmerlich ersaufen? Als wer oder was das sahen, riefen sie laut: „Wer oder was ist tot?“ Auch die alte Geiß tanzte trotz hohen Alters vor Freude um wen oder was herum?

6. Macht aus den Fragen Aussagesätze, indem ihr die passenden Subjekte und Objekte einsetzt.

MAGAZIN: SPRACHE

Miteinander sprechen

Nachschlagen → S. 228

Gesprächsanlässe und Gesprächsregeln

Die neue Schule – ein Gespräch in der Klasse

Frau May, die Klassen- und Deutsch-Lehrerin der 5 b, möchte mit den Schülerinnen und Schülern nach einem Vierteljahr in der neuen Schule über folgende Frage sprechen: Was gefällt euch in der neuen Klasse und was gefällt euch nicht?

Jens Also ich finde es langweilig, wie Sie mit uns die „Vorstadtkrokodile"…

Julia Ich find nicht gut, dass die Jungens die Mädchen immer ärgern.

Frau May Julia, kannst du das nachher noch mal sagen? Es interessiert mich, was Jens sagen wollte. Ihr solltet euch aber melden, Jens, und den anderen nicht unterbrechen, Julia. Also Jens, was wolltest du sagen?

Jens Wie wir das immer alles so durchkauen in dem Buch, das finde ich blöd.

Yannik *(sitzt in der letzten Bank)* Ich verstehe überhaupt nichts.

Frau May Sprecht doch bitte laut und deutlich, dass alle euch verstehen können. – Sehen die anderen das auch so wie Jens?

(Lauter Geräuschpegel in der Klasse.)

Frau May Bitte seid ruhig und meldet euch.

Laila Ich finde den Sportunterricht bei Frau Erler ganz mies. Die macht mit uns nur Geräteturnen.

Frau May Antwortet doch bitte noch auf meine Frage. Sehen die anderen das genauso wie Jens? Findet ihr die Lektüre der „Vorstadtkrokodile" auch langweilig?

Felix „Harry Potter" ist doch ein viel tolleres Buch als „Die Vorstadtkrokodile". Außerdem gibt es einen Superfilm davon.

Frau May Ich kenne das Buch auch, aber jetzt sprechen wir über „Die Vorstadtkrokodile". Daniel, was hältst du von der Meinung Jens'?

Daniel Finde ich nicht gut, was Jens gesagt hat.

Frau May Kannst du das genauer erklären und begründen.

Daniel Nee!

Frau May Können die anderen vielleicht Daniel helfen?

(Keine Antwort)

Frau May Ich finde es wichtig, dass ihr eure Meinungen auch begründen könnt. – Wechseln wir das Thema. Julia, du hast dich über die Jungs beschwert. Du hast gesagt, dass sie die Mädchen immer ärgern.

Marcel Die hat immer was zu meckern.

Frau May Marcel, Julia ist dran.

Julia Sie ärgern uns, weil wir die Hausaufgaben gemacht haben. „Streberinnen, Streberinnen", schreien sie immer.

Neco Stimmt ja gar nicht, stimmt ja gar nicht, ihr ärgert uns, weil wir manchmal von euch die Hausaufgaben abschreiben wollen. Und dann stellt ihr euch immer so an und schreit „Faulis, Faulis."

Yannik Wir haben sowieso immer viel zu viel Hausaufgaben auf.

Frau May Darüber können wir extra noch mal sprechen. – Mich interessiert, wie die Klasse ganz allgemein über das gegenseitige Ärgern denkt.

(Die Klasse ist still. Keiner meldet sich.)

Frau May O. k.! Denkt darüber zu Hause nach und schreibt euch auf, was euch dazu einfällt. Wer möchte, kann uns morgen dann seinen Aufschrieb vorlesen. Und wir diskutieren drüber.

1. Was läuft eurer Meinung nach bei diesem Klassengespräch alles schief?
2. Stellt Regeln für ein gut laufendes Klassengespräch auf und hängt sie in eurer Klasse auf.

Gesprächsübung – ein Beobachtungsspiel

1. Gesprächsgruppen bilden
Bildet verschiedene Gesprächsgruppen: möglichst Mädchen und Jungen gemischt und nicht mehr als 6 Teilnehmer. Jede Gruppe wählt einen Gesprächsleiter und einen Beobachter.

Weitere Themen für Klassengespräche:
- Wohin soll unser erster Klassenausflug führen?
- Wir stellen eine Klassenordnung auf.
- Welche Bücher wollen wir in die Leseliste aufnehmen?
- Wie wollen wir unseren Klassenraum ausgestalten?
- …

2. Gesprächsthema wählen
Zu Beginn eurer Gruppenarbeit wählt ihr das genaue Gesprächsthema. Es kann wieder „Die neue Schule“ sein. Ihr könnt noch einmal darüber sprechen, was euch in der neuen Klasse nicht gefällt. Ihr könnt aber auch darüber sprechen, was euch gefällt, etwa über ein bestimmtes Fach, das für euch besonders interessant ist. Ihr könnt aber auch ein anderes Thema wählen.

3. Gesprächsrunde durchführen
Der Gesprächsleiter bestimmt die Reihenfolge der Gesprächsbeiträge. Der Beobachter hat die Aufgabe, einen Fragebogen auszufüllen. Dabei kann er sich Notizen machen. Er darf sich aber nicht am Gespräch beteiligen.

Fragebogen für den Beobachter

1. Haben die Teilnehmer die Beiträge durch Melden angezeigt?	*gar nicht*	■	*wenig*	■	*viel*	■	*sehr viel*	■
2. Haben die Teilnehmer deutlich gesprochen?	*gar nicht*	■	*wenig*	■	*viel*	■	*sehr viel*	■
3. Haben sie ihre Sätze verständlich formuliert?	*gar nicht*	■	*wenig*	■	*viel*	■	*sehr viel*	■
4. Sind die Teilnehmer beim Thema geblieben?	*gar nicht*	■	*wenig*	■	*viel*	■	*sehr viel*	■
5. Konnte der Einzelne ausreden?	*gar nicht*	■	*wenig*	■	*viel*	■	*sehr viel*	■
6. Wurde ihm zugehört?	*gar nicht*	■	*wenig*	■	*viel*	■	*sehr viel*	■
7. Gingen die Teilnehmer aufeinander ein?	*gar nicht*	■	*wenig*	■	*viel*	■	*sehr viel*	■
8. Haben die Teilnehmer ihre Meinungen begründet?	*gar nicht*	■	*wenig*	■	*viel*	■	*sehr viel*	■

1. Führt das Beobachtungsspiel durch.

Nachschlagen → S. 228

INFO

- **Gespräche** erfolgen aus bestimmten Anlässen und haben in der Regel ein bestimmtes **Thema**.
- Gespräche unterliegen, wenn sie erfolgreich sein sollen, ganz bestimmten **Regeln**.

Gesprächsformen

Nachschlagen → S. 228

Hund oder Katze?

Vater, Mutter, die 10-jährige Katrin, der 11-jährige Alexander und der 14-jährige Philipp diskutieren über die Frage: Sollen wir uns einen Hund oder eine Katze zulegen?

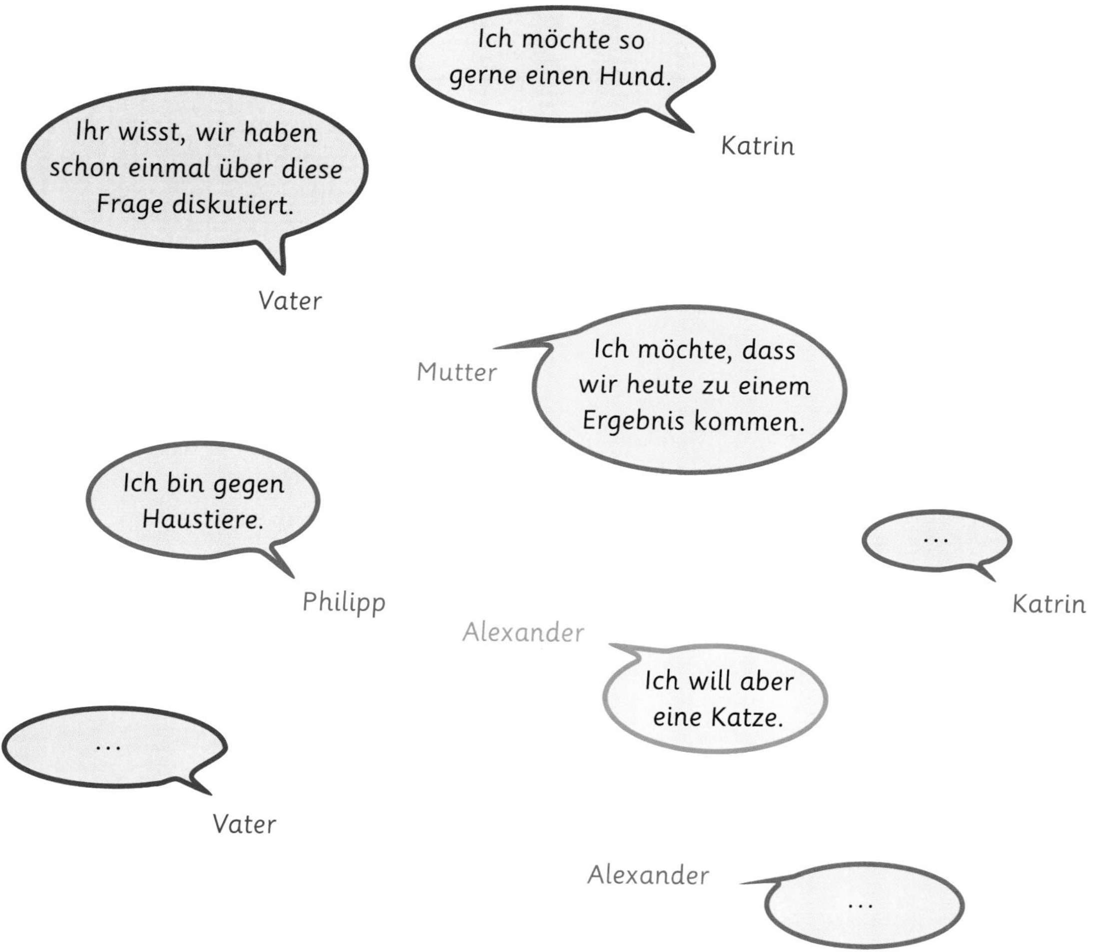

1. Bringe die Gesprächsbeiträge in eine vernünftige Reihenfolge. Fülle dabei die Lücken auf.
2. Spielt diese Szene und führt die Diskussion so weiter, dass am Ende ein Ergebnis erzielt wird. Bedenke dabei, dass die Gesprächsteilnehmer ihre Meinungen begründen sollten.

Tom und der Neue *Mark Twain*

Aus: Mark Twain: Tom Sawyers Abenteuer

In den kleinen Ort St. Petersburg in Missouri ist ein Junge aus der Stadt zugezogen. Der Textausschnitt schildert die erste Begegnung zwischen Tom und dem Neuen.

[…] Keiner der beiden Jungen sprach. Sobald sich der eine bewegte, bewegte sich auch der andere – jedoch nur seitwärts, im Kreis herum. Sie hielten ohne Unterlass das Gesicht einander zugewendet und maßen sich mit Blicken.

Endlich sagte Tom: „Dich kann ich verdreschen!"

„Versuch's doch – das möchte ich sehn."

„Kann ich, ganz klar."

„Nein, das kannst du nicht."

„Doch, kann ich schon."

„Nein, das kannst du nicht."

„Kann ich wohl."

„Kannst du nicht."

„Kann ich."

„Nicht."

Eine unbehagliche Pause. Dann sagte Tom: „Wie heißt du?"

„Geht dich nichts an, du."

„Ich wird dir schon zeigen, dass es mich was angeht."

„Na, warum tust du's denn nicht?"

„Wenn du noch viel sagst, werd ich's."

„Viel – viel – viel! Bitte!"

„Hältst dich wohl für besonders schlau, was? Wenn ich wollte, könnt ich dich mit einer Hand runterkriegen."

„Warum machst du's denn nicht? Du sagst doch, du kannst's."

„Wenn du mich noch lange anödest, mach ich's."

„Mensch – da sind mir schon ganz andere untergekommen!"

„Kommst dir wer weiß wie vor, was? Und erst der Deckel, den du aufhast!"

„Wenn er dir nicht gefällt, musst du dich eben dran gewöhnen. Versuch's nur und schlag ihn runter; jeder, der das versucht, kann aber vorher seine Knochen nummerieren."

„Du Lügenmaul."

„Selber eins."

„Du bist ein Großmaul und feige!"

„Ach, Mensch, hau ab."

„Du, wenn du mir noch lange frech kommst, dann nehm ich einen Stein und knall ihn dir gegen die Birne!"

„Na, bestimmt tust du das!"

„Tu ich auch."

„Na, warum machst du's denn nicht, wozu erzählst du denn bloß, du willst's machen? Warum machst du's denn nicht? Bloß, weil du Angst hast!"

„Hab keine Angst."

„Doch."

„Nein!"

„Doch!"

Wieder eine Pause, wieder gegenseitiges Anstarren und seitliches Umkreisen. Auf einmal standen sie Schulter an Schulter. Tom sagte: „Weg hier!"

„Selber weg hier!"

„Denk gar nicht dran."

„Ich erst recht nicht." Sie standen da, jeder als Stütze einen Fuß zur Seite gestemmt, beide aus Leibeskräften schiebend und einander hasserfüllt anstarrend. Keiner vermochte jedoch die Oberhand zu gewinnen.

Nachdem sie gekämpft hatten, bis sie heiß und hochrot waren, ließen beide voll vorsichtiger Wachsamkeit in ihren Anstrengungen nach, und Tom sagte: „Ein Feigling bist du und ein Fatzke. Ich sag's meinem großen Bruder, der kann dich um den kleinen Finger wickeln, und ich sag's ihm, dass er's auch machen soll."

„Auf deinen großen Bruder pfeif ich. Ich hab einen Bruder, der noch viel größer ist, der wirft ihn wie nichts über den Zaun da." – (Beide Brüder existieren nur in der Einbildung.)

„Du lügst."

„Wenn du's sagst, noch lange nicht."

Tom zog mit dem großen Zeh einen Strich in den Staub und sagte: „Einen Schritt da drüber, und ich verdresche dich, bis du nicht mehr stehen kannst. Wer's wagt, ist ein toter Mann." Sofort trat der Neue über den Strich und sagte:

„Du hast gesagt, du machst's, jetzt wolln wir mal sehen, wie du's machst."

„Komm mir nicht zu nahe, pass ja auf, du!"

„Du hast doch gesagt, du machst's, warum machst du's denn nicht?"

„Donnerwetter, für zwei Cent mach ich's wirklich."

Der Neue nahm zwei große Kupfermünzen aus der Tasche und hielt sie ihm verächtlich hin. Tom schlug sie ihm aus der Hand. Im nächsten Augenblick wälzten sich die beiden Jungen im Dreck, kollerten, wie zwei Katzen ineinander verkrallt, umher, rissen sich gegenseitig am Haar, zerrten sich an den Kleidern, zerbleuten und zerkratzten einander die Nase und bedeckten sich mit Schmutz und Ruhm.

„Sag: genug!" Toms Fäuste trommelten weiter. Endlich ließ der Fremde ein ersticktes „Genug" vernehmen; Tom erlaubte ihm aufzustehen und sagte: „Dir werd ich das schon lernen. Das nächste Mal pass lieber auf, wen du anödest."

1. Wie läuft das Streitgespräch ab? Achte darauf: Worum wird gestritten? Wer hat den Streit angefangen, wie verläuft er, wie geht er aus?
2. Entwirf selbst ein Gespräch, in dem du mit jemandem streitest.

Im Hutladen *Karl Valentin*

Verkäuferin Guten Tag. Sie wünschen?
Valentin Einen Hut.
Verkäuferin Was soll das für ein Hut sein?
Valentin Einer zum Aufsetzen.
Verkäuferin Ja, anziehen können Sie niemals einen Hut, den muss man immer aufsetzen.
Valentin Nein, immer nicht – in der Kirche zum Beispiel kann ich den Hut nicht aufsetzen.
Verkäuferin In der Kirche nicht – aber Sie gehen doch nicht immer in die Kirche.
Valentin Nein. Nur da und hie.
Verkäuferin Sie meinen nur hie und da!
Valentin Ja. Ich will einen Hut zum Auf- und Absetzen.
Verkäuferin Jeden Hut können Sie auf- und absetzen! Wollen Sie einen weichen oder einen steifen Hut?
Valentin Nein, einen grauen. [...]

1. Was ist ungewöhnlich an diesem Gespräch?
2. Denkt euch weitere Geschäfte aus und führt zu zweit Einkaufsgespräche in der Klasse.

Wie man hier einkauft

1. Nicht abschweifen!
2. ...
3. ...

Vorsorge!

Die Verkäuferin hat sich über ihren Kunden Valentin geärgert. Am nächsten Tag hängt an der Tür des Hutladens ein Schild:

3. Welche weiteren Regeln für ein erfolgreiches Einkaufsgespräch könnten auf dem Schild stehen?

Nachschlagen → S. 228

INFO

- Es gibt unterschiedliche Arten von Gesprächen: z. B. **Streitgespräche**, **Diskussionen**, **Einkaufsgespräche**.
- Oft unterliegen sie ganz bestimmten **Regeln** (wie z. B. die Diskussion und das Einkaufsgespräch).

Sprechabsichten

Nachschlagen → S. 228

Erziehung *Uwe Timm*

Lass das
komm sofort her
bring das hin
kannst du nicht hören
hol das sofort her
kannst du nicht verstehen
sei ruhig
fass das nicht an
sitz ruhig
nimm das nicht in den Mund
schrei nicht
stell das sofort wieder weg
pass auf
nimm die Finger weg
sitz ruhig
mach dich nicht schmutzig
bring das sofort wieder zurück
schmier dich nicht voll
sei ruhig
lass das

wer nicht hören will
muss fühlen

1. Lies den Text vor. Wie verstehst du diese Aufforderungen?
2. Wer macht solche Aufforderungen?

Familiengespräche

A *Sohn zum Vater:*
Du unterbrichst mich schon wieder.

B *Mutter zum Vater:*
Die Straße ist voller Laub.

C *Mutter zum Sohn:*
Auf dem Tisch steht das ganze Geschirr.

D *Schwester zum Bruder:*
Es zieht.

E *Großmutter zum Enkel:*
Deine Mutter sagt, du seist aufmüpfig.

F *Großmutter zum Großvater:*
Es ist schon sehr spät.

3. Um was für Aufforderungen handelt es sich hier? In welcher Satzform sind sie geschrieben?
4. Formuliere sie in direkte Aufforderungen um.

Eine außergewöhnliche Unterrichtsstunde

Der Deutschlehrer will ein Diktat schreiben lassen und wird durch den Lärm im Klassenzimmer nebenan gestört. Er schickt die Klassensprecherin hin, die um Ruhe bitten soll. Sie kommt zurück. Doch der Lärm geht unvermindert weiter. Der Deutschlehrer geht selbst rüber und wirft den größten Schreihals raus. Dann betritt er nochmals das Klassenzimmer und fragt die Klasse: „Wo ist euer Lehrer?“ – „Den haben Sie gerade rausgeschmissen.“

1. Wie hat die Klassensprecherin um Ruhe gebeten? Spielt diese Szene.
2. Schreibe eine Geschichte, in der jemand um Verständnis bittet.

Wenn der Sohn mit dem Vater …

Sohn: Ich möchte jetzt endlich einen eigenen Computer haben. In meiner Klasse haben alle einen.

Vater: Was geht mich deine Klasse an? Du kannst doch weiter meinen Computer benutzen.

Sohn: Ein eigener ist aber viel besser. Damit kann ich viel mehr machen und kann dran arbeiten, wann ich will.

Vater: Das wollte ich gerade mit dir besprechen, dass du öfter dran arbeiten kannst.

Sohn: Du bist unfair. Ich will jetzt aber trotzdem meinen eigenen Computer.

Vater: Wie sprichst du eigentlich mit mir?

3. Warum erfüllt der Vater den Wunsch nicht?
4. Schreibe das Gespräch so um, dass der Sohn Erfolg hat.
5. Formuliere eine kleine Anleitung für erfolgreiches Wünschen. Du könntest so beginnen: *Deine Wünsche werden am ehesten erfüllt, wenn du …*

Zwei Einladungen

Höhen & Tiefen **60 Jahre** *Glück & Freude*

... Anlass genug, um dies mit Verwandten, Bekannten, Freunden und Nachbarn zu feiern.

Dies soll am

Samstag, den 22. November 20.., 19 Uhr

im Gemeindezentrum St. Johannis geschehen. Dazu lade ich Sie, liebes Ehepaar **Helga und Günther Haller**, herzlich ein.

Ich freue mich auf viele Gäste und bitte bis Ende Oktober um eine kurze Antwort.

Liebe Grüße
Michael Meyer

am 2. September
von 15 Uhr
bis
19.30 Uhr
Hallo Niklas,
ich lade dich ganz herzlich zu meiner Geburtstagsfeier ein.
Dein Hendrik
Kommst du?

1. Wer lädt wen ein? Vergleiche die beiden Einladungen. Wie unterscheiden sie sich?
2. Wie lädst du zu deinem Geburtstag ein? Entwirf ein Einladungsschreiben.
3. Besprecht in eurer Klasse weitere Situationen und Anlässe, zu denen ihr einladen könnt: z. B. zu einem selbst verfassten Theaterstück der Klasse.

INFO

- Sprechen ist mit bestimmten Absichten verknüpft. Die **Sprechabsichten** erfolgen in sprachlichen Äußerungen, die wir **Sprechhandlungen** nennen (z. B. auffordern, bitten/wünschen, einladen). Sie können erfolgreich sein oder misslingen.

Nachschlagen → S. 228

MAGAZIN: SPRACHE

Texte lesen, bearbeiten, vorstellen

Mit Texten kann man vieles machen, wie das Bild des Jungen zeigt. Er beschäftigt sich ganz intensiv mit einem Text – er liest ihn nicht nur, sondern er hebt einzelne Stellen farblich hervor und macht sich am Rand Notizen. Vielleicht bereitet er sich gerade auf ein Referat oder eine Klassenarbeit vor.

- Auch du hast täglich mit Texten zu tun. Bestimmt fällt dir einiges dazu ein, was man mit ihnen noch alles machen kann.

Sprechtechniken

Nachschlagen → S. 228

Ein geräuschvoller Vormittag

Du findest hier eine Reihe von Sprechübungen, mit denen du dich aufwärmen kannst. Bevor du mit den Übungen beginnst, solltest du dir so viel Raum verschaffen, dass du frei stehen kannst. Stelle dich gerade, aber entspannt hin, die Füße etwa schulterbreit, die Arme baumeln rechts und links des Körpers. Lasse dir für jede Übung mindestens eine Minute Zeit. Und los geht's:

TIPP
Weitere Übungen und Spiele zum Aufwärmen findest du auf den Seiten 201–204.

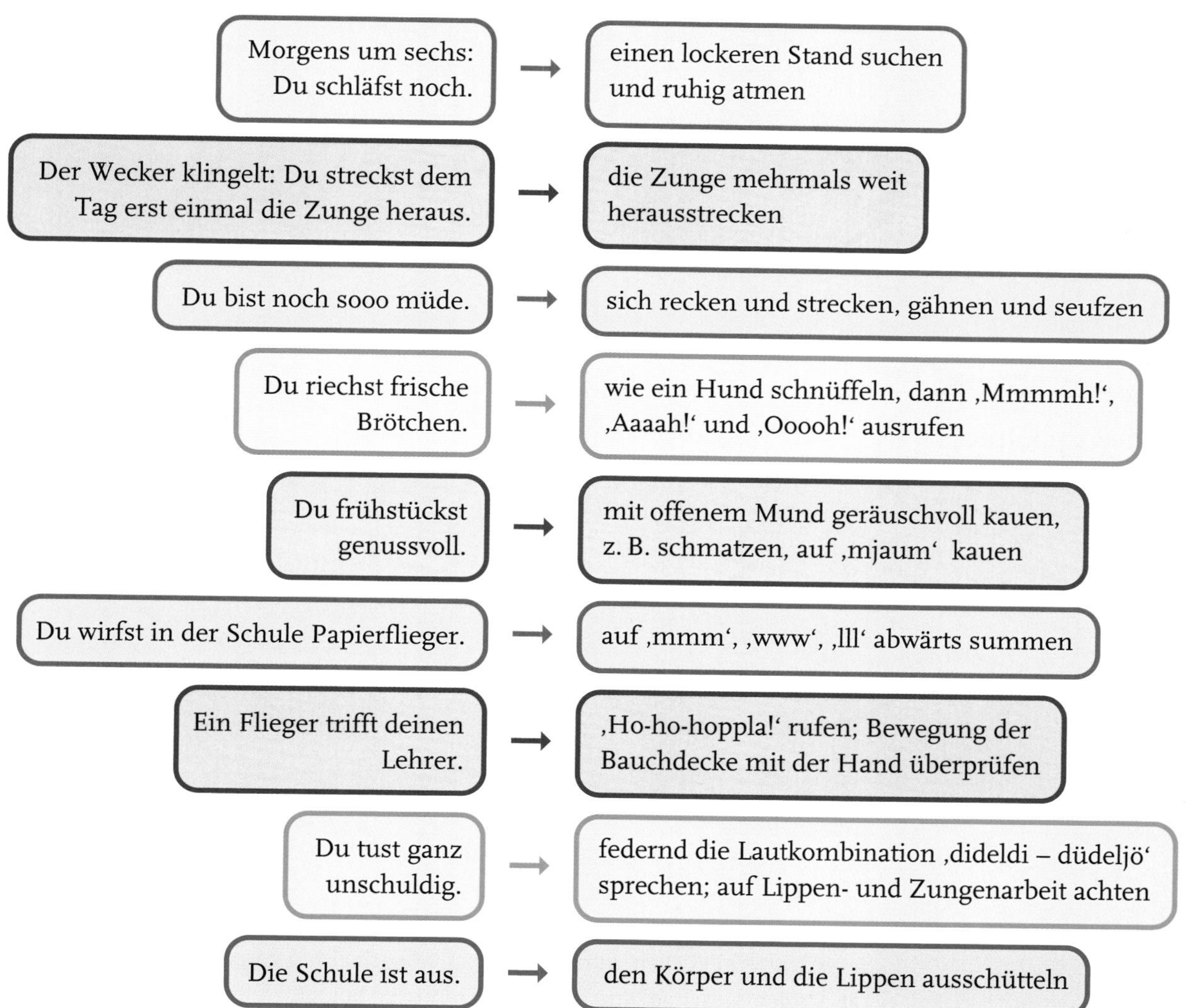

Morgens um sechs: Du schläfst noch. → einen lockeren Stand suchen und ruhig atmen
Der Wecker klingelt: Du streckst dem Tag erst einmal die Zunge heraus. → die Zunge mehrmals weit herausstrecken
Du bist noch sooo müde. → sich recken und strecken, gähnen und seufzen
Du riechst frische Brötchen. → wie ein Hund schnüffeln, dann ‚Mmmmh!', ‚Aaaah!' und ‚Ooooh!' ausrufen
Du frühstückst genussvoll. → mit offenem Mund geräuschvoll kauen, z. B. schmatzen, auf ‚mjaum' kauen
Du wirfst in der Schule Papierflieger. → auf ‚mmm', ‚www', ‚lll' abwärts summen
Ein Flieger trifft deinen Lehrer. → ‚Ho-ho-hoppla!' rufen; Bewegung der Bauchdecke mit der Hand überprüfen
Du tust ganz unschuldig. → federnd die Lautkombination ‚dideldi – düdeljö' sprechen; auf Lippen- und Zungenarbeit achten
Die Schule ist aus. → den Körper und die Lippen ausschütteln

1. Führt die Sprechübungen regelmäßig durch.
2. Gestaltet daraus eine Geschichte: Einer erzählt sie und die anderen untermalen sie mit den entsprechenden Geräuschen.

In den Händen des UHOBAWUHOT-Stammes

Als europäischer Tourist in Nasiland bist du in die Hände des Uhobawuhot-Stammes geraten, als du gerade unerlaubterweise ein Foto vom heiligen Tier des Stammes, dem Nasenbär, machen wolltest. Nun sitzt du mit deinem Mitgefangenen gefesselt Rücken an Rücken, d. h. ihr könnt euch gegenseitig nicht sehen. Trotzdem versucht ihr einander zu erzählen, wie ihr in eure missliche Lage gekommen seid.
Da du noch etwas verwirrt bist, kommen dir zunächst nur Gedankenfetzen, die du dann allmählich zu deiner Geschichte zusammenfügst ...

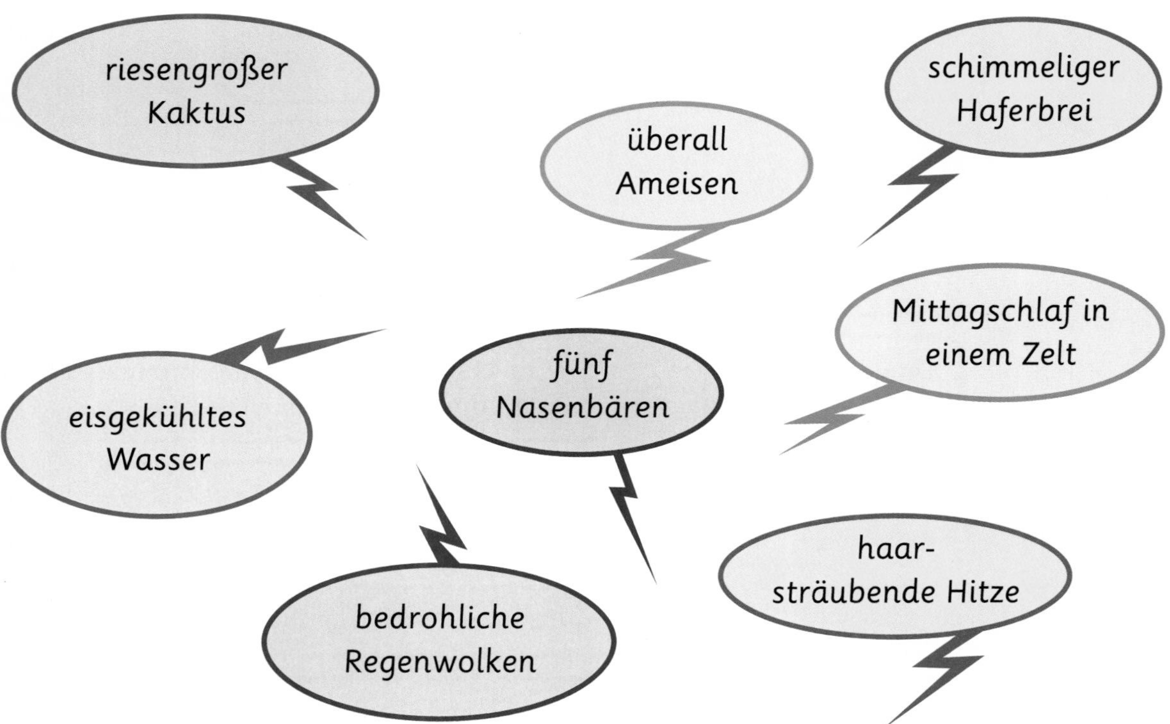

1. Wähle vier Gedankenfetzen aus und schreibe sie auf einen kleinen Notizzettel. Überlege kurz (nicht länger als eine Minute), wie du aus diesen Fetzen deine Geschichte machen kannst.
2. Findet euch dann in Paaren zusammen und setzt euch auf euren Stühlen Rücken an Rücken. Versucht euch die Geschichten gegenseitig zu erzählen.
3. Sprecht anschließend über eure Eindrücke beim Erzählen und Zuhören ohne sichtbares Gegenüber.

Der da *Paula Fox*

Lukas stellt seiner Klasse das Buch „Paul ohne Jacob“ vor. Um seine Mitschüler auf den Geschmack zu bringen, liest er einen Abschnitt daraus vor.

Der wieder. Jeden Schultag das Gleiche.\ Stand morgens am Wohnzimmerfenster und winkte.\ Jacob der Blödmann,\ die Brille schief auf seiner kleinen, dicken Nase,\ den Pulli oder das T-Shirt \ – was er sich eben über den Kopf gezogen hatte\ – verkehrt herum an,\ mit Toastkrümeln auf der Oberlippe, die noch vom Frühstück dort klebten. \\

Paul,\ sein älterer Bruder, \marschierte den Weg vor dem Haus entlang und umfasste dabei die Riemen seines Rucksacks, \hielt sie ganz fest und winkte nicht zurück.\\Auch ohne hinzusehen wusste er, dass Jacob am Fenster stand.\ Und ohne seine Mutter zu sehen,\ Nora Coleman,\ wusste er, dass sie ein Stück hinter ihm stand.\\Sie beobachtete Jacob auf Schritt und Tritt.\ Wenn er aß, ging ihr Mund auf und zu,\ als wollte sie mit ihm essen.\Wenn er weinte, verzog sich auch ihr Gesicht.\ Wenn er lachte \ – meist völlig grundlos, soweit das Paul erkennen konnte –,\ lachte auch sie. [...]

Paula Fox: Paul ohne Jacob

Der elfjährige Paul findet seinen körperlich und geistig behinderten kleinen Bruder Jacob abstoßend. Er versucht deshalb immer erfolgreicher ihn einfach nicht zu beachten...

Zeichenschlüssel

- / betonen
- \ kurze Atempause
- \\ längere Pause
- ↘ Stimme senken
- ↗ Stimme oben lassen
- schneller werden
- langsamer werden

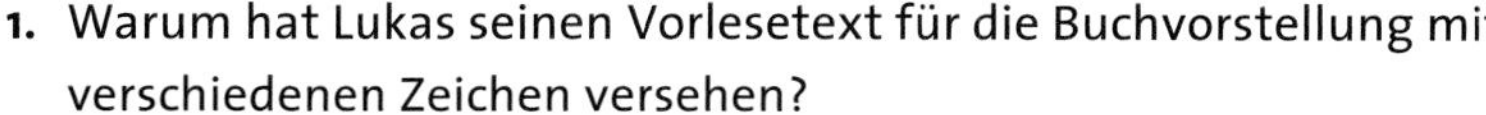

1. Warum hat Lukas seinen Vorlesetext für die Buchvorstellung mit verschiedenen Zeichen versehen?
2. Übt das Vorlesen mithilfe von Lukas' Markierungen paarweise.
3. Überlegt, ob ihr eventuell andere Markierungen setzen würdet.

INFO

- Bevor man vor Zuhörern etwas erzählt, vorträgt oder vorliest, sollte man sich immer mit **Sprechübungen und -spielen** aufwärmen.
- Beim **freien Erzählen** kann man seine Stimme so einsetzen, dass die Geschichte lebendig und anschaulich wirkt.
- Einen **Vorlesetext** bereitet man vor, indem man ihn mit Hinweisen für den Vortrag versieht und ihn mehrfach laut liest.

Nachschlagen → S. 228

Nachschlagen → S. 229

Lesetechniken

Schneller Durchblick

Hendrik, Paula, Jasmin und Peter bereiten in Erdkunde ein Referat über den Mount Everest vor. Ihre Erdkundelehrerin hat ihnen zur Vorbereitung einige Bücher und Zeitschriften gegeben, in denen sie nach brauchbarem Material suchen sollen. Paula ist schon ganz verzweifelt, weil sie nicht weiß, wann sie all das lesen soll, aber die anderen drei haben ein paar nützliche Tipps auf Lager.

Ach Paula, nun mach dich doch nicht verrückt! Du musst ja nicht Wort für Wort lesen, wenn du nur herausfinden willst, welche Texte wir gebrauchen können. Ich jedenfalls überfliege die Texte nur, schaue nach Überschriften, Bildern und den wichtigsten Wörtern.

Weißt du, was auch prima funktioniert? Du liest dich wie ein schneller Slalomfahrer durch deinen Text – von links nach rechts und wieder nach links. Dabei schnappst du nur die wichtigsten Wörter auf. Ich nehme sogar immer meinen Zeigefinger zur Unterstützung.

Ich mache mir einen Sport daraus, beim Lesen nicht nur einzelne Wörter wahrzunehmen, sondern gleich mehrere auf einmal, also ganze Wortgruppen. Das musst du nur ein bisschen üben!

Der große Run auf den Gipfel

Einmal auf dem höchsten Berg der Welt stehen – für viele Menschen ist das im wahrsten Sinne des Wortes der Höhepunkt ihres Lebens. Seit der Erstbesteigung des Mount Everest im Mai 1953 haben mehr als 1200 Bergsteiger den Gipfel erreicht. Über 170 Menschen starben bei den Versuchen – acht allein kamen 1996 innerhalb von 36 Stunden in einem Sturm um.

Das hat andere nicht davon abgehalten, auf dem Mount Everest die unglaublichsten Rekorde aufzustellen. 2001 stand mit dem 16-jährigen Temba Tseri der bisher jüngste Mensch auf dem Gipfel. Im selben Jahr bestieg auch der erste Blinde den Berg, der Amerikaner Erik Weihenmayer. Bereits im Jahr 2000 fuhr ein Slowene in 4:40 Stunden als erster Mensch auf Skiern vom Gipfel hinab, im Jahr darauf wiederholte ein Österreicher die Abfahrt mit einem Snowboard. Und ein französisches Ehepaar flog vom Everest mit einem Gleitschirm zu Tal. Fragt sich, was jetzt noch kommen kann ...

Mit Erfrierungen musste der Nepalese Temba Tseri im Mai 2000 seine Everest-Besteigung abbrechen. 2001, mit 16 Jahren, schaffte er es – als jüngster Bergsteiger der Welt.

1. Finde durch rasches Durchlesen des abgedruckten Zeitschriftenartikels heraus, ob dieser für ein Referat über den Mount Everest brauchbar ist.
2. Beschreibe möglichst genau, wie du beim ersten Lesen an den Text herangegangen bist.
3. Vergleiche deine **Lesetechnik** mit den Tipps, die Hendrik, Jasmin und Peter Paula geben.

Lesetechniken → S. 231

Kletterwettkämpfe

Kletterwettkämpfe sind innerhalb kürzester Zeit zu einer Attraktion geworden. Oftmals sind es gerade die spannenden Momente – eine schöne Griffkombination oder auch das Scheitern an einer Schwierigkeit nach vielen Versuchen –, die dafür der Auslöser waren.

Die in den ersten Jahren noch verbreiteten Leerlaufzeiten sind heute vorbei; heute spielt sich alles rasch ab. Künstliche Kletterwände haben an Qualität gewonnen. Der Aufbau wurde weiter entwickelt, wurde ausgewogener. Die Fläche ähnelt immer mehr dem natürlichen Fels. Eine Vielzahl von Griffen und Tritten erlaubt den Wettkämpfern, ihren ganzen Ideenreichtum bei der Eröffnung ihrer jeweiligen Route zu entfalten.

Nach nur wenigen Jahren streiten mittlerweile viele Länder um den Weltcup. Kontinentale Meisterschaften werden inzwischen schon ausgetragen. Klettern als olympische Disziplin ist in aller Munde.

Der Kalender der Kletterer wird immer voller. Eine auf Wettkämpfe spezialisierte, monatlich erscheinende Zeitschrift wurde eigens geschaffen. Mit den Wettkämpfen entstanden auch neue Praktiken, ein besonderes Training fernab der natürlichen Felswände. Das Klettern in künstlichen Wänden wurde zu einem eigenen Sport. Entsprechende Trainingseinrichtungen finden sich bereits in Sporthallen, Schulen und Stadien. Sie bewirken einen Anstieg der Wettkämpfe, und gestern noch unbekannte Champions machen heute schon von sich reden.

4. Wende die verschiedenen Lesetechniken auf diesen Text an.
5. Welche Lesetechnik liegt dir am besten? Diskutiert darüber.

INFO

- Um sich einen Überblick über den Inhalt eines Textes zu verschaffen, kann man verschiedene **Lesetechniken** anwenden: Überfliegen des Textes, Slalomlesen, die Blickspanne erweitern.

Nachschlagen → S. 229

Nachschlagen → S. 229

Arbeitstechniken

Der Eisvogel

Aussehen

Länge um 16 cm. In Gestalt, Farbe und Lebensweise unverwechselbar. Die Jungvögel sind etwas matter gefärbt, das Männchen erkennt man am schwarzen, das Weibchen am unterseits schwarzroten Schnabel.

Lebensraum

Im Brutgebiet müssen ruhige, klare und fischreiche Gewässer mit genügend Sitzplätzen für die Ansitzjagd vorhanden sein und eine Steilwand aus Sand, Löss oder Torf, in welche die Vögel ihre Bruthöhle graben.

Fortpflanzung

Da es das ganze Jahr über Fische gibt, kann der Eisvogel früh mit der Brut beginnen, zuweilen schon im April. Immer wieder wird die Brutzeit so gewählt, dass nach dem Schlüpfen der Eisvögel auch Fischbrut verfüttert werden kann. Am liebsten bezieht der Eisvogel seine vorjährige Bruthöhle; ist dies nicht der Fall, beginnt das Paar damit, im Rüttelflug Erdteilchen aus der Brutwand zu picken. Später hacken die Vögel mit dem Schnabel und scharren mit den Füßen. Die Röhre wird gut armtief und endet in einem Kessel, der immer so gelegen ist, dass der Brutvogel noch unmittelbar hinausschauen kann. Die 6–7 Eier liegen anfangs auf losgeschaffter Erde, aber mit der Zeit bildet sich eine pulverige Unterlage aus Fischschuppen und Gräten, welche die Vögel als Gewölle ausscheiden. Beide Eltern brüten. Brutdauer 18–21 Tage, drei Schachtelbruten wurden in einem Jahr beobachtet.

Nahrung

Eisvögel sind Stoßtaucher. Von einem Sitzplatz aus peilen sie ein Fischchen an und stoßen dann gezielt ins Wasser.

Markierungen → S. 231

Randbemerkungen → S. 231

1. Welche Art von Wörtern und Angaben ist markiert? Welche weiteren **Markierungen** wären hilfreich? Begründe deine Auswahl.
2. Wie unterscheiden sich die **Randbemerkungen** von den Markierungen?

Aus einer Deutschstunde

In einer Dreiergruppe sprechen Steffen, Sonja und Miriam über den Eisvogel-Text. Miriam beklagt sich: „Den Text würde ich am liebsten gleich wieder weglegen. Da sind so viele Wörter drin, die ich gar nicht kenne." „Stimmt", pflichtet ihr Steffen bei, „viele davon kann man aber trotzdem verstehen." „Lasst uns doch mal eine Liste der Wörter schreiben, die wir nicht kennen", schlägt Sonja vor, „vielleicht macht es uns allen mehr Spaß über den Text zu reden, wenn wir herausgefunden haben, was sie bedeuten."

1. Nenne die verschiedenen Wörter, die gemeint sein könnten.
2. Welche Wörter sind dir nicht vertraut?
   Welche kannst du trotzdem verstehen? Warum?
   Bei welchen müsste man noch etwas mehr wissen?

Hilfsmaßnahmen!

Es gibt zwei Möglichkeiten, Begriffe zu klären:

Erklärung aus dem Zusammenhang

- **Stoßtaucher:**
  Peilen von Sitzplatz aus Fisch an, stoßen dann gezielt auf ihn.
- **Rüttelflug:** …
- …
- …

Erklärung mithilfe eines Lexikons

Gewölf, die Jungen eines Wurfes beim Wolf und Hund.
Gewöll [von mhd. *gewel(le)*, ‚Brechmittel', ‚Gebrochenes'], jägerspr. ‚von Raubvögeln ausgespiene, unverdauliche Nahrungsreste' wie Federn, Haare usw.
Gewürz [spätmhd., zu ahd. *wurz*, ‚Kraut', ‚Pflanze']

3. Setze die „Erklärungen aus dem Zusammenhang" in dieser Weise fort.
4. Schlage den Begriff *Gewöll* in einem anderen Lexikon nach.
5. Erkläre den Begriff *Fischbrut*.
   Verwende dabei die Sprache des Lexikons.

Vielseitige Falter

Wer denkt, dass Schmetterlinge nur in unseren Breiten zu Hause sind, täuscht sich: Diese Insekten zählen zu den am weitesten verbreiteten Tiergruppen. Eine große Anzahl an Schmetterlingsarten lebt zwar in subtropischen oder tropischen Gebieten, weil sich dort Sonne, Wärme und damit eine Vielzahl blühender Pflanzen – Nahrungsgrundlage vieler Schmetterlingsarten – finden lassen. Ebenso gibt es aber zahlreiche Arten, die in kargen Steppengebieten, in Hochgebirgen und sogar in kalten Ländern wie Lappland leben. Dass die Schmetterlinge in solch unterschiedlichen Lebensräumen zurechtkommen, hängt damit zusammen, dass sie mit ihren über 800 000 Arten eine äußerst artenreiche Tiergruppe darstellen. Bei einer solchen Vielfalt kann sich natürlich jede Schmetterlingsart in Größe, Farbe, Flugtechnik und -geschwindigkeit, Art der Entwicklung vom Ei über Raupe und Puppe zum Falter, Lebensdauer, Ernährungsweise usw. ihrem jeweiligen Lebensraum genau anpassen: So gibt es auf Madagaskar z. B. Schmetterlinge, die mit ihrem auf bis zu 25 cm (ungefähr die Höhe der vor dir liegenden Buchseite!) ausfahrbaren Saugrüssel den Nektar aus länglichen, engen Orchideenblüten saugen können, während z. B. der Totenkopfschwärmer seinen kurzen, stabilen Rüssel benötigt, um in Bienenstöcken Waben zu durchstechen, aus denen er sich mit Honig versorgt. Doch obgleich Schmetterlinge in den verschiedensten Lebensräumen vorkommen und sich deren jeweiligen Lebensbedingungen scheinbar optimal anpassen können, sind heute viele Arten vom Aussterben bedroht, weil sich die Lebensräume durch Industrialisierung und zunehmende Besiedelung stark verändert haben oder, wie z. B. Flächen mit tropischem Regenwald, Besorgnis erregend schnell schrumpfen. Viele Falterarten stehen deshalb inzwischen unter Naturschutz.

1. In wie viele Abschnitte würdest du den Text einteilen? Notiere für jeden Abschnitt eine kurze Überschrift in dein Heft.
2. Vergleicht eure Ergebnisse.

Probleme

Bei der Suche nach besonders wichtigen Sätzen (Kernsätzen) im Text über die Schmetterlinge hat Florian den zweiten Satz markiert: *„Diese Insekten zählen zu den am weitesten verbreiteten Tiergruppen"*. Seine Nebensitzerin Julia hat den Satz *„Ebenso gibt es aber zahlreiche Arten, die in kargen Steppengebieten, in Hochgebirgen und sogar in kalten Ländern wie Lappland leben"* unterstrichen. Daraus entwickelt sich ein Streit darüber, welcher Satz ein Kernsatz sein kann.

1. Überprüfe die Meinungen.
2. Nenne Gründe für die Wichtigkeit der Sätze in diesem Text.
3. Suche andere mögliche Kernsätze des Textes heraus und vergleiche sie mit denen, die dein Nebensitzer herausgesucht hat.

Lösungen

Beim Begründen seiner Ansicht kommt Florian auf die Idee, die Bedeutung der einzelnen Aussagen sichtbar zu machen. Dazu denkt er sich folgendes Schema über die Zuordnung der Angaben und Begriffe aus:

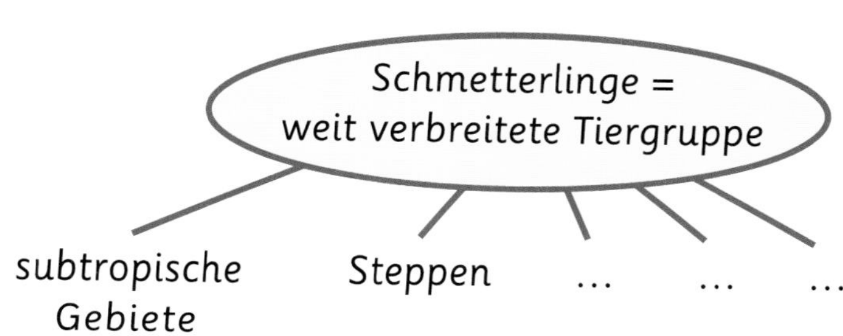

4. Übertrage das Schema in dein Heft und ergänze es.
5. Entwirf ein entsprechendes Schema für die Bereiche, in denen sich die Schmetterlingsarten voneinander unterscheiden können.

INFO

Nachschlagen → S. 229

- **Markierungen** im Text und knappe **Randbemerkungen** helfen, die wichtigen Inhalte eines Textes optisch herauszuheben.
- Es ist wichtig, alle in einem Text verwendeten **Begriffe** zu verstehen. Manche Begriffe lassen sich aus dem Zusammenhang erklären, für andere benötigt man die Hilfe eines Lexikons.
- Den Aufbau eines Textes kann man verdeutlichen, indem man für jeden **Abschnitt** eine **kurze Überschrift** formuliert.
- **Kernsätze** sind häufig übergeordnete Aussagen, denen man mehrere andere Aussagen unterordnen kann. Diese Über- und Unterordnung lässt sich auch grafisch darstellen.

Ergebnisse präsentieren

Arbeitstechniken anwenden

Ihr habt gelernt, aus Büchern und Sachtexten einen schnellen Überblick zu gewinnen und gezielt Informationen zu entnehmen.
Nun könnt ihr zu interessanten Themen Informationen suchen und der Klasse präsentieren.

Präsentieren: Vortragen, informieren, etwas zeigen

Vorschläge:
- Tiere in Afrika
- So lebten die Römer!
- Urlaubsländer Europas
- Unsere Haustiere

- Für welche Themen interessieren sich viele in der Klasse? Macht Vorschläge für Unterrichtsprojekte. Denkt auch an Fächer wie Biologie, Erdkunde, Religion und Geschichte.
- Wie findet ihr Informationen und Material zu eurem Thema? Wo könnt ihr suchen?
- Verabredet, wer zusammen in einer Gruppe arbeiten möchte. Wie lange habt ihr Zeit? Fangt an zu planen und euch zunächst selbst zu informieren.

Möglichkeiten der Präsentation von Ergebnissen

1. Eine Wandzeitung erstellen

Die 5 a hat sich für das Thema *Unsere Lieblingtiere* entschieden. Meike, Jonathan und Isabel haben viel über Löwen herausgefunden. Das Ergebnis zeigen sie auf einer Wandzeitung:

- Was ist eine Wandzeitung? Welches Material hat die Gruppe dafür verwendet?
- Worauf muss die Gruppe achten, wenn sie ihre Ergebnisse auf einer Wandzeitung präsentiert?

2. Eine Folie beschriften

Kai, Melanie und Paulina haben mit ihrer Klasse das Thema *Das alte Ägypten* gewählt. Sie haben die Aufgabe übernommen, etwas über den Bau der Pyramiden zu erkunden. In einem Buch haben sie gute Skizzen und Zeichnungen gefunden. Einige davon kopieren sie auf Folien und beschriften sie farbig. Sie erläutern der Klasse, was sie herausgefunden haben und zeigen dabei ihre Folien mit dem Tageslichtprojektor.

3. Tafelbilder und Skizzen entwerfen

Lena, Lisa und Malte haben sich beim Thema *Unsere Nutzpflanzen* den Kohl ausgesucht. Um die verschiedenen Kohlarten vorzustellen, haben sie an die Wandtafel eine Skizze gezeichnet mit den Züchtungen des Kohls.

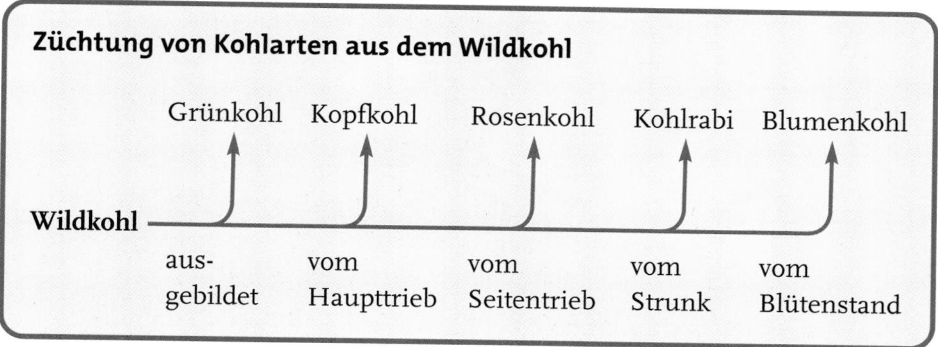

4. Arbeitsblätter entwerfen

Die ganze Klasse arbeitet zum Thema *Länder Europas*. Marie, Sören und Max wollen die anderen an ihren Ergebnissen zu Italien mitarbeiten lassen. Deshalb haben sie ein Arbeitsblatt entworfen, wie es alle aus dem Unterricht kennen. Sie haben eine Landkarte kopiert und kurze Texte aus dem Erdkundebuch. Dazu stellen sie Fragen und lassen Platz für Antworten.

- Sprecht darüber, wann welche Form der Präsentation passend ist. Welche Vor- und Nachteile haben sie? Was muss beachtet werden? Legt euch eine Tabelle an, in der ihr eure Ergebnisse sammelt und festhaltet.
- Kilian will beim Thema *Haustiere* seinen Dackel Hugo mitbringen. Anne hat zum Thema *Mittelalter* eine Papier-Burg aus einem Bastelbogen gebaut und will sie zeigen. Was haltet ihr davon?
- Welche Art der Präsentation wählt ihr für euer Ergebnis der Gruppenarbeit? Probiert es aus!

Fallen euch andere Möglichkeiten der Präsentation ein? Gibt es Kombinationen?

MAGAZIN: SPRACHE

Umgang mit Medien: Harry Potter

Was machen Kinder und Jugendliche eigentlich in ihrer Freizeit? Hausaufgaben, spielen, basteln, Sport treiben. Das sind sicher beliebte Freizeitaktivitäten.

Doch auch die Medien gehören zur Freizeit, also Bücher, Zeitschriften, Fernsehen, Filme, Computerspiele, Internet usw.

Einer, der in fast allen Medien auftaucht, ist der kleine Zauberlehrling Harry Potter.

- Was weißt du über Harry Potter?

Die Jugendbücher

Nachschlagen → S. 229

Joanne K. Rowling: Harry Potter und der Stein der Weisen – eine Inhaltsangabe *Schülertext*

Harry Potter lebt als Pflegekind bei der Familie Dursley, die ihn als Baby aufgenommen hat, nachdem seine Eltern bei einem mysteriösen Unfall ums Leben gekommen sind. Harry hat eine unglückliche Kindheit. Seine widerliche Tante Petunia und sein Onkel Vernon verhätscheln den eigenen Sohn Dudley, während sie Harry immer wieder schikanieren. Er muss in einer Abstellkammer unter der Treppe schlafen und Dudleys abgelegte Kleidung auftragen.

Vor Harrys elftem Geburtstag geschehen plötzlich eigenartige Dinge. Jemand versucht ihm einen Brief zu schicken, doch die Pflegeeltern versuchen mit allen Mitteln, die Zustellung des Briefs zu verhindern. Schließlich erhält Harry den Brief aber doch und erfährt, dass er aus einer berühmten Zaubererfamilie stammt und als Schüler in Hogwarts, der Schule für Zauberei, ausgebildet werden soll. Er erfährt auch, dass er in der Zaubererwelt eine Berühmtheit ist, weil er bereits als Baby dem Fluch des bösen Lord Voldemort widerstanden und damit dessen Macht gebrochen hat.

In Hogwarts beginnt ein neues Leben für Harry. Einerseits ist es geprägt durch harte schulische Arbeit, denn Harry muss wie die anderen Hogwarts-Schüler das Zaubern erst erlernen. Andererseits wird Harry dort immer wieder mit neuen Abenteuern konfrontiert. Seine besondere Stellung in der Zaubererwelt bringt Harry Bewunderung und Neid ein. Er findet Freunde fürs Leben und erbitterte Feinde, er kämpft gegen Zauberwesen, hat Probleme mit der Schule und einigen Lehrern, ist keineswegs ein „Superman“, sondern lebt in der ständigen Angst, von der Schule zu fliegen.

Nach und nach findet Harry seine eigenen positiven Kräfte und Eigenschaften heraus, und so wagt er es mit Hilfe seiner besten Freunde, sich auf die gefährliche Suche nach dem Stein der Weisen zu begeben.

1. Welche Themenbereiche werden in dem Roman *Harry Potter und der Stein der Weisen* behandelt?
2. Kennst du die Jugendbücher, die an der Seite abgebildet sind? Fasse kurz deren Inhalt zusammen und überlege, was sie mit *Harry Potter* gemeinsam haben.
3. Warum sind deiner Meinung nach gerade die Harry-Potter-Geschichten weltweit so erfolgreich?

Harry Potter – eine Erfolgsstory in den Medien

Joanne K. Rowling,
geb. 1966 in Chipping Sodbury (England), Studium der französischen Sprache und Literatur, Arbeit als Fremdsprachensekretärin und Lehrerin. Schreibt Romane für Erwachsene und Kinder.

Als Joanne K. Rowling 1993 ihren Roman *Harry Potter und der Stein der Weisen* schrieb, hätte sie nie damit gerechnet, dass sie damit weltweit ein Harry-Potter-Fieber auslösen würde: Der Roman wurde in mehr als 47 Sprachen übersetzt und rund 116 Millionen Mal verkauft. Seither werden die Harry-Potter-Romane weltweit gelesen, Zauberei und Hexerei sind in aller Munde, die Leserschaft reicht vom Grundschulkind bis zum Erwachsenen.

1997 wurde der erste Roman *Harry Potter und der Stein der Weisen* veröffentlicht, danach folgten *Harry Potter und die Kammer des Schreckens, Harry Potter und der Gefangene von Askaban* sowie *Harry Potter und der Feuerkelch.* Der vierte Roman hatte bereits eine Anfangsauflage von 5,3 Millionen Exemplaren. 2003 erschien dann *Harry Potter und der Orden des Phönix.*

Doch es blieb nicht bei den Jugendbüchern. Auch in anderen Medien ist Harry Potter weltweit vertreten, z. B. in Film, Internet, in Computer- und Videospielen usw. So kam im Herbst 2001 die Verfilmung von *Harry Potter und der Stein der Weisen* in die Kinos und schlug sofort alle Kassenrekorde. Jedes zweite Kind in Europa hat angeblich diesen Film gesehen.

Wenn man gerne im Internet surft und in eine Suchmaschine das Stichwort *Harry Potter* eingibt, so landet man sage und schreibe 1.860.000 Treffer!

(Massen-)Medien sind z. B. Film, Rundfunk, Fernsehen, Presse, Internet usw. Sie vermitteln uns Informationen und Meinungen.

Neben den Medien selbst machte auch die Werbung Harry Potter weltweit berühmt. Dazu gehört auch der Verkauf von sogenannten Fanartikeln, wie etwa Stifte, Schreibunterlagen, Besen, Socken und vieles mehr im Harry-Potter-Stil.

1. Durch welches Medium kennst du *Harry Potter* vor allem?
2. Übertrage den begonnenen Umfragebogen in dein Heft und vervollständige ihn für folgende Medien: CD / Kassette / Hörbuch – Zeitschrift / Zeitung – Computerspiel – Videospiel – Internet. Kreuze dann jeweils an, welche Erfahrung du mit Harry Potter gemacht hast.

Medien	Habe ich genutzt			Hat mir gefallen		
	nie	selten	häufig	nicht	mäßig	sehr
Buch						
Film						
…						

3. Vergleicht eure Ergebnisse und diskutiert darüber in der Klasse.

Die Filme

Nachschlagen → S. 229

Stimmen zu den Harry-Potter-Filmen

Lisa Ich habe eines der Bücher gelesen und Harry-Potter-Kassetten gehört. Der Film hat mir gut gefallen, auch wenn er zum Teil anders war, als es die Bücher sind. Das Mädchen Hermine ist im Film viel zu hübsch gewesen. Einiges wurde ausgelassen, anderes dafür eingefügt.

Fabian Ich habe alle Bücher gelesen, die haben mir super gefallen. Ich habe gehofft, dass die Filme so ähnlich sind und nicht viel verändert wurde. Einiges war aber schon anders. Manchmal stellt man sich etwas einfach nicht so vor. Ich habe mir die Lehrer ganz anders vorgestellt.

Frederik Ich habe noch kein Harry-Potter-Buch gelesen. Vielleicht hat mir der erste Film deshalb so gut gefallen. Er ist sehr spannend und hat tolle Szenen. Jetzt kaufe ich mir vielleicht doch die Bücher.

Sandra Ich konnte es kaum erwarten, bis der Film in die Kinos kam. Der Film war richtig toll, aber nicht so gut wie die Bücher. Einiges wurde übergangen und es kommt nicht alles so rüber, im Buch ist alles ausführlicher beschrieben.

Andy Die Filme waren super. Ich würde sie mir auch nochmals anschauen. Dass sie so lang gewesen sind, hat mich gar nicht gestört. Manches war sogar besser als im Buch, zum Beispiel das Quidditch-Spiel.

Catharina Ich kann mir irgendwie nicht vorstellen, dass die Filme immer rechtzeitig fertig werden. Die Hauptdarsteller werden ja auch älter und dann passen sie sicher nicht mehr zu den Figuren im Buch.

Sem Ich glaube nicht, dass ich mir alle Verfilmungen anschauen werde. Da muss man ja so lange warten, bis der nächste Film kommt. Lieber lese ich die Bücher.

Eileen Ich finde vor allem den Harry Potter-Darsteller Daniel Radcliffe total süß. Genauso habe ich mir Harry vorgestellt. Seit ich im Kino war, sammle ich alles über Daniel, vor allem die Bilder aus dem Film und die sind mir viel lieber als die Bücher.

1. Seid ihr mit den Aussagen über die Verfilmungen der Harry-Potter-Jugendbücher einverstanden? Diskutiert darüber in der Klasse.
2. Schreibe deine eigene Filmkritik.

Die Einstellungsgrößen

Zwischen extremer Nähe und extremer Entfernung hat sich beim Film eine achtstufige Skala von Einstellungsgrößen eingebürgert. Hier findest du eine Auswahl von 4 Einstellungsgrößen:

1 Weit (W)
In dieser Einstellung kommt es auf Einzelheiten nicht an. Häufig wird diese Einstellung als Beginn oder Abschluss einer Handlungssequenz gewählt.

2 Halbtotal (HAT)
In dieser Einstellung ist die Distanz zum Zuschauer immer noch recht groß. Man sieht jetzt Menschen von Kopf bis Fuß und kann ihre Handlungen insgesamt verfolgen. Die Körpersprache ist gut zu sehen, die Mimik jedoch noch nicht genau zu erkennen.

3 Nah (N)
Diese Einstellung entspricht etwa dem Brustbild einer Person. Im Fernsehen ist Nah die dominante Einstellungsgröße der Sprecher und Moderatoren.

4 Detail (D)
In dieser Einstellung ist ein extrem kleiner Ausschnitt einer Person oder eines Gegenstandes zu sehen.

1. Wie wirken diese unterschiedlichen Einstellungen auf den Zuschauer?
2. Bei welchen Ereignissen aus den Harry-Potter-Geschichten würdest du welche Einstellungsgröße verwenden?

Kameraperspektiven

1 

2 

3 

Bilder aus dem Film „Harry Potter und die Kammer des Schreckens“

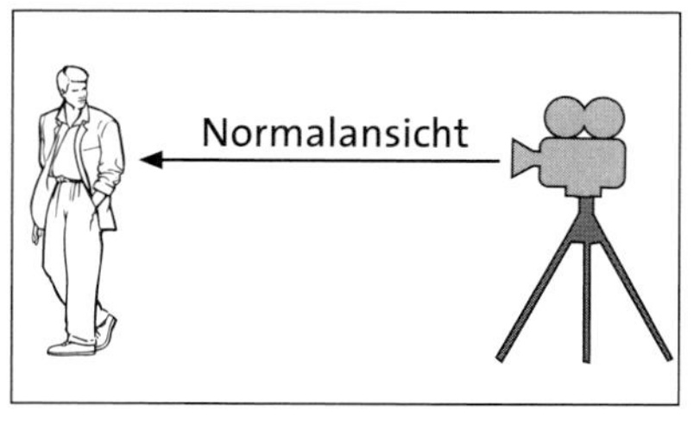

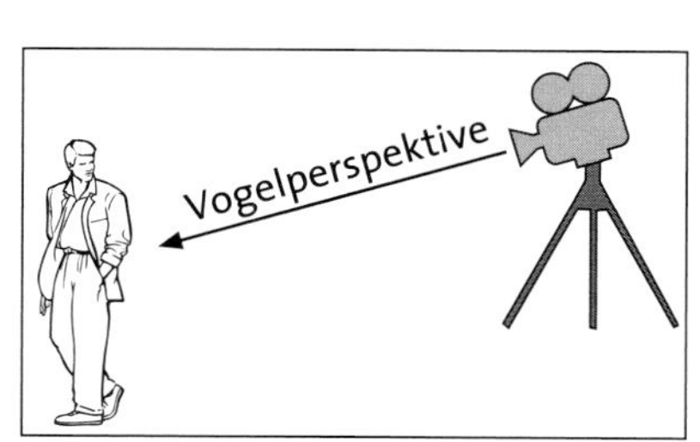

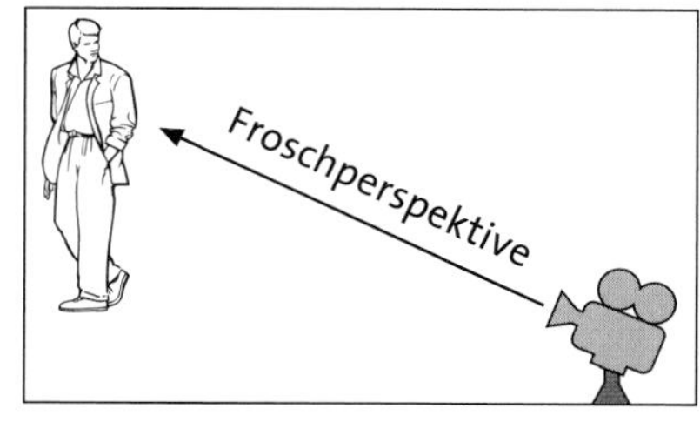

3. Ordne den Bildern aus dem Film die richtige Kameraperspektive zu.
4. Welche Wirkung hat die Kameraführung auf den Zuschauer?
5. Sucht euch eine Sequenz aus den Harry-Potter-Romanen aus, wählt Einstellungsgrößen und Kameraperspektiven aus und filmt das Ganze auf Video.

Die Spezialeffekte

In nachfolgendem Text erfährst du, wie die Spezialeffekte für die Verfilmung von „Harry Potter und die Kammer des Schreckens" gemacht sind:

visuell: das Sehen betreffende

Hydraulik: Steuer-, Brems-, Antriebsvorrichtung, die mithilfe von Flüssigkeiten in Behältern funktioniert

Chris Columbus ist der Name des Regisseurs der Harry-Potter-Filme.

Für die fantastischen Fabelwesen und Monster in „Harry Potter und die Kammer des Schreckens" sind die Leiter der Abteilung Visuelle Effekte, Jim Mitchell („Jurassic Park III", „Sleepy Hollow", „Mein großer Freund Joe") und Nick Davis („Harry Potter und der Stein der Weisen", „Pluto Nash", „Verlockende Falle") mit ihrem talentierten Team bei Industrial Light & Magic zuständig. [...]

Mitchell, Davis und ihr Team verantworten etwa 950 im Computer bearbeitete Einstellungen des Films. Sie erwecken zum Beispiel den Haus-Elf Dobby zum Leben, den Basilisk, die Wichtel aus Cornwall und die Spinnen (mit Ausnahme von Aragog). [...]

Neben dem Team für visuelle Effekte half auch der für die Fabelwesen zuständige Nick Dudman kräftig mit bei der Erschaffung der Zauberwelt: Er entwarf die Versteinerten, die man wirklich fast anfassen kann, den Phoenix Fawkes, den Basilisk, die Alraunen und – wer vor Spinnen Angst hat, aufgepasst! – Aragog, eine uralte Spinne von der Größe eines mittleren Elefanten! „Aragog hat den Monstermachern einiges an Kopfzerbrechen bereitet", erklärt Dudman. „Denn wir sollten eine drei Meter hohe Spinne von sechs Meter Durchmesser liefern, die laufen und sprechen kann. Jedes einzelne Bein wurde von einem anderen Teammitglied gesteuert, und der ganze Apparat funktioniert über ein komplexes System aus Hydraulik und etlichen Computerbildschirmen. Das Monster wiegt insgesamt fast eine Tonne!" [...]

Columbus legt Wert auf die Feststellung, dass es ihm in der „Kammer des Schreckens" durchaus nicht nur um die visuellen Effekte für die neuen Figuren geht: Er will auch die bereits aus dem ersten Film bekannten Elemente noch weiter perfektionieren, vor allem das äußerst rasante Spiel Quidditch. „Ich wollte die Figuren noch überzeugender in die Hintergründe einpassen", erzählt er. „Also gehen wir diesmal auf Nummer Sicher: Die Ausleuchtung bei den Aufnahmen der Spieler entspricht jetzt ganz exakt der Atmosphäre draußen im Quidditch-Stadion. Das Stadion wirkt diesmal echter, so als ob es schon lange benutzt wird. Auch das Tempo und den Bewegungsablauf der Spieler haben wir noch überzeugender gestaltet – dadurch wird das Spiel erheblich schneller und spannender."

6. Warum sind gerade bei den Harry-Potter-Verfilmungen so viele Spezialeffekte nötig?

7. Finde weitere Beispiele für Spezialeffekte außer den im Text oben genannten.

Das Tonprotokoll

Kann man Filme auf unterschiedliche Weise anschauen und wirken sie dann auch unterschiedlich? Wenn ihr der folgenden Anleitung nachgeht, werdet ihr es erfahren:

1 Wählt eine Filmsequenz aus einem der Harry-Potter-Filme aus und schaut sie **ohne Ton** an.
- Was nehmt ihr wahr?
- Worauf habt ihr geachtet?

2 Schaut auch dieselbe Filmsequenz nun mehrmals **mit Ton** an.
Macht Notizen zu folgenden Fragen.
- Welche Rolle spielt die Musik für die Wahrnehmung?
- Welche Rolle spielen die Geräusche?
- Was drücken die Stimmen aus?
- Wie wirkt das Geschehen ohne / mit Ton?

3 Fertigt zu einem Ausschnitt aus eurer Filmsequenz ein Tonprotokoll an wie in diesem Beispiel:

Tonprotokoll der Szene:
Harry, Hermine und Ron entdecken den dreiköpfigen Hund
- *knarrendes Geräusch, wenn eine alte Tür sich öffnet und schließt, Eisengeklirr des Schlosses*
- *leise Musik im Hintergrund, gezupfte Saiten*
- *Dialog:*
  RON: „Flinch ist weg, er denkt wahrscheinlich, die Tür ist verschlossen."
  HERMINE: „Die war auch verschlossen!"
  HARRY: „Und zwar nicht ohne Grund …"
- *Knurren und heftiges Atmen eines Hundes, das lauter wird*
- *gleichzeitiger Schrei von Harry, Hermine und Ron*
- *lautes Bellen und Knurren des Hundes*
- *Türgeknarre, Eisengeklirr, Bellen und Schreien der Kinder durcheinander*
- *Türe schlägt zu und wird verriegelt, dahinter (jetzt leiser) das Bellen des Hundes.*

Harry, Hermine und Ron in dem Film „Harry Potter und der Stein der Weisen"

1. Führt die Anweisungen 1–3 durch.
2. Erklärt, inwiefern der Ton eines Films (Musik, Geräusche, Dialoge) wichtig ist für die Wahrnehmung der Zuschauer.

INFO

- Der Film verfügt über verschiedene Techniken, die die Wahrnehmung des Zuschauers lenken, z. B. **Einstellungsgrößen**, **Kameraperspektiven**, **Spezialeffekte**, **Tontechnik.**

Nachschlagen → S. 229

Szenische Verfahren

TIPP Bevor ihr die Spiele auf den nächsten Seiten ausprobiert, solltet ihr die Tische und Stühle zur Seite räumen, damit ihr genügend Bewegungsfreiheit und Spielfläche im Klassenzimmer habt.

Sich strecken und recken

Stellt euch im Kreis auf, Schulter an Schulter, und macht dann einen großen Schritt nach außen – so habt ihr genügend Bewegungsraum. Schüttelt jetzt zuerst eure Arme, dann die Beine und schließlich Arme und Beine gleichzeitig. Streckt euch und reckt euch, hebt die Arme ganz hoch und versucht immer noch ein bisschen mehr zu wachsen. Springt zweimal mit beiden Beinen in die Luft und ruft dabei irgendein Wort, das euch gerade einfällt, z. B. „Schlappermaul!“ – „Katzenbiss!“ – „Baumstamm“ …

Spielideen

Nachschlagen → S. 230

Mäuschen im Raum

Stellt euch im Kreis auf. Der Spielleiter lässt ein imaginiertes[1] Mäuschen loslaufen, das dem Kreis entlang zwischen euren Beinen durchhuscht. Die Reaktionen ergeben sich dabei von selbst: Füße hochheben, panisches Wegspringen, Hochheben der Maus mit beiden Händen usw. Es kann sich auch ein anderes Tier durch den Kreis bewegen, z. B. eine Ringelnatter oder ein Hase.

1 **imaginieren** = sich etwas vorstellen

Bewegungsräume

hektisch *nervös* *eilig* | **gemütlich** **langsam** **verschlafen**

Das Klassenzimmer wird mit Kreppstreifen in zwei gleiche Räume aufgeteilt. In dem einen geht es geschäftig zu, in dem anderen bedächtig. Bewegt euch in der entsprechenden Haltung durch die beiden Räume. Beim Überschreiten der Markierung zum anderen Raum müsst ihr sofort die entsprechenden Bewegungen übernehmen. Wechselt mehrmals die Bewegungsräume!

Stand- und Spielfläche

Sucht euch einen Platz im Klassenraum. Stellt euch nun folgende Veränderungen des Raumes vor:

- Der Raum ist eine Fläche, die sich allmählich verengt. Das sollt ihr durch bestimmte Bewegungen, z. B. durch enges Zusammenrücken, deutlich machen.
- Der Raum wird zur Wippe, auf der sich zunächst nur zwei, später neu hinzukommende Spieler befinden, wobei die Bewegungen langsamer, schneller, ruckartiger, rhythmischer usw. werden können.
- Der Boden des Raumes wird zu einem Floß, das abwechselnd von mäßigem Wellengang und sehr hohen Wellen bewegt wird. Die Wellen kommen von vorn, dann von der linken und der rechten Seite.

Verstanden?

Pantomime (griech.: pantomimos = alles nachahmend) ist eine Form des szenischen Spiels, bei der ohne Sprache Räume, Gegenstände und Handlungen allein durch Gebärdensprache (Mimik und Gestik) ausgedrückt werden.

Jeder zwinkert sich aus dem Kreis einen Partner zu. Beide stellen sich einander gegenüber und gehen drei Schritte auseinander. Jeder „sagt" nun pantomimisch, was er heute Nachmittag vorhat. Danach stellt einer dem anderen die Kontrollfrage: „Hast du verstanden, was ich dir gesagt habe?"

Das geht nur gemeinsam

Zweierpaare stehen sich gegenüber und einer beginnt wortlos, aber mit entsprechender Gestik, eine Tätigkeit, die nur gemeinsam ausgeführt werden kann: ein langes Tischtuch zusammenlegen, eine schwere Kiste auf einen Tisch stellen, ein Kind schaukeln, eine Glasscheibe heben. Die anderen sollen die Tätigkeiten erraten.

Verwandlungen

Das **Vorstellungsvermögen** (lateinisch: Imagination = sich etwas vorstellen) ist eine wichtige Fähigkeit für das darstellende Spiel. Ein Spieler sollte sich in Situationen, Dinge und Personen gut hineinversetzen können, um sie überzeugend darzustellen.

Für dieses Spiel braucht ihr ein gutes Vorstellungsvermögen. Setzt euch im Kreis hin. Einer verwandelt einen Bleistift pantomimisch mit langsamen Bewegungen in einen anderen Gegenstand (z. B. einen Kamm) und gibt ihn ohne Worte weiter. Der nächste nimmt diesen Gegenstand auf, spielt mit ihm, probiert Verschiedenes mit ihm aus und verwandelt ihn dann in einen neuen Gegenstand, z. B. einen Ball, den er dem nächsten zuwirft. So geht der „Gegenstand" in immer neuen Verwandlungen reihum.

Mimische Kette

Alle sitzen im Kreis. Einer spielt vom Platz aus oder in der Mitte ohne Worte eine kurze Handlung vor. Alle beobachten ihn genau. Anschließend sollen zwei oder drei Personen das nachspielen, was ohne Worte vorgespielt wurde. Die anderen beobachten genau, ob etwas ausgelassen oder anders gespielt wurde.

Mimik (griech.: mimikos = nach Art der Schauspieler) bringt durch Muskelbewegungen des Gesichts Gefühle und Gedanken einer Bühnenfigur zum Ausdruck.

Sprechende Gesten

Jeder wählt sich eine der folgenden Situationen aus und spielt sie gestisch den anderen vor. Denkt euch noch weitere Situationen aus und spielt sie.

Komm mal her, ich will dir was zeigen! – Mensch, wie lange muss ich denn noch in dieser Schlange an der Kasse stehen! – Guck mal, wie der wieder angibt! – Nein, ich will jetzt auf gar keinen Fall gestört werden! – Pah, dann spiel ich eben nicht mehr mit! – Bei mir schreibt die heute nicht ab!

Geste (lat.: gestus = Gebärde). Die Körper- und besonders die Arm- und Handbewegungen sind grundlegende Ausdrucksmittel eines Darstellers.

Mienen-Ratespiele

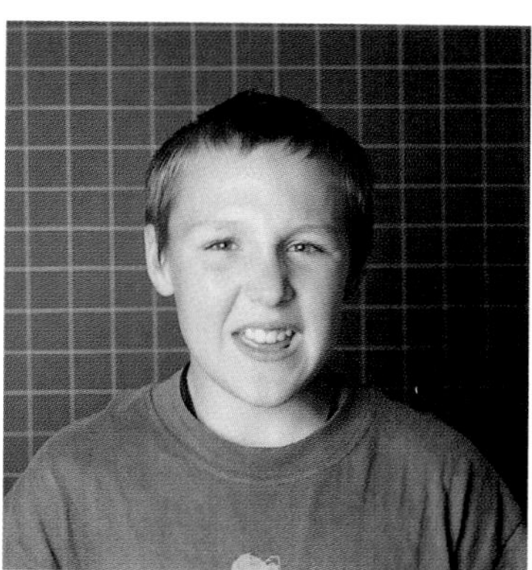

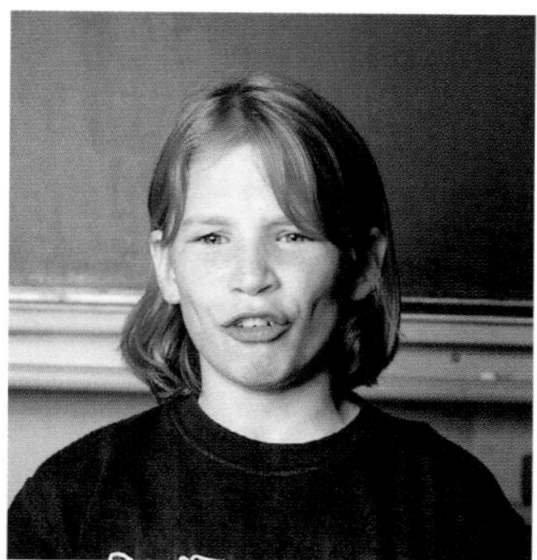

In einem Korb liegen Kärtchen, auf denen ein Gefühlsausdruck angegeben ist, z. B. *Freude, Wut, Entsetzen, Traurigkeit.* Ihr sollt euch in die angegebene Situation hineinversetzen und durch den passenden Gesichtsausdruck den anderen dieses Gefühl vorspielen. Diese sollen euer Mienenspiel erraten.

1. Probiert diese Spiele ohne Worte im Kreis aus.
2. Unterhaltet euch anschließend darüber, was euch geholfen hat, das pantomimisch Dargestellte zu erraten.

Gepustete Laute

Ihr steht im Kreis. Nun wird eine Feder oder ein Wattebällchen von der Handfläche in die des Nachbarn zur Rechten gepustet. Verwendet dabei im ersten Durchgang die Silben **ba – be – bi – bo – bu**, im zweiten Durchgang die Silben **ka – ke – ki – ko – ku**. Der Erste pustet auf **ba** bzw. **ka**, der Nächste auf **be** bzw. **ke** usw. Achtet dabei einmal auf die Atmung. Merkt ihr, wie unterschiedlich die Laute klingen?

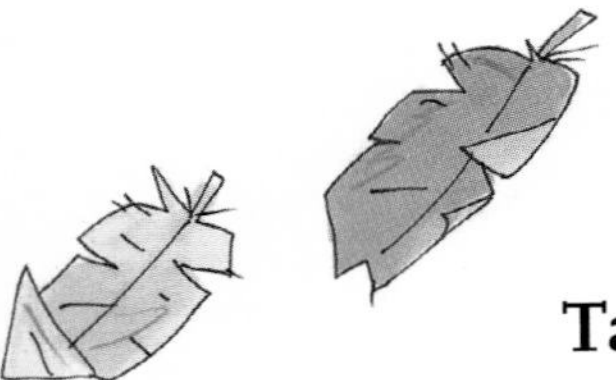

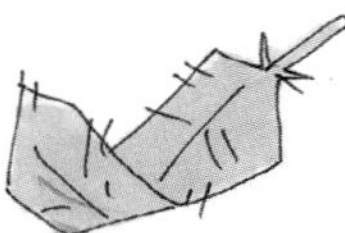

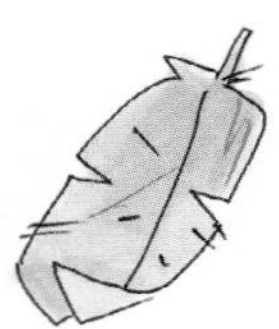

Ta-ke-ti-na

Bildet zwei Reihen, die sich im Abstand von drei Metern gegenüberstehen. Jeder hat einen Partner auf der anderen Seite. Nun schickt ihr euch gegenseitig die Lautfolge „**ta – ke – ti – na**" zu. Probiert dabei folgende Möglichkeiten aus: Sprecht mit wechselnder Lautstärke, fangt z. B. leise an und steigert die Lautstärke oder sprecht jede Silbe abwechselnd laut und leise. Wechselt die Geschwindigkeit, sprecht erst langsam und werdet dann immer schneller. Sprecht verärgert, traurig, geheimnisvoll, feierlich, gehetzt. Zum Schluss gehen alle auseinander, und die Laute werden nur noch geflüstert.

Hör-Laute …

Sprecht die angegebenen Laute einzeln, dann in Gruppen. Wie klingt es, wenn verschiedene Lautfolgen aufeinander treffen? Könnt ihr euch vorstellen, welche Personen diese Laute äußern? In welcher Situation? Probiert eine kleine Spielszene nur mit euren Lauten aus!

		da sollte man …
leise	Mmmh! Mmmh! / Psssst! Psssst!	… ganz still sein
seufzend	Ach ja! Ach ja! Oh je! Oh je!	… genau zuhören
erstaunt	Huch! Oooh! Huch! Oooh! Huch!	… aufhorchen
bewundernd	Olala! Uijuijui! Boooh! Huiii! Olala!	… unbedingt zuhören
tadelnd	Tststs! Tststs! Na! Na! Na! Soso!	… beschämt zuhören
einschüchternd	Aha! He! Du da! He! Du da! Aha!	… besser weghören
schrill	Igitt! Iiiiih!! Ääh! Uaaaah!!	… die Ohren zuhalten
verletzt	Au! Au! Auaaah! Auuuu!	… hingehen und helfen

1. Probiert diese Spiele mit den verschiedenen Lauten aus. Vergesst nicht vorher tief einzuatmen und mit beiden Füßen fest auf dem Boden zu stehen.

Im Spiegelkabinett

Bildet drei Gruppen in der Klasse. Stellt euch vor, ihr seid in einem Spiegelkabinett …

Gruppe A … und werdet auf einmal lang und dünn.	*Gruppe B* … und werdet immer kleiner.	*Gruppe C* … und werdet immer dicker.

1. Wie bewegt ihr euch? Stellt das dar und erfindet eine kleine dreiminütige Szene, die nur aus Gestik, Mimik und Lauten besteht.

Unter **Stegreifspiel** versteht man ein offenes Spiel, das nicht an einen vorgefertigten Text gebunden ist. Die Spieler spielen nach ihrer Verabredung, **was** ihnen einfällt und **wie** es ihnen einfällt (Stegreif = Steigbügel). Man muss also nicht „im Sattel" sitzen, um loszuspielen. Spielideen und Spieler sind unbegrenzt. (Siehe dazu auch „improvisieren", S. 210.)

Spiel mit dem Papierkorb

Bildet mehrere Gruppen. Improvisiert eine kleine Szene, bei der jemand etwas sucht und es schließlich im Papierkorb findet. Was es ist und ob es überhaupt noch zu gebrauchen ist, entscheidet ihr beim Ausprobieren.

Einer fängt an

Spieler 1
Also, der Hund von nebenan wird auch immer dicker.

Spieler 2
Mir wird ganz schlecht, wenn ich daran denke, wie …

Spieler 3
???

Spieler 4
???

Schreibt die unterschiedlichsten Sätze (alltägliche, lustige) auf Papierstreifen und sammelt sie in einem Kasten. Jeder zieht einen Zettel heraus, lernt ihn auswendig und legt ihn zurück in den Kasten. Einer kommt auf die Spielfläche und spricht seinen Satz, indem er sich dazu eine Figur und eine Situation vorstellt. Es folgen nacheinander weitere Spieler, die ihren Satz an passender Stelle sprechen.

2. Spielt eure Szenen den anderen vor. Vergesst nicht, den Bühnenraum im Klassenzimmer abzustecken. Die Szenen können bis zu drei Minuten dauern.

INFO

- **Aufwärmspiele**, **Pantomimen**, **Sprachspiele** und **Stegreifspiele** sind Basisübungen für das darstellende Spiel. Sie schaffen Vertrauen in der Gruppe und erleichtern das Zusammenspiel. Sie dienen dazu, den eigenen Körper, die Stimme und den Raum genau wahrzunehmen.

Nachschlagen → S. 230

Nachschlagen → S. 230

Theaterszenen

Albert Wendt (geb. 1948 in Bordorf bei Leipzig) schreibt seit mehr als 25 Jahren Erzählungen, Gedichte, Theaterstücke, Hörspiele und auch bissige Märchen. Das Stück „Der Vogelkopp" hat er 1984 geschrieben. Seine Figuren sind immer Sonderlinge und Eigenbrötler.

Der Vogelkopp *Albert Wendt*

Hier findet ihr die zweite von insgesamt zwölf Szenen aus dem Theaterstück „Der Vogelkopp" von Albert Wendt. Es ist ein Märchen und handelt von einem Holzfäller, der ohne Rücksicht auf seine gesellschaftliche Anerkennung Leben beschützen will und sich dadurch wie ein Narr verhält. Er bringt sich in Schwierigkeiten, weil er unter seiner Mütze junge Vögel verbirgt, um sie vor Kälte zu bewahren. In der „Hut-zieh-straße" kann er daher seine Mütze nicht abnehmen, wie es die Vorschrift verlangt. Bisher gab ihm der Königliche Untersekretär dort Geld für das Holz, das er im Wald geschlagen hat, und fürs Mützeziehen ein Lächeln und eine Zigarre. Aber nun …

2. Szene: In der Hutziehstraße

Holzkopp Hier, Herr Königlicher Untersekretär, bring ich Ihnen das bestellte Holz. Es ist gute rote Kiefer, die knackt so schön im Kamin und duftet durch das Haus. *(Poltern.)*

Königlicher Untersekretär Ich danke dir, mein Guter. Schön stark bist du. schleppst mir den halben Wald an. So, jetzt hast du die Hände frei, jetzt zieh die Mütze, wie es sich gehört.

Holzkopp Herr Königlicher Untersekretär, ich habe eine Bitte. Ich möchte von heute an meine Mütze aufbehalten und mich dafür vor Ihnen verneigen.

Königlicher Untersekretär Nein, Holzkopp, das reicht nicht. Lies mir dort das Straßenschild laut vor.

Holzkopp Hut-zieh-straße.

Königlicher Untersekretär Hut-zieh-straße. Das ist nicht nur der Straßenname, das ist zugleich unsere schöne Ordnung. Und wir wollen doch nicht etwa gegen unsere schöne Ordnung rebellieren. Wir zwei alten Freunde.

Holzkopp Ich habe Vögel unter der Mütze, darum kann ich sie nicht abnehmen.

Königlicher Untersekretär Zuerst verweigerst du mir die gebührende Achtung, und jetzt verspottest du mich auch noch. Habe ich das verdient, war ich nicht immer freundlich zu dir? Aber das scheint deinesgleichen nicht zu bekommen. *(Brüllt):* Ich kann auch anders.

Holzkopp Warum werden Sie gleich so böse? Wir brauchen doch nur unser Geschäft zu verkleinern und haben wieder schöne Ordnung. Bisher bekam ich für das Holz Geld und für das Mützeziehen eine Zigarre. Ab heute lassen wir das Geschäft mit der Zigarre weg, und Sie bezahlen mich nur für das Holz.

→ S. 282

Königlicher Untersekretär Aha. Jetzt weiß ich, womit ich dich kleinkriegen kann. Gut, ich gebe dir das Geld fürs Holz. Aber ich lege es in deine Mütze. Hier ist das Geld. Zieh die Mütze.

Holzkopp *(leise):* Wer hätte das gedacht, meine Ergebenheit scheint wichtiger zu sein als meine Arbeit. Sagt, Vögel, was soll ich tun?

Jungvögel Du solltest lachen. Ja, lachen wäre jetzt richtig. Du hast lange nicht gelacht, dabei ist dieser Herr Wichtig doch komisch genug. Wir helfen dir und piepsen etwas quer, wir piepsen andersrum, dann kann man es auch pupsen nennen.

Holzkopp *(lacht):* Aufhören, das ist zu komisch. Verzeihung, Herr, es ist einfach zu lächerlich. *(Schüttet sich aus vor Lachen.)*

Königlicher Untersekretär Du Aufmüpf, du Undank, du Zersetz, du… Du Vogelkopp! Ja, Vogelkopp sollst du von jetzt an heißen, und wer dich trifft, soll dich verjagen. Verschwinde, Vogelkopp, und lass dich nie mehr in der Hutziehstraße sehen. Und jetzt lass ich meine Hunde los. Da wird dir das Lachen schon vergehen.

1. Macht einige Leseversuche mit verteilten Rollen in der Klasse.
2. Bildet mehrere Gruppen und probiert verschiedene Sprech- und Körperhaltungen zu den Figuren aus.

Durch die Art des Sprechens, die Körperhaltung, Mimik und Gestik sowie die Art zu gehen kann man die Eigenart einer Figur betonen.
- Sollen die Jungvögel einzeln oder im Chor sprechen?
- Wie lacht Vogelkopp?
- Welche Körperhaltung hat der königliche Untersekretär?

8. Szene: Vor dem Throne

Fanfare

Königlicher Untersekretär Ihre Majestät, die Königin!

Königin Und jetzt, Vogelkopp, da du weißt, dass du vor der Königin stehst, bezeuge deinen Respekt und ziehe die Mütze und neige das Haupt zur Erde. Und wisse, hier ist weder die kleine Gemeinheit der Hutziehstraße noch die plumpe Freiheit des Waldes. Hier vor dem Thron herrschen eherne[1] Gesetze, die stärker sind als mein Wille und dein Stolz. Hier, vor diesem alten Thron, wird nicht gefeilscht[2], hier wirst du überschüttet mit königlicher Huld[3] und Geschenken, oder du wirst geköpft.

Königlicher Untersekretär *(leise):* Hört, hört! Und ich habe gedacht, sie wäre eine sentimentale[4] Ziege. Sie ist ein sehr gefährliches Weib. Lockt ihn mit Schmalzstullen und bricht ihm den Nacken.

Königin Staune nicht so kindisch, Vogelkopp, und hoffe nicht darauf, dass ich scherze. Unverrückbar steht das Gesetz über uns beiden. Entweder du ziehst die Mütze und neigst dein Haupt oder der Henker legt es dir zu Füßen.

Vogelkopp Verstehe, schöne Königin, du kannst nicht anders. Und denke ja nicht, ich wäre ein Held oder trotzig. Es ist nur so vertrackt[5]. Das einzige Taugliche, was ich aus meinem schweren Leben herausholen konnte, ist dieses Wohlgefühl im Kopf. Und das Gesetz meiner Leute heißt: Hast du etwas gefunden, was taugt, dann lass es bei Deinem Leben nicht los. Das Gesetz ist so alt und ehern wie deines, und ich werde es nicht brechen.

Königin Ist königliche Huld denn weniger als deine Helle im Kopf?

Vogelkopp Ich will dich nicht beleidigen, schöne Königin …

Königin Verstehe, lieber Vogelkopp, du lässt dich nicht retten. Du gefällst mir immer besser. Wachen, führt ihn ab in den Kerker. Sekretär, lass das Schafott errichten.

Königlicher Untersekretär Mit dem größten Vergnügen. Denn das Schafott ist die höchste der Austreibschulen.

Königin Musikanten, das Fest geht weiter. So, jetzt muss ich doch noch eine Schmalzstulle essen.

1 **ehern** = eisern, fest

2 **feilschen** = (aus)handeln,

3 **Huld** = Gnade, Großzügigkeit

4 **sentimental** = gefühlsduselig

5 **vertrackt** = schwierig

Die **Requisiten** (lat.: requisitum = erforderliches Ding) sind das Zubehör auf der Bühne, von den Kostümen bis hin zu Stuhl, Tisch, Garderobenständer oder kleinen Gegenständen. Die Requisiten sollten etwas über die Figur und die Situation aussagen.

Das **Bühnenbild** macht die Ausstattung für den Ort der Handlung anschaulich. Man kann im Entwurf auch Gruppierungen der Figuren festhalten, um eine Vorstellung vom Bühnenraum und den darin spielenden Menschen zu gewinnen.

1. Überlegt euch in Gruppen, wie ihr den Thronsaal auf der Bühne gestalten könntet. Welche **Requisiten** werden benötigt? Wie sollen die Personen in dem Thronsaal angeordnet sein? Wer sitzt, wer steht? Ihr könnt das **Bühnenbild** in der Klasse aufbauen oder skizzieren.

9. Szene: Im Kerker

Vogelkopp Ist eure Mutter endlich munter.

Jungvögel Nein, wir kriegen sie nicht wach!

Vogelmutter Ich hab getanzt heut Nacht, die ganze Nacht, heut Nacht…

Jungvögel Sie träumt.

Vogelkopp Wann ist sie nach Hause gekommen?

Jungvögel Gegen Morgen, es wurde gerade hell. Mama, aufwachen! Wir sitzen im Kerker und wissen nicht weiter.

Vogelkopp Na und?

Jungvögel Nichts. Sie lächelt selig. Was für Schwerstarbeit, eine Mutter zu wecken, die die Nacht durchgefeiert hat. Vielleicht, Vogelkopp, können wir dir selber raten.

Vogelkopp Ach, ihr, soll ich etwa die Königin auslachen oder mit dem Henker Walzer tanzen.

Vogelmutter Kinder, Kinder, wenn ihr wüsstet… Das war ein Fest. Eure Mutter ist ein verrücktes Huhn. Aber sie war der schönste Vogel auf dem Ball.

Jungvögel Wach richtig auf, Mama.

Vogelmutter Nein, Kinder. Macht euch heute mal das Frühstück selber. Eure Mama ist krank. Ihr seid doch schon so groß.

Jungvögel Mama, nicht wieder einschlafen.

Vogelmutter Was hämmert nur in meinem Kopf. Poch, poch, poch, au.

Jungvögel Das hämmert nicht in deinem Kopf. Das sind die Zimmerleute, draußen auf dem Platz. Die bauen das Schafott für den Vogelkopp.

Vogelmutter Wann ist unser Termin?

Jungvögel In drei Stunden und zehn Minuten.

Vogelmutter Dann dreh ich mich noch mal um. Seid lieb und lasst mich noch drei Stunden schlafen.

Regieanweisungen

(unruhig hin und her gehend…)

(macht ein paar holprige Tanzschritte)

(mit weit ausgebreiteten Armen)

(zieht die Bettdecke über den Kopf)

(hämmernde Geräusche von außen)

(rütteln sie heftig)

(zupft verträumt an ihrem Kleid)

(schnappt sich einen Jungvogel und tanzt mit ihm)

(wild gestikulierend)

(mit verträumtem Blick)

(mit weit aufgerissenen Schnäbeln)

(holen einen großen Wecker aus der Tasche)

(sehr aufgeregt)

(auf dem Sofa, bis zum Hals mit einem dicken Federbett zugedeckt)

In den **Regieanweisungen** (auch Nebentext genannt) macht der Autor über den Dialog hinaus Angaben zu Ort und Zeit der Handlung, beschreibt das Verhalten von Personen, deren Gesten, Sprechweisen und Gänge. Sie sind Angebote für die Darstellungsweise auf der Bühne

2. Schreibe die 9. Szene in dein Heft und füge an passender Stelle die obigen Regieanweisungen ein. Du kannst auch eigene **Regieanweisungen** ergänzen.
3. Probiert in der Klasse eure verschiedenen Vorschläge aus und sprecht darüber.

Improvisieren (von ital.: improviso = unvorhergesehen, unerwartet) bedeutet, eine Szene ohne Vorbereitung und mit eigenem Text und eigenen Ideen spontan, aus dem Stegreif (daher auch **Stegreifspiel**) anderen vorzuspielen.

Die 10. Szene

„Sekretär, lass das Schafott errichten!" – So befahl die Königin ihrem Sekretär in der 8. Szene. – Wie könnte die Geschichte mit Vogelkopp wohl weitergehen? Gibt es Rettung für ihn?

Bildet Gruppen mit sieben bis acht Spielern und denkt euch eine 10. Szene aus. Welche Hinweise erhaltet ihr in der 8. Szene? Ihr solltet in der Gruppe nicht zu lange über Ideen sprechen, sondern diese sofort ausprobieren. Stellt euch z. B. die Personen vor und improvisiert einfach verschiedene Dialoge.

Eine geschriebene Szene mit Regieanweisungen nennt man **Spielvorlage.**

1. Haltet die besten Ideen eurer Improvisation in einer **Spielvorlage** fest. Ihr könnt euch an dem folgenden Beispiel orientieren.

Ort: Marktplatz, Schafott
Personen: Vogelkopp, Königin, Königlicher Untersekretär, Henker, Jungvögel, Volk

Vogelkopp *(auf dem Schafott)*: Da seht ihr, was mir euer „Wir piepsen etwas quer, wir piepsen andersrum" geholfen hat. Ihr Grünschnäbel!

Jungvögel *(kichernd)*: Warte nur ab, die Rettung naht. Und dann zwitschern wir dir einen Walzer!

Königlicher Untersekretär *(die Hände reibend, zu Vogelkopp gewandt, leise)*: So, du Aufmüpf, du komische Gurke mit Vogel! Vor mir den Hut nicht zu ziehen! Jetzt soll dein Kopf rollen! *(Die Königin erscheint.)* Nanu, was will die denn hier? Die war doch noch nie dabei, wenn ich Köpfe rollen lasse …

Die Aufführung in der Klasse

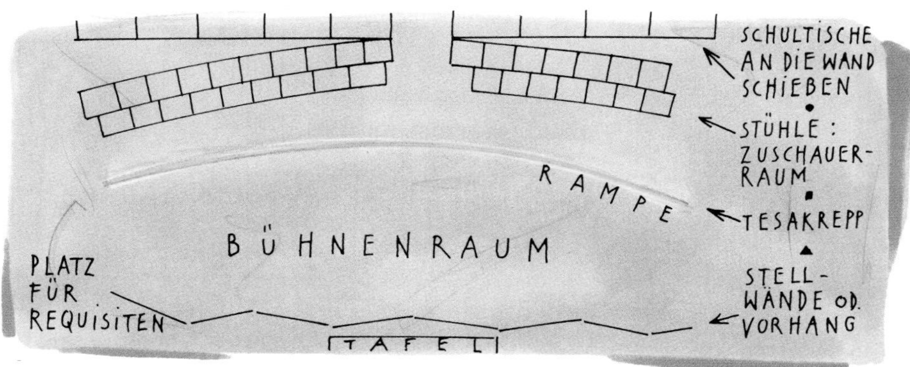

Als **Rampe** wird die vordere Begrenzung des Bühnenbodens bezeichnet.

Das müsst ihr vor der Aufführung planen:

- Erstellt auf der Grundlage eurer Improvisationen eine Spielvorlage (mit Regieanweisungen) und fertigt Kopien für alle Beteiligten an.
- Verteilt die Rollen und sonstige Aufgaben (Spielleiter, Bühnenbildner, **Souffleur**). Erstellt einen Probenplan.
- Probt mehrmals Gestik, Mimik, Sprech- und Körperhaltung der Personen sowie die Positionen im Raum.

Ein **Souffleur** hat die wichtige Aufgabe, den ganzen Text still mitzulesen, um einem Darsteller, der auf der Bühne nicht mehr weiterweiß, auf die Sprünge zu helfen.

Daran müsst ihr am Aufführungstag denken:

- das Klassenzimmer für die eingeplante Zeit reservieren
- am Vortag oder in der Pause das Klassenzimmer zu einer Bühne umgestalten (vgl. die Skizze); die Lichtverhältnisse berücksichtigen (Gegenlicht vermeiden!)
- alle Requisiten und Kostüme im hinteren Teil zurechtlegen
- einen geeigneten Platz für den Souffleur suchen

2. Verteilt die Rollen und die verschiedenen Aufgaben und beginnt mit den Vorbereitungen für eine Aufführung in der Klasse.
3. Führt eure Szenen in der Klasse auf. Danach gibt es Applaus!

INFO

- Das Spielen einer Theaterszene muss vorbereitet werden:
  – durch das **Lesen mit verteilten Rollen**
  – durch die mögliche **Gestaltung eines Bühnenraumes**
  – durch mögliche **Regieanweisungen**
  – durch das Erstellen einer **Spielvorlage**.

Nachschlagen → S. 230

Einen Theaterabend für Eltern gestalten

Der Lohn der Mühe: Der ganz große Auftritt

Aus einzelnen Szenen des Stücks „Vogelkopp“ und euren neu erfundenen Szenen lässt sich leicht ein größeres Theaterprojekt durchführen.

- Bei der Planung und Durchführung könnt ihr auf vieles zurückgreifen, was ihr im Unterricht zum Thema „Szenische Verfahren“ ausprobiert und gelernt habt.
- Ihr habt fertige Spielvorlagen: die Szenen aus dem Stück *Der Vogelkopp* von Albert Wendt in diesem Buch und eure selbst erfundenen Szenen.
- Außerdem habt ihr die Szenen bereits einstudiert und die Generalprobe hat auch schon statt gefunden, nämlich in eurem Klassenzimmer.
- Vielleicht könnt ihr den Ausgang des Stückes am Theaterabend den Zuschauern überlassen. In einer kleinen Erzählrunde bei Getränk und Keksen im Anschluss an die Aufführung lasst ihr die Eltern dann verschiedene Ideen nennen.

Plakat und Einladung

• Eintrittskarte •

Der Käufer verpflichtet sich, nach der letzten Szene einen Vorschlag an die Klasse zu unterbreiten, wie das Stück enden könnte.

Aufgaben verteilen

- Eine Gruppe in der Klasse kümmert sich um den Entwurf und die Anfertigung der Einladung und des Plakats für den Pausenhof in der Schule.
- Eine Gruppe übernimmt die Gestaltung der Eintrittskarten.
  Der Preis: eine Idee des Käufers, wie das Stück ausgehen könnte.
- Eine Gruppe übernimmt die Gestaltung eines Theatercafés.
- Ladet einen „Hof“-Fotografen ein, damit ihr Erinnerungsfotos habt.

Dem Theaterabend einen Rahmen geben

Hier ein paar Anregungen:

- Zwischen den einzelnen Szenen könnt ihr Musik einspielen.
- Ihr könnt eine *Narrengalerie* gestalten: An Stellwänden hängen großformatige Abbildungen verschiedener Narren aus verschiedenen Zeiten (Eulenspiegel, Münchhausen, Fastnachtsnarren …)

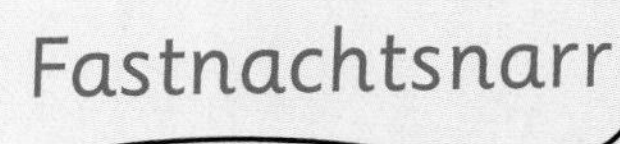

- Ein Handzettel mit der Abfolge der Szenen und der Darsteller in der Reihenfolge ihrer Auftritte liegt auf den Zuschauerstühlen.
- Eine Gruppe gestaltet im Nebenraum das „Theatercafé“ mit euren Theaterplakaten, schöner Musik und Kleinigkeiten zu essen und trinken.

Ein Programmheft erstellen

Eine Gruppe überlegt sich Texte, die in eurem **Programmheft** aufgenommen werden können und gestaltet das Layout mit Satzspiegel und eingescannten Fotos.

Hier sind ein paar Anregungen zum Inhalt:
Personenverzeichnis, Abfolge der Szenen, kurze Inhaltsangabe des Stücks „Der Vogelkopp“, Informationen zum Autor Albert Wendt, Informationen zu den Stichworten „Narr“ und „Schelm“, eine kleine Schelmengalerie, eure Bühnenbildentwürfe und Kostümentwürfe, kleine Texte der Darsteller über ihre Rolle (Rollenbiografien), Fotos von der Aufführung …

Das **Programmheft** enthält neben dem Verzeichnis der Mitwirkenden Informationen zu einem Theaterstück, zum Autor und sonstige Erläuterungen.

Der Blick zurück …

… auf ein paar unterhaltsame und spannende Schulwochen lohnt sich. Einige von euch könnten einen Artikel für eure Schülerzeitung oder das Jahrbuch schreiben: über die Entstehung und die Umsetzung eurer Idee zu so einem Theaterabend, welche Pannen es gab, was ihr gegen Lampenfieber unternommen habt, und, und, und …

Werkstatt: Schreiben

Kapitel Informieren

Seite 19 Sich und andere informieren

Informationen gibt man für einen Empfänger (Adressaten) über eine Person oder einen Gegenstand und zu einem bestimmten Zweck. (Wer soll worüber zu welchem Zweck informiert werden?) Danach richtet sich, welches die wichtigen Informationen sind.

Seite 22 Berichten

Das Berichten ist in der Regel eine sachliche Darstellung. Wird über einen Vorgang berichtet, muss die richtige zeitliche Abfolge eingehalten werden. Als Zeitform (Tempusform) wird die Vergangenheit (das Präteritum) gewählt.

In der Regel wird für einen **Adressaten** berichtet. Normalerweise will jeder Adressat wissen, wer an einem Geschehen beteiligt und was geschehen ist. Andere Fragen sind abhängig vom jeweiligen Adressaten. So sind für den einen die Folgen des Geschehens wichtig (Welche Folgen?), für den anderen der Zeitpunkt (Wann?) und für einen anderen der Ablauf des Geschehens (Wie?).

In der Regel ist der Bericht sachlich und knapp, wie etwa ein Bericht für die Versicherung. Er kann aber auch je nach Adressat anschaulich und ausführlich sein.

Seite 28 Beschreiben

Jede Beschreibung setzt eine genaue Beobachtung voraus, um einen Adressaten entsprechend zu informieren. Beim Beschreiben von Vorgängen muss man sich an der zeitlichen Reihenfolge orientieren. Die Zeitstufe einer **Vorgangsbeschreibung** ist in der Regel die Gegenwart (das Präsens). Einmalige Vorgänge, die man aus der Erinnerung beschreibt, können wie eine literarische Beschreibung auch in der Vergangenheit (im Präteritum) stehen.

Die Sprache der Beschreibung muss anschaulich sein, damit sich ein Adressat eine genaue Vorstellung von dem Vorgang machen kann.

Kapitel Erzählen

Seite 33 Zum Erzählen kommen

Besondere Ereignisse sind oft ein Anlass zum Erzählen. Dabei muss man mit wachen Augen durch den Tag gehen, um Besonderheiten und Auffälligkeiten im Alltag wie mit dem Vergrößerungsglas zu entdecken. Bevor man anderen eine Geschichte erzählt, ist es sinnvoll, sich **Notizen** zu machen.

Dabei kann man sich an **W-Fragen** orientieren: Wo ist das Ereignis passiert? – Wann geschah es? – Wer war beteiligt? – Was ist passiert? – Wie und warum kam es dazu? Wenn man genau beobachtet und mit allen Sinnen wahrnimmt, kann man das Ereignis auch besser ausgestalten.

Seite 40 Erzählungen schreiben

Beim Erzählen muss man Wichtiges von Nebensächlichem unterscheiden, um eine Geschichte für den Leser interessant zu machen. Auch dabei helfen W-Fragen. Bei einer Erzählung müssen Einzelheiten in eine sinnvolle Reihenfolge gebracht werden, die der Leser nachvollziehen kann.

Seite 46 Erzählanfang – besonderes Ereignis – Erzählende

In der Regel ist eine Erzählung in drei Schritten aufgebaut: Erzählanfang, besonderes Ereignis und Erzählende: **Am Anfang der Erzählung** wird für den Leser eine Situation eröffnet, um ihn neugierig auf die kommende Handlung zu machen.

Im Mittelpunkt der Erzählung steht das besondere Ereignis. Das **besondere Ereignis** verlangt eine sorgfältige und anschauliche sprachliche Gestaltung.

Das **Erzählende** entlässt den Leser und nennt in wenigen Sätzen den Ausgang.

Seite 54 An der Sprache feilen

Eine Geschichte wird für einen Leser interessant, wenn aussagekräftige Wörter sowie **bildhafte Ausdrücke** und **Vergleiche** verwendet werden. Auch sollten unabsichtliche Wiederholungen in der Wortwahl und im Satzbau vermieden werden. Eine Hilfe für angemessenes Schreiben sind Übungen mit Wortfeldern.

Seite 58 Nacherzählen

Mit der **mündlichen Nacherzählung** einer Geschichte macht man seine Zuhörer neugierig, damit sie Lust bekommen, eine Geschichte zu lesen. Deshalb ist es wichtig, sich eng an die **Textvorlage** zu halten. Auch muss der Inhalt richtig und zusammenhängend wiedergegeben werden.

Bei der **schriftlichen Nacherzählung** muss man die Textvorlage sehr genau kennen, um sie entsprechend wiedergeben zu können. Beispielsweise müssen die **Erzählschritte** und die **Erzählabsicht** erkannt werden.

Werkstatt: Rechtschreiben

Kapitel Rechtschreibung und Zeichensetzung

Seite 65 Rechtschreibschwierigkeiten

Die deutsche Rechtschreibung ist schwierig. Viele Wörter schreibt man nicht genauso, wie man sie spricht. Zwischen Lauten und Buchstaben gibt es keine eindeutige Entsprechung. Und so kann ein Laut unterschiedlich geschrieben werden, etwa kann der Laut [t] mit den Buchstaben *t, tt, dt,* oder *th* wiedergegeben werden.

Seite 66 Vermeidung von Rechtschreibfehlern

Viele Rechtschreibprobleme lassen sich leichter lösen, wenn man weiß, zu welcher **Wortfamilie** mit welchem **Wortstamm** ein Wort gehört. Der Stamm ist die kleinste Einheit eines Wortes, das eine Bedeutung hat und allen verwandten Wörtern in der Schreibung zugrunde liegt, etwa der Wortstamm *les-* den verwandten Wörtern *er liest, Lesebuch, gelesen, Lesarten* oder *Lesung,* die alle mit *s* geschrieben werden.

Rechtschreibfehler lassen sich auch durch Übung mit einer **Wörterkartei** vermeiden. Vor allem die Schreibung solcher Wörter sollte man üben, die einem schon einmal Schwierigkeiten gemacht haben. Auf diese Weise kann man sich einzelne Wortbilder gut einprägen.

In Zweifelsfällen hilft das **Nachschlagen** im Wörterbuch. Dazu muss man wissen, wie Wörterbücher aufgebaut sind:

- Alle Wörter sind alphabetisch geordnet. Innerhalb einer Wortgruppe mit dem gleichen Anfangsbuchstaben orientiert man sich am zweiten oder dritten Buchstaben.
- Alle Wörter sind in ihrer Grundform eingetragen. Verben stehen im Infinitiv, Substantive im Nominativ Singular und Adjektive in der Grundstufe.

Die meisten Wörterbücher vermitteln noch andere Informationen, etwa welchen Artikel (Begleiter) ein Substantiv hat, wie man ein Wort ausspricht und was es bedeutet.

Seite 70 Die Dehnung

Wie Wörter mit **langem Vokal (Selbstlaut)** geschrieben werden, zeigt die Tabelle unten.

Langes *a, e, o, u* und die entsprechenden Umlaute werden mit einem silbentrennenden *h* gekennzeichnet, wenn auf den langen Vokal wieder ein unbetonter Vokal folgt (*drohen, ruhen, sehen, nahen, Mühe*).

In Wörtern, die ursprünglich aus anderen Sprachen stammen, schreibt man das lange *i* in der Regel ohne Dehnungszeichen (*Brise, Mimik*). Das gilt auch für die Endung *-in* oder *-ine* (*Margarine, Kamin*).

langer Vokal	Dehnungszeichen nicht vorhanden	Dehnung durch Verdopplung	Dehnung durch h	Dehnung durch e	Dehnung durch eh
a	das Lager	der Saal	die Fahne		
e	legen	das Beet	kehren		
i	mir		ihr	niesen	das Vieh
o	die Dose	das Boot	wohnen	Itzehoe	
u	das Ruder		die Kuhle		
ä	der Käse		die Fähre		
ö	lösen		die Söhne		
ü	spüren		fühlen		

Seite 74 Die Schärfung

Wenn ein Vokal (Selbstlaut) oder Umlaut in einer betonten Silbe kurz gesprochen wird, folgen mehrere Konsonanten (Mitlaute) (*Karte, Narbe*) oder der darauffolgende Konsonant wird verdoppelt (*Hammer, Donner*).

Nach kurzem Vokal wird *k* als Doppelkonsonant zu *ck*, *z* wird als Doppelkonsonant zu *tz* (*hacken, Wecker, Schutz, blitzen*).

Allerdings gibt es in Wörtern aus anderen Sprachen die Doppelkonsonanten *zz* und *kk* (*Pizza, Mokka*).

Seite 76 Gleich und ähnlich klingende Laute

Der **f-Laut** kann mit *f* (*Freitag*), mit *v* (*Vesper*) und mit *ph* (*Pharao*) geschrieben werden.
Wird *v* als *w* gesprochen, handelt es sich meistens um Fremdwörter (*Vulkan, vibrieren, vegetarisch, Klavier, Aktivität*).

In Fremdwörtern wird der f-Laut häufig als *ph* geschrieben (*Philosoph*). Nach der neuen Rechtschreibung ist zum Teil auch die Schreibung mit *f* möglich (*Delphin* oder *Delfin, Telephon* oder *Telefon*).

Wörter, die mit *pf* geschrieben werden, klingen ähnlich. Schreibfehler können vermieden werden, wenn man das *p* deutlich ausspricht.

Der **k-Laut** kann mit *g* (*Tag*) oder *k* (*krank*) geschrieben werden und klingt ähnlich wie der ch-Laut (*ziemlich*). Für die richtige Schreibung hilft nur, den Wortstamm zu erkennen und so den richtigen Laut abzuleiten.

Seite 78 Die Schreibung der s-Laute

Der **s-Laut** wird am Wortanfang nur mit *s* geschrieben (*Susi, Sahne*). Im Wortinnern gelten die folgenden Regeln:

- der stimmhafte s-Laut wird immer *s* geschrieben (*Hase, Gläser*)
- der stimmlose s-Laut kann mit *s, ss* oder mit *ß* geschrieben werden (*Mais, Fass, Gefäß*)
- nach kurzem Vokal steht immer *ss* (*wissen, blass*)
- nach langem Vokal, Umlaut oder Doppellaut (Diphthong) können nur *s* oder *ß* stehen (*Hase, groß, böse, Gefäß, scheußlich, Streusel*).

Das Verknüpfungswort *dass* leitet einen Nebensatz ein; *dass* kann nicht ersetzt werden durch *ein, dies, dieses, jenes, welches*. Jedes gesprochene *das*, welches durch diese Wörter ersetzt werden kann, wird mit einfachem *s* geschrieben.

Seite 82 Die Großschreibung

Verben und Adjektive (Eigenschaftswörter), die als Substantiv gebraucht werden, schreibt man groß. Ob ein solcher Gebrauch vorliegt, kann man an den folgenden Merkmalen erkennen:

- Vor dem Verb oder dem Adjektiv steht ein Artikel (Begleiter), wobei der Artikel mit einer Präposition (Verhältniswort) verschmolzen sein kann. (*Im Flur und im Hof ist das Ballspielen verboten. Auch ein Junger kann manchmal alt aussehen.*)
- Steht kein Artikel (Begleiter) davor, kann die Artikelprobe gemacht werden. (*Füttern und Anfassen der Tiere ist verboten. – Das Füttern und das Anfassen der Tiere ist verboten.*)
- Bei Adjektiven sind Mengenwörter (*viel, nichts, etwas, allerlei*) noch häufiges Kennzeichen für eine Großschreibung.

Das besitzanzeigende Pronomen (Possessivpronomen) *ihr* und das Personalpronomen *sie* werden bei offizieller oder höflicher **Anrede** in allen zugehörigen Formen großgeschrieben. Sonst werden die besitzanzeigenden Pronomen *dein* und *euer* und die Personalpronomen *du* und *ihr* – besonders bei familiärer und freundschaftlicher Anrede – kleingeschrieben.

Seite 86 Die Silbentrennung

Silben nennt man Lautgruppen, die innerhalb eines Wortes gemeinsam ausgesprochen werden (*Bun-des-ju-gend-spie-le*). Die meisten Wörter werden nach Sprechsilben getrennt. Die Konsonanten *ch, ck* und *sch* stehen für einen Laut und werden nicht getrennt (*Sa-che, drü-cken, Ta-sche*). Die Konsonanten *st* und *tz* werden getrennt (*ges-tern, Spit-ze*).

Seite 88 Zeichensetzung

Wörtliche (direkte) Rede wird durch Anführungszeichen gekennzeichnet. Nach der Redeeinleitung für eine direkte Rede steht ein Doppelpunkt. (*Der Lehrer sagt: „Ich höre immer wieder Klagen über die Klasse.“*)

Ist die Redeeinleitung in die direkte Rede eingeschoben oder folgt sie der direkten Rede, dann wird sie durch Komma abgetrennt. (*„Wer hat das gesagt?“, fragt Klaus.*)

Satzzeichen, die zur direkten Rede gehören, müssen vor die Schlussstriche gesetzt werden.

Wörter oder Wortgruppen, die in **Aufzählungen** gleichrangig sind, trennt man durch Komma ab. (*Die Schüler spielen, rennen, lärmen und unterhalten sich.*)

Kein Komma wird bei Aufzählungen gesetzt, wenn die Wörter oder Wortgruppen durch *und, oder, sowie* (wenn es *und* bedeutet) verbunden sind (zum Komma zwischen Hauptsätzen und Haupt- und Nebensätzen vgl. auch S. 225.)

Werkstatt: Grammatik

Kapitel Wortarten

Seite 99 **Das Substantiv**

Substantive (Nomen) bezeichnen Dinge und Lebewesen, aber auch Gedanken und Gefühle. Man kann mit ihnen Dinge unterscheiden und sie nach **Ober-** und **Unterbegriffen** ordnen (*Blasinstrumente – die Trompete*).

Substantive werden in Konkreta und Abstrakta eingeteilt.

Konkreta bezeichnen Gegenständliches. Man kann sie sehen, hören, riechen oder anfassen. Dazu gehören Dinge (*die Eisenbahn*) und Lebewesen (*der Müller*). **Abstrakta** bezeichnen Gefühle (*die Angst*) und Gedankliches (*das Glück*), also etwas, das man nicht mit den Sinnen wahrnehmen kann.

Substantive lassen sich **deklinieren** (beugen). Drei Größen sind daran beteiligt: **Numerus** (Zahl), **Genus** (Geschlecht) und **Kasus** (Fall).

Mit **Singular** (Einzahl) und **Plural** (Mehrzahl) gibt es zwei **Numeri**. Der Plural wird im Deutschen auf verschiedene Weise gebildet:

- -en: (*die Frau – die Frauen*)
- -n: (*der Bote – die Boten*)
- wie Singular: (*der Zettel – die Zettel*)
- Umlaut: (*der Vogel – die Vögel*)
- Umlaut + e: (*die Nacht – die Nächte*)
- Umlaut + er: (*das Haus – die Häuser*)
- -er: (*das Bild – die Bilder*)
- -e: (*der Tag – die Tage*)
- -s: (*das Auto – die Autos*)

Bei Fremdwörtern gibt es Sonderformen (*das Album – die Alben, der Atlas – die Atlanten*). Manche Substantive können keinen Plural bilden (*Hitze, Liebe*), manche gibt es nur im Plural (*Einkünfte, Eltern*).

Jedes Substantiv hat ein **grammatisches Geschlecht**; es ist entweder **männlich** (maskulin), **weiblich** (feminin) oder **sächlich** (neutral). Das Geschlecht wird durch den bestimmten Artikel (*der, die, das*) angezeigt. Nur bei wenigen Wörtern stimmt das grammatische mit dem natürlichen Geschlecht überein (*der Sohn, der Vater, der Junge, der Friseur, der Ochse – die Frau, die Mutter, die Dame, die Friseuse, die Kuh*). Wie der Vergleich mit anderen Sprachen zeigt, ist es ein Zufall, welches grammatische Geschlecht Substantive haben. So ist im Deutschen *Sonne* weiblich (*die Sonne*), im Französischen und Italienischen männlich (*le soleil, il sole*)

Kasus/Fall: Substantive stehen im Satz in einem bestimmten Kasus (Fall). Im Deutschen gibt es vier Kasus: **Nominativ** (1. Fall), **Genitiv** (2. Fall), **Dativ** (3. Fall), **Akkusativ** (4. Fall). Man kann sie durch *wer oder was?, wessen?, wem?, wen oder was?* erfragen. Das Substantiv kann sowohl im Singular (Einzahl) als auch im Plural (Mehrzahl) die vier Kasusformen haben. Sie wiederum richten sich nach dem Genus (Geschlecht) und dem Numerus (Zahl).

Deklination des Substantivs

	Singular	**Plural**
Nominativ 1. Fall oder „Wer-Fall“	der Vater die Mutter das Kind	die Väter die Mütter die Kinder
Genitiv 2. Fall oder „Wessen-Fall“	des Vaters der Mutter des Kindes	der Väter der Mütter der Kinder
Dativ 3. Fall oder „Wem-Fall“	dem Vater der Mutter dem Kind	den Vätern den Müttern den Kindern
Akkusativ 4. Fall oder „Wen-Fall“ bzw. „Was-Fall“	den Vater die Mutter das Kind	die Väter die Mütter die Kinder

Seite 104 Der Artikel

Der **unbestimmte** (*einer, eine, ein*) und der **bestimmte Artikel** (*der, die, das*) sind unterschiedliche Formen des Artikels. Der unbestimmte Artikel steht, wenn ein Substantiv neu eingeführt oder zum ersten Mal erwähnt wird. (*Dort gibt es einen riesigen Swimmingpool.*) Der bestimmte Artikel wird verwendet, wenn dieses Substantiv mehrmals erwähnt wird und damit als bekannt gilt. (*Da ist ja der Swimmingpool.*)

Der Artikel zeigt das Geschlecht eines Substantivs an. Bei manchen Substantiven kann es sein, dass mit dem Artikel auch eine verschiedene Bedeutung deutlich wird (*der Tau – das Tau*). Zuweilen wird durch den Artikel erst klar, in welcher Zahl (*Wasserbomben für den Lehrer*) und in welchem Kasus ein Substantiv gebraucht wird (*Jungs lieben das Mädchen*).

Seite 106 Das Adjektiv

Mit **Adjektiven** (Eigenschaftswörter oder Wie-Wörter) werden Substantive beschrieben und unterschieden. Adjektive bezeichnen die Merkmale eines Substantivs: z. B. die einer Person oder einer Sache.

Steht das Adjektiv vor einem Substantiv (*eine schöne Königstochter*), dann wird es attributiv (beifügend) gebraucht. Beim **attributiven Gebrauch** wird das vorangestellte Adjektiv dekliniert und richtet sich in Genus, Numerus und Kasus nach dem Substantiv (s. Tabelle 1).

Tritt das Adjektiv in Verbindung mit *sein* auf (*die Königstochter ist schön*), dann ist das Adjektiv Teil des Prädikats (**prädikativer Gebrauch**).

Adjektive können gesteigert werden oder Vergleichsformen annehmen. Es gibt drei Vergleichsstufen (s. Tabelle 2).

Beim Positiv steht die Vergleichsform mit *wie* (*Die Berliner sind gut wie alle Deutschen.*).

Beim Komparativ steht die Vergleichsform *als* (*Wir bauen schönere Türme als die Berliner.*).

Es gibt auch Adjektive, bei denen die Steigerung unregelmäßig ist: *gut, besser, am besten; viel, mehr, am meisten.*

1. Die Deklination des Adjektivs

	Singular	**Plural**
Nominativ	der schöne Prinz	die schönen Prinzen
Genitiv	des schönen Prinzen	der schönen Prinzen
Dativ	dem schönen Prinzen	den schönen Prinzen
Akkusativ	den schönen Prinzen	die schönen Prinzen

2. Die Komparation (Steigerung) des Adjektivs

1. **Positiv** (Grundstufe)	schön (die schöne Königstochter)
2. **Komparativ** (Höherstufe)	schöner (die schönere Königstochter)
3. **Superlativ** (Höchststufe)	am schönsten (die schönste Königstochter)

Seite 110 Das Verb

Verben bezeichnen Tätigkeiten (*Die Männer unterhalten sich*), Vorgänge (*Der Mann schwitzt*), aber auch Zustände (*Die Sonne scheint*).

Die **Grundform** des Verbs ist der **Infinitiv** (*arbeiten*). In dieser Form ist das Verb auch im Wörterbuch zu finden. Die **finite** oder auch **Personalform** des Verbs gibt an, wer oder was etwas tut. Das Verb ändert sich in Abhängigkeit von Person und Numerus (*ich gehe, du gehst ...*).

Es wird **konjugiert** (gebeugt). Eine Übersicht über die einzelnen Formen findest du in der Konjugationstabelle auf der Seite 222.

Der **Imperativ** (Befehlsform) ist eine besondere Verbform, mit der du jemanden direkt auffordern kannst. Im Singular ist er an eine Person gerichtet, im Plural an mehrere. In der Regel wird der Imperativ gebildet, indem an den Stamm ein *-e* angehängt wird (*arbeite*).

Bei einigen Verben wechselt der Stammvokal im Singular zu *i* (*geben – gib*). Der Plural ist für alle Imperativformen gleich (*arbeitet, gebt*).

Als **Hilfsverben** gelten *sein, haben* und *werden*. Sie „helfen" bei der Bildung der Tempusformen Perfekt, Plusquamperfekt und Futur. Sie können auch als Vollverben gebraucht werden (*ich habe Hunger/ich bin ein Lehrer/ich werde Ärztin*).

Das **Partizip II** (Partizip Perfekt) heißt auch Mittelwort der Vergangenheit. Damit wird angedeutet, dass es sowohl ein Adjektiv als auch ein Teil der Verbform sein kann (*der geschlagene Hund/ich habe gelacht*).

Bei **schwachen Verben** ändert sich bei den Stammformen (Infinitiv, Präteritum, Partizip II) der Stammvokal nicht (*lachen – lachte – gelacht*). Die Stammformen werden regelmäßig gebildet. Starke Verben verändern hingegen ihren Stammvokal (*gehen – ging – gegangen*).

Im Deutschen gibt es sechs **Tempusformen (Zeitformen)**, die zeitliche Verhältnisse zum Ausdruck bringen können: Gegenwart (**Präsens**), Vergangenheit (**Präteritum, Perfekt** und **Plusquamperfekt**) und Zukunft (**Futur I** und **Futur II**). Vergangenheit und Zukunft sind keine absoluten Zeitangaben, sondern immer auf die Sprechzeit bezogen.

Präsens: Wird über ein Ereignis gesprochen oder geschrieben, das um die Sprechzeit herum abläuft, also als gegenwärtig angesehen wird, steht das Verb im Präsens.

Mit dieser Zeitform kann aber auch Zukünftiges (*morgen regnet es*) und Allgemeingültiges (*das Schwein ist ein Allesfresser*) ausgedrückt werden. Außerdem kann das Präsens gewählt werden, wenn Vergangenes vergegenwärtigt werden soll. Man nennt dies das **historische Präsens** (*Mark Twain erblickt am 30. 11. 1835 das Licht der Welt*).

Präteritum/Imperfekt und **Perfekt**: Beides sind Zeitformen der Vergangenheit. Das Präteritum wird in der Regel in der geschriebenen Sprache verwendet, wenn aus einer Distanz heraus der Reihe nach erzählt oder berichtet wird. Das Perfekt kommt bevorzugt in der gesprochenen Sprache vor. Es wird aber auch verwendet, wenn einzelne Ereignisse dargestellt werden, von denen der Sprecher betroffen ist.

Das Perfekt wird gebildet mit *haben* oder *sein* und dem Partizip II (*er hat gelacht / er ist gegangen*). Das Präteritum/Imperfekt wird bei schwachen (regelmäßigen) Verben durch ein *t* in der Personalendung gekennzeichnet (*lachen – lachte*). Bei starken (unregelmäßigen) Verben ändert sich der Stammvokal (*gehen – ging*).

Plusquamperfekt: Es wird verwendet, wenn ein Ereignis erwähnt wird, das weiter zurückliegt als das Geschehen, von dem im Präteritum erzählt oder berichtet wird. Es wird gebildet mit den Präteritumformen von *haben* oder *sein* und dem Partizip II (*er hatte gelacht/er war gegangen*).

Futur: Mit dem Futur I wird Zukünftiges ausgedrückt. Es wird gebildet mit *werden* und einem Verb im Infinitiv (*er wird lachen*).

Die Konjugation des Verbs

machen (regelmäßig)		
Partizip I machend **Partizip II** gemacht	**Infinitiv (Grundform)** machen gemacht haben	**Imperativ/Befehlsform** Mach! Macht! Machen Sie!
Präteritum/Imperfekt ich machte du machtest er/sie/es machte wir machten ihr machtet sie machten	**Präsens** ich mache du machst er/sie/es macht wir machen ihr macht sie machen	**Futur I** ich werde machen du wirst machen er/sie/es wird machen wir werden machen ihr werdet machen sie werden machen
Plusquamperfekt ich hatte gemacht du hattest gemacht er/sie/es hatte gemacht wir hatten gemacht ihr hattet gemacht sie hatten gemacht	**Perfekt** ich habe gemacht du hast gemacht er/sie/es hat gemacht wir haben gemacht ihr habt gemacht sie haben gemacht	**Futur II** ich werde gemacht haben du wirst gemacht haben er/sie/es wird gemacht haben wir werden gemacht haben ihr werdet gemacht haben sie werden gemacht haben
gehen (unregelmäßig)		
Partizip I gehend **Partizip II** gegangen	**Infinitiv (Grundform)** gehen gegangen sein	**Imperativ/Befehlsform** Geh! Geht! Gehen Sie!
Präteritum/Imperfekt ich ging du gingst er/sie/es ging wir gingen ihr gingt sie gingen	**Präsens** ich gehe du gehst er/sie/es geht wir gehen ihr geht sie gehen	**Futur I** ich werde gehen du wirst gehen er/sie/es wird gehen wir werden gehen ihr werdet gehen sie werden gehen
Plusquamperfekt ich war gegangen du warst gegangen er/sie/es war gegangen wir waren gegangen ihr wart gegangen sie waren gegangen	**Perfekt** ich bin gegangen du bist gegangen er/sie/es ist gegangen wir sind gegangen ihr seid gegangen sie sind gegangen	**Futur II** ich werde gegangen sein du wirst gegangen sein er/sie/es wird gegangen sein wir werden gegangen sein ihr werdet gegangen sein sie werden gegangen sein

Das Futur II wird verwendet, wenn das, was in der Zukunft liegt, als bereits abgeschlossen angesehen wird; man bildet es mit *werden*, dem Partizip II und *haben* oder *sein* (*er wird gelacht haben/er wird gegangen sein*). Außerdem können mit Futur II Vermutungen über Vergangenes ausgedrückt werden. (*Er wird doch nicht gelacht haben?*)

Seite 120 Das Personal- und das Possessivpronomen

Das Personalpronomen (persönliches Fürwort: *ich, du, er/sie/es, wir, ihr, sie*) tritt als Stellvertreter des Substantivs auf. Darüber hinaus bezeichnet das Personalpronomen Rollen im Gespräch. Es zeigt an, wer spricht (*ich, wir*), wer angesprochen wird (*du, ihr*) und über welche Person gesprochen wird (*er/sie/es* und im Plural *sie*).

Die Pluralform *Sie* (großgeschrieben) ist eine **Anredeform**.

Das Possessivpronomen (besitzanzeigendes Fürwort: *mein, dein, sein/ihr, unser, euer, ihr*) zeigt ein Besitzverhältnis an (*mein Getreidekorn*) oder allgemein eine Zugehörigkeit (*mein Freund, mein Verein*).

Die Possessivpronomen entsprechen den Personalpronomen (*mein – ich, dein – du, sein – er/es, ihr – sie, unser – wir, euer – ihr, ihr – sie*).

Personal- und Possessivpronomen werden dekliniert. Personalpronomen gibt es im Singular und Plural, und sie stehen in den vier Kasus (*ich, meiner, mir, mich*). In der dritten Person Singular wird auch das Genus unterschieden: *er* (maskulin), *sie* (feminin) und *es* (neutral). Die drei Personen sind bestimmend für die Konjugation des Verbs. Die Possessivpronomen werden wie Artikelwörter nach Genus, Numerus und Kasus dekliniert (*während unserer Klassenfahrt*).

In Texten verweisen Personal- und Possessivpronomen auf Substantive oder auf etwas bzw. jemanden, die bzw. das oder der vorher schon erwähnt wurden. Beide Pronomen sind daher wichtig für den Textzusammenhang. Indem sie den Bezug auf Vorheriges ermöglichen, sorgen sie für die Verknüpfung von Sätzen. So werden auch unnötige Wiederholungen vermieden.

Seite 124 Die Fragewörter

Mit Fragewörtern kannst du Informationen erfragen. Die entsprechenden Sätze nennt man **W-Fragen** oder auch **Ergänzungsfragen**: Der Sprecher möchte vom Hörer ergänzende Informationen.

Einige Fragewörter werden dekliniert (z. B. *wer, wessen, wem, wen, welcher, welches, welchem, welchen*), andere dagegen nicht (z. B. *wann, wo, wie, warum*). Mit Fragewörtern kann man unter anderem nach dem Grund (*warum, weswegen*), dem Ort (*wo, wohin*), der Zeit (*wann, wie lange*) sowie nach der Art und Weise (*wie, womit*) eines Geschehens fragen.

Seite 126 Die Präposition

Präpositionen (Verhältniswörter: z. B. *vor, in, durch, hinter, während, wegen, ohne*) bezeichnen Beziehungen oder Verhältnisse zwischen Gegenständen, Lebewesen oder Sachverhalten (z. B. *hinter Charlotte*). Sie kommen in Verbindung mit Substantiven oder Pronomen vor und sind unveränderlich, d. h., sie werden nicht dekliniert. Oft verschmelzen sie mit dem Artikel (z. B. *im – in dem*).

Einige Präpositionen können auch eng an ein Verb gebunden sein (*bestehen aus*). Präpositionen bestimmen den Kasus des Bezugswortes (Rektion), d. h. des Substantivs oder Pronomens, vor denen sie stehen. Einige Präpositionen wie z. B. *auf* können zwei Kasus (Dativ und Akkusativ) regieren (*ich stehe auf dem Platz/ich gehe auf den Platz*).

Präpositionen werden eingeteilt nach der Art ihrer Beziehungen oder Verhältnisse, die sie kennzeichnen: **lokal** (*in, auf, an*); **temporal** (*seit, während, ab*); **kausal** (*wegen, für, mit*); **modal** (*außer, gegen, ohne*). Dabei können einige

Präpositionen mehrere Verhältnisse kennzeichnen: *aus lauter Übermut* (kausal) – *aus meinem Haus* (lokal). Präpositionen müssen sorgfältig gewählt werden. So heißt es nicht *Die Tafel wird durch den Ordner geputzt*, sondern *Die Tafel wird vom Ordner geputzt*.

Kapitel Sätze und Satzglieder

Seite 129 Der einfache Satz

Sätze sind Sinn- und Betonungseinheiten. Dies wird an den Pausen am Satzende deutlich. Manche Sätze bestehen nur aus einem Wort: *Aha!*

Sätze lassen sich einteilen in Aussagesätze, Aufforderungssätze, Ausrufesätze und Fragesätze:

Aussagesätze werden am häufigsten gebraucht. Man benutzt sie für Mitteilungen, Darstellungen, Feststellungen und Beschreibungen. Als Satzschlusszeichen haben sie einen Punkt, und die Personalform des Verbs steht an zweiter Stelle. (*Wir brauchen zu einer Gartenparty Getränke.*)

Aufforderungssätze braucht man, um andere Menschen zu einem bestimmten Verhalten zu bewegen. Als Satzschlusszeichen haben sie häufig ein Ausrufezeichen, aber auch ein Punkt ist möglich. Die Befehlsform des Verbs steht meistens an erster Stelle. (*Füllt zuerst die Zitronenlimonade in den Krug!*)

Ausrufesätze werden verwendet, um eine Erregung oder allgemein einen Gefühlszustand auszudrücken. Am Satzende steht ein Ausrufezeichen.

Für die Stellung des Verbs gibt es keine Regel, es kann sogar fehlen. (*Genau das Richtige für heiße Sommertage!*) Es werden auch Einwortsätze gebildet: *Fertig! Prost!*

Fragesätze benutzt man, um an Informationen zu gelangen. Am Satzende steht ein Fragezeichen. Beim Fragesatz wird zwischen Ergänzungsfrage und Entscheidungsfrage unterschieden.

Die **Ergänzungsfrage** (auch W-Frage genannt) beginnt mit einem Fragewort. Ihm folgt meist die Personalform des Verbs. (*Wie ist das passiert?*)

Die **Entscheidungsfrage** (auch Ja-Nein-Frage genannt) beginnt mit der Personalform des Verbs. Sie enthält kein Fragewort. Als Antwort wird Ja oder Nein erwartet. (*Hast du dich verletzt? – Nein*)

Seite 132 Satzreihe und Satzgefüge

Hauptsätze können häufig allein stehen. Manchmal brauchen sie allerdings einen Nebensatz, um verständlich zu sein. Handelt es sich beim Hauptsatz um einen Aussagesatz, steht die Personalform des Verbs an zweiter Stelle. (*Der Krug geht so lange zum Brunnen, bis er bricht.*)

Der **Nebensatz** ist grammatisch vom Hauptsatz (oder einem anderen Nebensatz) abhängig. Man erkennt ihn an einem Einleitungswort (*bis, dass, wenn, weil* usw.) und an der Endstellung des Verbs. (*Wenn der Berg nicht zum Propheten kommt* ...)

Sind zwei oder mehrere Hauptsätze miteinander verknüpft, dann bilden sie eine **Satzreihe.** Oft sind die Hauptsätze mit bestimmten Wörtern (*und, oder, aber, deshalb* usw.) verbunden. (*Ein Schlumpf hat Angst, deshalb rennt er aus dem Wasser.*) Die Verknüpfung von Haupt- und Nebensatz wird **Satzgefüge** genannt. (*Ein Schlumpf rennt aus dem Wasser, weil er Angst hat.*)

Hauptsätze oder Satzreihen allein wirken oft eintönig. Wenn daneben noch Nebensätze verwendet werden, klingt der Text häufig abwechslungsreicher und interessanter.

Mit Nebensätzen lassen sich schwierige Zusammenhänge auch besser darstellen. Vorsicht: Zu viele Nebensätze können umständlich und unübersichtlich wirken. Manchmal macht es auch Sinn, nur Hauptsätze zu verwenden, wenn etwa Geschehnisse geschildert werden.

Seite 135 Zeichensetzung

Zwischen Hauptsätzen steht ein Komma, auch wenn sie mit bestimmten Wörtern (*aber, denn* usw.) verbunden sind. Eine Ausnahme bilden *und* und *oder*.

Das Komma darf bei diesen Bindewörtern fehlen. Es kann gesetzt werden, um die Gliederung der Satzreihe deutlich zu machen. (*Ein bisschen Mut sollte nicht fehlen, und Angst darfst du schon gar nicht haben ...*)

Zwischen Haupt- und **Nebensatz** steht immer ein Komma. Ist der Nebensatz eingeschoben, wird er mit paarigem Komma eingeschlossen. (*Denn die Freude, die wir geben, kehrt ins eigne Herz zurück.*)

Seite 138 Die Gliederung eines Satzes

Die Bausteine, aus denen sich ein Satz zusammensetzt, nennt man Satzglieder. Ein **Satzglied** kann bestehen:

- aus einem einzelnen Wort (*Das wundert mich.*)
- aus mehreren Wörtern (*Peters auffälliges Verhalten wundert mich.*)

Man findet die Satzglieder durch Umstellen, Ersetzen oder Erfragen.

1. Um herauszufinden, welche Wörter zusammengehören und somit ein Satzglied bilden, macht man die **Umstellprobe**:

Samstags joggt Peter gerne mit seinem Hund.
Gerne joggt Peter samstags mit seinem Hund.

Achtung: Nicht alle Satzglieder sind umstellbar: Das konjugierte Verb als Prädikat steht im Aussagesatz immer an zweiter Stelle.

2. Mit der **Ersatzprobe** erfährt man, welche Wörter im Satz sich gemeinsam durch ein anderes Wort (oder mehrere) ersetzen lassen, zum Beispiel durch ein Pronomen. Dadurch erkennt man, was alles zu einem Satzglied gehört:

Sonntags kocht Peter seiner Freundin immer ein leckeres Mahl.
Sonntags kocht er es ihr immer.

Die Müllers fuhren in diesen Sommerferien mit ihren Kindern noch Frankreich.
Sie fuhren diesmal mit ihnen dorthin.

3. Was alles zu einem Satzglied gehört, kann man **erfragen**:

Der Vater	zeigt	sonntags	seinen Kindern	den Wald.
wer?	**was tut?**	**wann?**	**wem?**	**wen?**

Seite 142 Das Prädikat

Das **Prädikat** zeigt an, was geschieht oder was jemand tut. Man nennt es deshalb auch die **Satzaussage**. Das Prädikat kann man mit *was tut?* erfragen. Die Wortart, aus der Prädikate bestehen, ist das Verb. Es wird konjugiert. Prädikate können unterschiedlich gebaut sein.

1. Einteiliges Prädikat
   Ich komme nicht zum Fest.
   (konjugiertes Verb)

Mit der Umstellprobe findet man heraus, dass das einteilige Prädikat im Aussagesatz immer an der zweiten Stelle steht.

2. Mehrteilige Prädikate
   Ich sehe lieber fern.
   (Verb und Verbzusatz bei trennbaren Verben)
   Ich habe mir den Magen verdorben. (zusammengesetzte Zeit: Hilfsverb und Partizip II)

Bei den mehrteiligen Prädikaten steht die konjugierte Verbform ebenfalls an zweiter Stelle. Der nicht konjugierte Teil steht am Satzende. Man spricht daher auch von einer **Prädikatsklammer**.

Seite 144 Das Subjekt

Das Subjekt gibt Auskunft darüber, wer oder was etwas tut. Deshalb spricht man auch vom **Satzgegenstand** oder auch vom Täter (*wer tut etwas?*).

Das Subjekt steht im **Nominativ** und es stimmt in der Person (1., 2., 3. Person) und im Numerus (*Singular, Plural*) mit dem Prädikat überein. (*Das Kind spielt. – Die Kinder spielen.*)

Das Subjekt kann aus unterschiedlichen Wortarten bestehen. Häufig besteht es aus: Substantiv mit Artikel – Pronomen – Eigennamen

Der Wasserhahn tropft.
Er tropft.
Lisa weint dicke Tränen.

Seite 147 Die Objekte

Viele Sätze bestehen nicht nur aus Subjekt und Prädikat, sondern haben auch noch ein oder mehrere Objekte. Objekte ergänzen die Satzaussage. (Siehe Tabelle)

Genitivobjekt	Es wird erfragt mit *wessen?*	*Ich bedarf eines Klempners. Er konnte sich der großen Nachfrage nicht erwehren.*
Dativobjekt	Es antwortet auf die Frage *wem?*	*Gabi hilft ihrer Mutter. Der Fußball gehört dem Torwart.*
Akkusativobjekt	Es wird erfragt mit *wen oder was?*	*Peter macht seine Hausaufgaben. Ich sehe einen unbekannten Jungen.*
Präpositionalobjekt	Es wird erfragt mit einer Präposition + Fragewort (z. B. *an was?, von wem?*)	*Er denkt nur an Zinsen. Die Fußspur stammt von einem Mathematiklehrer.*

Kapitel Wortkunde

Seite 153 Bedeutungslehre

Die Wörter unserer Sprache haben eine **Bedeutung**. Nur unter dieser Bedingung werden sie verstanden. Wenn jemand z. B. das Wort *Numpf* hört, versteht er es nicht und wird fragen, was es bedeutet. Wörter mit einer Bedeutung lassen sich oft umschreiben. So ist ein Stacheldraht ein Draht, an dem sich Stacheln befinden.

Manche Wörter werden gleich geschrieben und gesprochen. Sie haben aber verschiedene Bedeutungen und werden **Homonyme** (gleich klingende Wörter) genannt. So kann das Substantiv *Hahn* das Tier, aber auch den *Wasserhahn* bezeichnen. Welche Bedeutung gemeint ist, wird nur in Sätzen deutlich.

Manche Wörter wie *Apfelsine* und *Orange* lauten unterschiedlich, haben aber die gleiche Bedeutung. Sie lassen sich in einem Satz oder in einem Text problemlos austauschen. Solche Wörter heißen **Synonyme**. Reine Synonyme kommen nicht sehr häufig vor. Denn oft haben zwei oder mehrere Wörter nur eine ähnliche Bedeutung wie etwa *Haus* und *Heim*. Wörter mit ähnlicher Bedeutung lassen sich nicht beliebig gegeneinander austauschen.

Nichtsprachliche Zeichen lassen sich unterscheiden in Piktogramme und Symbole. **Piktogramme** weisen in der Darstellung eine Ähnlichkeit mit dem Gegenstand auf, den sie bezeichnen (das Bild eines Busses für eine Bushaltestelle).

Das **Symbol** hingegen ist so gestaltet, dass auf den bezeichneten Gegenstand nicht direkt geschlossen werden kann (*etwa hat ein rotes Dreieck die Bedeutung „Vorfahrt gewähren“*).

Seite 156 Wortfeld und Wortfamilie

Wörter, die unterschiedlich geschrieben und gesprochen werden, können eine ähnliche Bedeutung oder gemeinsame Bedeutungsmerkmale haben. Wegen dieser Gemeinsamkeiten bilden sie ein **Wortfeld**, für das sich ein **Oberbegriff** nennen lässt. So ist den Substantiven *Hund, Katze, Schaf* und *Schwein* gemeinsam, dass sie Haustiere sind. *Haustiere* wäre demnach der Oberbegriff für diese Tierarten. Die Verben *hämmern, sägen, mauern, tapezieren* und *anstreichen* bilden ein Wortfeld mit dem Oberbegriff *handwerklich arbeiten*. Wortfelder gibt es für Substantive, Adjektive und Verben.

Wer viele Wörter aus einem Wortfeld kennt, kann sich genauer, treffender und abwechslungsreicher ausdrücken. So ist es z. B. ein Unterschied, ob *sehen* oder *beobachten* gesagt wird.

Zu einer **Wortfamilie** gehören alle Wörter, die den gleichen Wortstamm haben, z. B. den Wortstamm *lehr*. Die Familienmitglieder können – anders als bei den Mitgliedern des Wortfeldes – völlig unterschiedliche Bedeutungen haben wie etwa *Lehrer* und *Lehrzeit*. Sie bleiben auch dann Familienmitglied, wenn der Stammvokal einen Umlaut bildet, wie das Wort *Gefährt*, das zur Wortfamilie mit dem Wortstamm *fahr* gehört. Auch Ableitungen von *fuhr*, der Vergangenheitsform von *fahr*, gehören zur Familie.

Seite 159 Wortbildung

Viele Wörter sind Zusammensetzungen.
Sie können aus einem Stamm, einer Vorsilbe (**Präfix**) und einer Nachsilbe (**Suffix**) bestehen.
So lautet bei dem Wort *unglaublich* der Stamm *glaub*, das Präfix *un-* und das Suffix *-lich*.

Wörter können auch aus Substantiven zusammengesetzt sein wie *Postkarte* und *Speisekarte*. Eine solche Zusammensetzung heißt auch **Kompositum** (Plural: Komposita). Bei einem Kompositum ist zwischen **Grund-** und **Bestimmungswort** zu unterscheiden. Das Grundwort ist der letzte Teil der Zusammensetzung. Das vorangehende Bestimmungswort bestimmt das Grundwort näher. Dabei kann die inhaltliche Beziehung von Grund- und Bestimmungswort ganz unterschiedlicher Art sein. Ein Juwelendieb ist ein Dieb, der Juwelen stiehlt. Ein Taschendieb stiehlt aber keine Taschen, sondern aus den Taschen.

Magazin: Sprache

Kapitel Miteinander sprechen

Seite 170 Gesprächsanlässe und Gesprächsregeln

Gespräche erfolgen aus bestimmten Anlässen und haben in der Regel bestimmte Themen (z. B. *Die neue Schule*). Gespräche unterliegen, wenn sie erfolgreich sein sollen, ganz bestimmten Regeln, z. B.:

- nicht dazwischenreden, Beiträge anzeigen
- deutlich sprechen und verständlich formulieren
- beim Thema bleiben
- zuhören und ausreden lassen
- aufeinander eingehen
- Meinungen begründen

Seite 173 Gesprächsformen

Es gibt Gespräche, die häufig wiederkehren, z. B. das **Streitgespräch**, die **Diskussion**, das **Einkaufsgespräch**. Das Streitgespräch hat in der Regel emotionalen Charakter. Die beiden letzteren unterliegen bestimmten Regeln:

Regeln für eine Diskussion

- genau zuhören
- die anderen ausreden lassen
- zur Sache reden
- seine Meinungen begründen
- zu einem Ergebnis kommen

Regeln für ein Einkaufsgespräch

- nicht abschweifen, bei der Sache bleiben
- als Verkäufer: auf die Wünsche des Kunden eingehen; ihn beraten, höflich sein
- als Kunde: auf genaue Information bestehen, zielgerecht und präzise fragen

Seite 177 Sprechabsichten

Wer beim Sprechen bestimmte Absichten verfolgt, tut dies in ganz bestimmten sprachlichen Äußerungen, die man auch **Sprechhandlungen** nennt. Sie können erfolgreich sein oder misslingen. Beides hängt ab von der Situation, in der man sich äußert, und von der Person, zu der man etwas sagt, und von der Art und Weise, wie man spricht.

Auffordern: Mit der Äußerung *Schließe das Fenster!* fordert man jemanden auf, das Fenster zu schließen. Eine solche Sprechhandlung nennt man eine **direkte Aufforderung**. Man könnte aber auch zu jemandem sagen *Es zieht.* In diesem Fall handelt es sich um eine **indirekte Aufforderung**. Direkte Aufforderungen werden in Befehlssätzen (Imperativsätzen), indirekte häufig in Aussagesätzen ausgedrückt.

Wünschen und **bitten**: Wünsche können erfolgreich sein oder misslingen. Sollen Wünsche in der Wirklichkeit oder im Alltag gelingen, muss man sich sorgfältig überlegen, was man sich wünscht und wie man es formuliert. Bitten lässt sich von Wünschen nur schwer unterscheiden.

Einladen: Wie man einlädt, d. h., wie man Einladungen formuliert, hängt ganz entscheidend vom Alter derjenigen ab, die einladen und die eingeladen werden. Darüber hinaus ist wichtig, wozu eingeladen wird.

Kapitel Texte lesen, bearbeiten, vorstellen

Seite 181 Sprechtechniken

Auf Redebeiträge vor einem Publikum muss man sich **vorbereiten** wie ein Sänger auf ein Konzert oder ein Sportler auf einen Wettkampf; Übungen und Spiele zur **Entspannung** und **Lockerung** sind ebenso wichtig wie **Atem-**,

Stimm- und **Ausspracheübungen** sowie kurze Sprechsequenzen. Sie helfen die sprechtechnischen Fertigkeiten und die Selbstsicherheit vor allem dann zu verbessern, wenn sie **regelmäßig** ausgeführt werden.

Beim **freien Erzählen** kann man seine Stimme so einsetzen, dass die Geschichte anschaulich und lebendig wirkt. Wie wichtig es dabei ist, z. B. die Stimmlautstärke zu variieren, merkt ein Zuhörer dann besonders deutlich, wenn er sein Gegenüber nicht sehen kann.

Auch beim **Vorlesen** stehen einem Mittel wie Betonungen, Lautstärke, Lesegeschwindigkeit, Stimmführung, Pausen usw. zur Verfügung. Man bereitet sich am besten darauf vor, indem man den Vorlesetext mit Hinweisen für den Vortrag versieht und ihn mehrfach laut liest. Dabei gibt es natürlich verschiedene Möglichkeiten, wie man einen Vorlesetext im Einzelnen ausgestaltet, welche Silben man z. B. betont usw.

Seite 184 Lesetechniken

Um Sachtexte richtig und schnell zu erfassen, sollte man verschiedene Techniken des Lesens, kennen und nutzen können: **überfliegendes Lesen**, **Slalomlesen** und die **Erweiterung der Blickspanne** auf ganze Gruppen zusammengehöriger Wörter.

Seite 186 Arbeitstechniken

Die Übersicht über einen Text erhält man, indem man sich **Anmerkungen** an den Rand notiert. Sie benennen die Hauptaspekte mit eigenen Ausdrücken. Im Text werden die wichtigsten Wörter (meist Substantive) **farbig markiert**. Vorsicht: nicht zu viele Wörter markieren! Unbekannte Begriffe lassen sich aus dem Zusammenhang erklären oder mithilfe eines allgemeinen oder Fach-Lexikons näher bestimmen.

Wenn man einen Sachtext systematisch bearbeiten will, muss man sich zunächst den Aufbau und Inhalt verdeutlichen. In den meisten Texten lassen sich besonders wichtige Gedanken als **Kernsätze** herausheben. Zur genauen Erfassung muss man sich außerdem bewusst machen, in welcher Zuordnung und Abhängigkeit die verwendeten **Begriffe** zueinander stehen. Grafische Anordnungen können dabei helfen. Mit diesem Verfahren können so die wichtigen Aussagen in einem Text herausgehoben werden.

Kapitel Umgang mit Medien: Harry Potter

Seite 193 Die Jugendbücher

In den Harry-Potter-Romanen finden sich verschiedene Themenbereiche, die auch in anderen Jugendbüchern vorkommen:

- es handelt sich um die Geschichte eines Waisenkindes (wie z. B. *Oliver Twist*)
- es geht um Zauberei und Fantasie (wie in *Der kleine Hobbit*)
- es geht darum, Abenteuer zu bestehen und Rätsel zu lösen (wie in *Ronja Räubertochter* oder in den *Drei ???*)

Seite 195 Die Filme

Das Medium Film verfügt über eine Reihe von Techniken, die eingesetzt werden, um eine bestimmte Wirkung beim Zuschauer zu erreichen:

Die **Einstellungsgrößen** (z. B. *Weit, Halbtotal, Nah, Detail*) sind dafür verantwortlich, wie groß der Zuschauer ein Bild sieht. Je nach Größe kann es unterschiedlich auf den Zuschauer wirken, z.B. Angst oder Erschrecken hervorrufen, die Identifikation mit einer Figur schaffen, Lachen auslösen, Erstaunen bewirken.

Die **Kameraperspektiven** lenken ebenfalls die Wahrnehmung des Zuschauers. Wenn man z. B. aus der *Froschperspektive* filmt, scheint das Gefilmte größer zu sein: Die *Vogelperspektive* dagegen eignet sich für Überblicksbilder.

Spezialeffekte sind heutzutage aus keinem Film mehr wegzudenken. Meistens werden sie mit Hilfe des Computers gemacht. Gerade bei einem Film über Harry Potter, wo Fabelwesen, Riesen und Zwerge sowie viel Unwirkliches vorkommen, braucht man solche Tricks, um die Szenen realistisch wirken zu lassen. Der **Ton** spielt eine gewichtige Rolle im Film, denn er unterstützt die Bilder und kann ihre Wirkung verstärken. So können z. B. Geräusche oder Musik die Spannung erhöhen, Angst oder Erstaunen auslösen.

Kapitel Szenische Verfahren

Seite 201 Spielideen

Das **darstellende Spiel** sollte durch Basisübungen wie **Aufwärmspiele, Pantomimen, Sprachspiele** und **Stegreifspiele** vorbereitet werden. Sie sind wichtige Grundlagen für das spätere Theaterspielen. So kann man mehr über Personen und ihre Gefühle erfahren oder Situationen besser verstehen. Auch kann man dadurch den eigenen Körper, die eigene Stimme und den Raum besser wahrnehmen.

Beim darstellenden Spiel ist es wichtig, dass man verschiedene Formen des Körperausdrucks **(Körpersprache)** beherrscht und die Wirkung auf den Zuschauer einschätzen lernt, z. B. den Ausdruck des Gesichts **(Mimik)** sowie der Arme und Beine **(Gestik)**. Eine besondere Form des „Spielens ohne Worte" ist die **Pantomime**.

Seite 206 Theaterszenen

Das erfolgreiche Spielen einer Theaterszene muss sorgfältig vorbereitet werden durch Lesen mit verteilten Rollen, durch Gestaltung eines Bühnenraumes, durch Regieanweisungen und durch eine Spielvorlage.

Beim **Lesen mit verteilten Rollen** wird die Theaterszene nicht vom Platz aus im Sitzen gelesen, sondern von einer angemessenen Position im Raum. Dabei wird das Lesen auch durch verschiedene Formen des Körperausdrucks (Gestik und Mimik) unterstrichen.

Ein Bühnenraum sollte mithilfe von **Requisiten** so gestaltet sein, dass er die Aussage des Theaterstückes zum Ausdruck bringt.

Regieanweisungen unterstreichen das Handeln der Personen und helfen, die Personen in ihrem Denken und Fühlen genauer zu verstehen. Eine Szene, die mit solchen Regieanweisungen ausgestaltet wird, nennt man **Spielvorlage**. Sie dient der späteren Aufführung als Orientierung.

Methodenlexikon

Checkliste Seite 13
Um sich eine Reihe von Dingen zu merken, kann man eine Checkliste anlegen. Dazu werden die einzelnen Punkte, die man sich merken will, untereinander notiert und abgehakt, sobald sie erledigt sind. Auf diese Weise kann man kontrollieren, ob man nichts vergessen hat.

Ergebnisse präsentieren Seite 190
Auf Folien, Arbeitsblättern oder einer Wandzeitung (siehe Lernplakat) lassen sich die Ergebnisse präsentieren, die man allein oder zusammen mit anderen erarbeitet hat.

Mit verschiedenen Farben kann man Texte auf Folien schreiben, die über den Overheadprojektor an die Wand projiziert werden. Die Texte sollten kurz sein und durch Überschriften gegliedert werden. Überschriften müssen gut lesbar sein und ins Auge springen.

Arbeitsblätter, mit denen die Mitschüler und Mitschülerinnen weiterarbeiten, sollten übersichtlich gestaltet sein. Achtung: Unter den Fragen auf dem Arbeitsblatt muss genügend Platz für die passende Antwort eingeplant werden.

Ideennetz Seite 35
Mit einem Ideennetz (auch Cluster) lassen sich Einfälle zu einem bestimmten Begriff oder Thema sammeln. Den Ausgangsbegriff schreibt man in die Mitte eines leeren Blattes und zieht einen Kreis darum. Alle weiteren Wörter, die einem nun spontan in den Sinn kommen, werden ungeordnet neben dem Ausgangsbegriff notiert und damit verbunden. Zu den neuen Begriffen können weitere Gedanken notiert und damit verbunden werden. Auf diese Weise entsteht ein Netz von Ideen, das man z. B. für einen Aufsatz zu einem bestimmten Thema nutzen kann.

Lernplakat Seite 11
Lernplakate (auch Wandzeitungen) haben verschiedene Funktionen: Sie präsentieren Meinungen oder Ergebnisse.

Auf einer Meinungswand werden verschiedene Meinungen zu einem Thema oder mehrere Antworten auf eine Frage festgehalten. Die Schülerinnen und Schüler notieren auf einzelnen Kärtchen ihre Meinung oder Antwort und kleben anschließend die Zettel auf ein großes Stück Paketpapier, das zuvor an einer Wand im Klassenzimmer aufgehängt wurde.

Auf der Ergebniswand werden die Ergebnisse vorgestellt, die man allein oder zusammen mit anderen erarbeitet hat. Wichtig ist eine übersichtliche Gestaltung: Die Texte sollten kurz und die Überschriften auch von weitem gut lesbar sein. Neben schriftlichen Äußerungen können auch Fotos und Schaubilder als Meinung oder Ergebnis an der Wandzeitung angebracht werden.

Lesetechniken Seite 185
Um Sachtexte richtig und schnell zu erarbeiten, sollte man verschiedene Techniken des Lesens, Verstehens und Verwendens kennen und nutzen können: überfliegendes Lesen, Slalomlesen, Erweiterung der Blickspanne.

Markierungen und Randbemerkungen Seite 186
Die Übersicht über den Text erhält man durch Markierungen und eigene Bemerkungen am Rand. Die Hauptaspekte des Textes können so hervorgehoben und mit eigenen Ausdrücken erläutert werden. Im Text werden die wichtigsten Wörter (meist Substantive) farbig markiert. Vorsicht: nicht zu viele Wörter markieren! Unbekannte Begriffe lassen sich aus dem Zusammenhang erklären oder mithilfe eines allgemeinen oder Fach-Lexikons näher bestimmen. Randbemerkungen und Markierungen sind nur bei eigenen Büchern und Kopien zulässig.

Nachschlagen Seite 68

In Zweifelsfällen hilft das Nachschlagen im Wörterbuch. Dazu muss man wissen, wie Wörterbücher aufgebaut sind:

- Alle Wörter sind alphabetisch geordnet. Innerhalb einer Wörtergruppe mit dem gleichen Anfangsbuchstaben orientiert man sich am zweiten oder dritten Buchstaben.
- Alle Wörter sind in ihrer Grundform eingetragen. Verben stehen im Infinitiv, Substantive im Nominativ Singular und Adjektive in der Grundstufe.

Die meisten Wörterbücher vermitteln noch andere Informationen, etwa welchen Artikel ein Substantiv hat, wie man ein Wort ausspricht und was es bedeutet.

Projekt planen Seite 62, 190, 212

Will man einen Theaterabend oder einen Geschichtenbazar veranstalten, ist zuvor vieles zu bedenken und vorzubereiten. Ein solches Projekt muss bereits einige Wochen vorher geplant werden. Die Klasse bildet dazu Gruppen, an die verschiedene Aufgaben (z. B. Einladungskarten und Plakate entwerfen, Eintrittskarten und das Programmheft erstellen) verteilt werden. Es kann hilfreich sein, eine Schülerin oder einen Schüler als Projektleiter zu bestimmen, der den Überblick behält. Je besser die Vorbereitung, desto gelungener wird das Projekt.

Rollenspiel Seite 17

Beim Rollenspiel übernehmen die Schülerinnen und Schüler Rollen. Vor dem Spiel informiert man sich über die Person, in die man sich hineinversetzen soll, und überlegt, wie man deren Gedanken und Gefühle ausdrücken kann. Am Ende des Rollenspiels äußern zuerst die Spielerinnen und Spieler ihre Meinungen, dann beschreiben die Zuschauer, was sie beobachtet haben.

Schreibkonferenz Seite 55

Die Schreibkonferenz dient dazu, den Text einer Mitschülerin/eines Mitschülers gemeinsam in der Gruppe zu überarbeiten. Die Gruppe liest den Text, dann schreibt jeder einzelne seine Anmerkungen (Kritik, Verbesserungsvorschläge) an den Rand.

Wörterkartei Seite 67

Rechtschreibfehler lassen sich auch durch Übung mit einer Wörterkartei vermeiden. Vor allem die Schreibung derjenigen Wörter sollte man üben, die einem schon einmal Schwierigkeiten gemacht haben. Auf diese Weise kann man sich einzelne Wortbilder gut einprägen.

Sachregister

Textquellen

Alle Texte, die nicht im Autoren- und Quellenverzeichnis aufgeführt sind, sind Eigentexte der Autorinnen und Autoren dieses Buches.

Bote, Hermann Wie Eulenspiegel verkündete, vom Rathauserker fliegen zu wollen; S. 61. *Aus: H. Bote. Ein kurzweilig Buch von Till Eulenspiegel. Hrsg. von S. Sichtermann. Frankfurt/M.: Insel 1978, S. 58 f.*

Brender, Irmela Konstanzemarie; S. 46. *Aus: I. Brender. Streitbuch für Kinder. Weinheim: Beltz 1973, S. 62 ff.*

Bürger, Gottfried, August Des Freiherrn von Münchhausens russische Reitergeschichte; S. 60. *Aus: G. A. Bürger. Münchhausens wunderbare Reisen zu Wasser und zu Lande. Hrsg. von J. Ruttmann. Stuttgart: Reclam 1969.*

Erhardt, Heinz Die Tänzerin; S. 135. *Aus: H. Erhardt. Satierliches. Hannover: Fackelträger 1980, S. 131.*

Fox, Paula Der da; S. 183. *Aus: P. Fox. Paul ohne Jacob. © Patmos Verlag GmbH & Co KG / Sauerländer Verlag Düsseldorf.*

Grimm, Jacob und Wilhelm Die schöne Müllerstocher; S. 100. Das jüngste Geißlein erzählt; S. 146. *Aus: Brüder Grimm. Die Kinder- und Hausmärchen der Brüder Grimm. 3 Bde. Stuttgart: Reclam o. J.*

Guggenmos, Josef Der Maler Max; S. 148. *Aus: Josef Guggenmos. Der Bär auf dem Berg. Bindlach: Loewes Verlag 1991 (4. Aufl.), S. 29 f.*

Härtling, Peter Oma; S. 116. *Aus: P. Härtling. Oma. Weinheim/Basel: Beltz 1991.*

Hetmann, Frederik / Tondern, Harald Eine gefährliche Begegnung; S. 122. *Aus: F. Hetmann / H. Tondern. Die Nacht, die kein Ende nahm. In der Gewalt von SkinS. Reinbek: Rowohlt Taschenbuch Verlag 1994, S. 8 ff. (Ausschnitte).*

Hohler, Franz Die feindlichen Schrauben; S. 58. *Aus: F. Hohler. Der Granitblock im Kino. Ravensburg: Otto Maier 1997, S. 25.*

Kant, Uwe Der Geschichtenmacher; S. 42. *Aus: Oder die Entdeckung der Welt. 10. Jahrbuch der Kinderliteratur. Hrsg. von Hans-Joachim Gelberg. Weinheim/Basel: Beltz & Gelberg 1997, S. 8.*

Kästner, Erich Die drei Byrons; S. 30. *Aus: Erich Kästner. Emil und die drei Zwillinge. Hamburg: Dressler 1981, S. 87 f. © Atrium Verlag Zürich.*

Krüss, James Das Feuer; S. 119. *Aus: J. Krüss. Der wohltemperierte Leierkasten. Gütersloh: Mohn 1961 (Strophe 1 und 2).*

Manz, Hans Stehen gelassen; S. 56. *Aus: H. Manz. Adam hinter dem Mond. Weinheim/Basel: Beltz 1991, S. 47.*

Nöstlinger, Christine Ein schreckliches Kind; S. 117. *Aus: Chr. Nöstlinger. Das Austauschkind. Weinheim/Basel: Beltz 1995. S. 103 f. © 1992 by J & V-Edition Wien – Dachs Verlag.*

Pressler, Miriam Die Puppe; S. 164. *Aus: Das Leselöwen-Jahr: Geschichten, Rätsel, Lieder und vieles mehr. Bindlach: Loewe 1995, S. 99.*

Roda Roda, Alexander Stille Betrachtung; S. 153. *Aus: A. Roda Roda. Das große Roda-Roda-Buch. Wien/Hamburg: Paul Zsolnay 1963.*

Schami, Rafik Erzähler der Nacht; S. 163. *Aus: Rafik Schami. Erzähler der Nacht. Weinheim/Basel: Beltz & Gelberg 1989, S. 5 f.*

Storr, Catherine Der Junge mit dem Schwan; *S. 162. Aus: C. Storr. Der Junge mit dem Schwan. Ravensburg: Otto Maier 1989, S. 30 f.*

Timm, Uwe Erziehung; S. 177. *Aus: bundesdeutsch. lyrik zur sache grammatik. Hrsg. von Rudolf Otto Wiemer. Wuppertal: Peter Hammer Verlag 1974, S. 71.*

Twain, Mark Das fröhliche Lager der Ausreißer; S. 109. Tom und der Neue; S. 174. *Aus: M. Twain. Tom Sawyers Abenteuer. Gesammelte Werke, Bd. 1. Deutsch von Lore Krüger. München: Hanser 1977.*

Valentin, Karl Im Hutladen; S. 176. *Aus: Karl Valentin. Gesammelte Werke in einem Band. Hrsg. von Michael Schulte. München: Piper 1994.*

Wendt, Albert Der Vogelkopp; S. 206. *Aus: A. Wendt. Der Vogelkopp. In: Spielplatz. Fünf Theaterstücke für Kinder. Frankfurt/M.: Verlag der Autoren 1992, S. 229ff. (2. Szene); S. 244ff. (8. Szene); S. 246f. (9. Szene).*

Ziegler, Reinhold Dschonghi und der Computer (Textpuzzle); S. 48. *Aus: Oder die Entdeckung der Welt. 10. Jahrbuch der Kinderliteratur. Hrsg. von Hans-Joachim Gelberg. Weinheim/Basel: Beltz & Gelberg 1997, S. 85f.*

Texte ungenannter und unbekannter Verfasserinnen und Verfasser

Berühmte Buchanfänge; S. 50.
A) *Aus: A. Lindgren. Ronja Räubertochter. Hamburg: Oetinger 1984.*
B) *Aus: J. R. R. Tolkien. Der Herr der Ringe. Ins Deutsche übersetzt von Wolfgang Krege. Stuttgart: Klett-Cotta 2001.*
C) *Aus: Erich Kästner. Emil und die Detektive. Hamburg: Dressler 1981, S. 87f. © Atrium Verlag Zürich.*

Schlüsse aus bekannten Kinderbüchern; S. 51.
A) *Aus: M. Ende. Momo. Stuttgart: Thienemanns Verlag 1973, S. 26 f.*
B) *Aus: P. Härtling. Ben liebt Anna. Weinheim/Basel: Beltz & Gelberg 1979.*

Aus Meldungen werden Geschichten; S. 52. *Aus: Der Sonntag in Freiburg, 4. 10. 1998.*

Der Eisvogel; S. 186. *Aus: Steinbachs großer Naturführer. Vögel. München: Mosaik Verlag 1992, S. 73.*

Der große Run auf den Gipfel; S. 184. *Aus: GEOlino Nr. 4 vom April 2003, S. 24f.*

Die Spezialeffekte; S. 198. *Dirk Jasper Filmlexikon. www.djfl.de*

Bildquellen

S. 8, 10, 12, 35, 38, 40, 46, 48, 49, 54, 62, 83, 86, 88, 108, 109, 110, 111, 118, 119, 120, 121, 126, 137, 138, 140, 141, 144, 146, 149, 157, 159, 160, 164, 167, 168, 174, 178, 204, 207, 210, 211: Illustrationen von Margit Pawle, München.

S. 9, 11, 20, 24, 170, 200, 201, 202, 203: Fotos von Dieter Rixe, Braunschweig.

S. 18: Mauritius AGE.

S. 19, 23, 32, 33, 36, 112, 180, 185, 200: Fotos von Ulrike Köcher, Hannover.

S. 23: Christian Eggers/dpa, Frankfurt/M.

S. 27: Formular: Schindelhauer Druck, Hannover.

S. 28: Foto: Udo Weger, Hannover.

S. 30: Illustration von Walter Trier. Aus: Erich Kästner. Emil und die drei Zwillinge. © Atrium Verlag, Zürich.

S. 39: Foto: Herbert Schwind/Okapia, Frankfurt/M.

S. 42, 71, 81, 97, 114, 115 o., 122, 124, 130, 135, 147, 153, 156, 214: Illustrationen von Klaus Meinhardt, Hamburg.

S. 44: Hans Kossatz. Willi und Familie Kaiser. Stuttgart: Illustrierte Presse GmbH 1957.

S. 57, 64, 76, 98, 128, 152, 213: Illustrationen von Karsten Henke, Hannover.

S. 59: Aus: Klaus Kordon: ROBINSON, MITTWOCH UND JULCHEN. Umschlagillustration: Dagmar Geisler © 1991 Ravensburger Buchverlag Otto Maier GmbH, Ravensburg.

S. 60: Aus: Erich Kästner: Münchhausen. Zürich: Atrium 1956.

S. 99: (1, 2, 3, 8) Bahnmüller; (4, 7) Preußischer Kulturbesitz, Berlin; (5) Archiv, für Kunst und Geschichte; (6) Bavaria, München.

S. 115 u.: Süddeutscher Verlag, München.

S. 117: Umschlagillustration von Axel Scheffler zu Chr. Nöstlinger: Das Austauschkind. Weinheim: Beltz & Gelberg 1995.

S. 133: © Peyo 1999 – Licensed through I. M. P. S. (Brussels).

S. 134: Aus: James Krüss. Timm Thaler. Umschlagillustration: Kathrin Treuber. © 1997 Ravensburger Buchverlag Otto Maier GmbH, Ravensburg.

S. 148: Aus: Konstantin K. Platonow. Unterhaltsame Psychologie. Köln: Pahl-Rugenstein Verlag 1986. © Urania-Verlag Leipzig/Jena/Berlin.

S. 155: Verkehrszeichen nach StVO, Fritz Lange GmbH, Springe.

S. 183: Umschlagillustration: Aus: Paula Fox. Paul ohne Jacob. © *Patmos Verlag GmbH & Co KG / Sauerländer Verlag Düsseldorf.*

S. 184: Foto: Associated Press, AP.

S. 186: Ditmar/Silvestris, Kastl/Obb.

S. 188: Schroedel Verlag, Braunschweig.

S. 190: Foto: H. Weltermann, Westerkotten.

S. 192: Foto: Reuters / E-Lance Media.

S. 192: Umschlagillustration von Sabine Wilharm zu J. K. Rowling: Harry Potter und der Stein der Weisen. Hamburg: Carlsen 1998.

S. 193: (1) Illustration von Eric Kincaid. © Brimax Books Ltd. 1988. (2) Umschlagillustration Rolf und Margret Rettich. Bertelsmann, Gütersloh. (3) J. R. R. Tolkien: Der kleine Hobbit. Umschlagbild von Klaus Ensikat. © der deutschsprachigen Ausgabe: 1997 Deutscher Taschenbuch Verlag, München. (4) Mit freundlicher Genehmigung des Kosmos Verlags, Stuttgart. © 2001 / Entnommen aus: Blanck, Die drei ??? Kids – SOS über den Wolken.

S. 194: Foto: Carlsen Verlag, Hamburg.

S. 196, 197, 199: Fotos: pwe Kinoarchiv, Hamburg.

S. 212: Schülerplakat unter Verwendung einer Illustration von Karsten Henke.